Wolfgang Zehrt ist Mitbegründer und Vorstand des Leipziger PR-Dienst-
leisters »directnews«. Er war zuvor Reporter bei »Bild« und »taz« und
schrieb für »Zeit« und »Stern«. Nach Stationen bei »Radio Korah«, und
»Radio Hamburg« leitete er bei »radio ffn« die Nachrichten- und
Politikredaktion. 1994 Gründung der Agentur AOP, die heute zu »directnews« gehört und Hörfunkproduktionen für andere Medien umsetzt.
Trainer bei der Akademie für Publizistik in Hamburg.

Wolfgang Zehrt

Die Pressemitteilung

UVK Verlagsgesellschaft mbH

PR Praxis

Band 5

Bibliografische Information der Deutschen Nationalbibliothek
Die Deutsche Nationalbibliothek verzeichnet diese Publikation in der
Deutschen Nationalbibliografie; detaillierte bibliografische Daten sind im
Internet über http://dnb.d-nb.de abrufbar.

ISSN 1863-8988
ISBN 978-3-89669-494-2

© UVK Verlagsgesellschaft mbH, Konstanz 2007

Einband: Annette Maucher, Konstanz
Einbandfoto: Bernd Sonneck, Konstanz
Korrektorat: Sabine Groß, Twistringen
Satz und Layout: Claudia Wild, Stuttgart
Druck: fgb · freiburger graphische betriebe, Freiburg

UVK Verlagsgesellschaft mbH
Schützenstr. 24 · D-78462 Konstanz
Tel.: 07531-9053-0 · Fax: 07531-9053-98
www.uvk.de

Inhalt

Anhang

Lange Vorworte sind überflüssig
wie zu lange Pressemitteilungen

Dieses Buch ist ein Buch für die Praxis. Ich werde Ihnen also einen geschicht-
lichen Überblick über die Public Relations der vergangenen Jahrzehnte ebenso
ersparen wie eine ausschweifende Begriffsdefinition des Wortes »Pressemitteilung«. Hinweise und Anregungen zu Unter- und Nebenformen der Pressemitteilung finden Sie natürlich, aber es geht in diesem Buch wirklich nur um dieses
eine Instrument der Öffentlichkeitsarbeit, das mit Abstand am häufigsten eingesetzt wird, um die Öffentlichkeit zu erreichen – eben die Pressemitteilung. Oder
die PR-Meldung, je nach Belieben.

Oft quellen Pressemitteilungen ohne Unterlass aus Faxgeräten, verstopfen
E-Mail-Fächer und stapeln sich an den Empfängen und in den Poststellen der
Redaktionen. Rund 40–50.000 Pressemitteilungen, so schätzt man, sind es
monatlich in Deutschland. Nicht eingeschlossen sind Terminankündigungen und
Einladungen zu Pressekonferenzen. *Ihre* Pressemitteilung steht also in harter Konkurrenz! Der zunehmende Personalabbau in den Redaktionen hat die Arbeitsbelastung der einzelnen Journalisten während der vergangenen 5 Jahre weiter verstärkt, wodurch noch weniger Zeit bleibt, unangekündigte PR-Botschaften auf
ihre Relevanz zu prüfen. Gleichzeitig führt die hohe Arbeitsbelastung der Journalisten dazu, dass immer weniger Zeit für die Recherche und Themenfindung
bleibt. Für gut geschriebene (!) und gezielt adressierte (!) PR-Meldungen besteht
also nach wie vor eine gute Chance in den Medien berücksichtigt zu werden.

Handwerklich gut über interessante Themen schreiben und diese gezielt
kommunizieren – das ist das ganze Geheimnis, um erfolgreich mit dem Instrument »Pressemitteilung« zu arbeiten. Etwa 20 % aller Pressemitteilungen entspre-
chen dieser Idealvorstellung zumindest weitgehend. Der Rest ist auch weiterhin
für den Papierkorb oder die »Entfernen« – Taste. Journalisten haben überhaupt
nichts gegen gute Pressemitteilungen, es gibt nur zu wenige davon.

Seien Sie Journalist, Redakteur, Reporter, Chefredakteur – Sie müssen so denken wie diese Kollegen, die Sie erreichen wollen und müssen! Die besten Pressemitteilungen sind immer und nur die, die nach journalistischen Handwerksregeln
gemacht sind. Dazu gibt es in diesem Buch einige Denkanstöße, Tipps und
Beispiele – aber garantiert keine unumstößliche Wahrheiten. Die gibt's nämlich
auch im Journalismus nicht.

Ich danke Eva Braidt und Pia, ohne deren Unterstützung dieses Buch nie erschienen wäre.

Mein herzlicher Dank gilt auch den folgenden Ko-Autoren, die ihre Zeit in dieses Buch investiert haben:

- Prof. Dr. Günter Bentele, Inhaber des Lehrstuhls Öffentlichkeitsarbeit/PR an der Universität Leipzig
- Dr. Susanne Andres, Pressereferentin einer öffentlich-rechtlichen Rundfunkanstalt
- Prof. Dr. Dieter Herbst, Geschäftsführer der source1 networks GmbH in Berlin
- Carolyn Braun, Chef-Redakteurin beim Fachmagazin pressesprecher in Berlin
- Sandra Middendorf, freie Journalistin für Print und online in Berlin
- Ina Lockhart, Ressortleiterin Finanzen bei der Financial Times Deutschland in Frankfurt
- Dr. Holger Weimann, Medienanwalt in der Kanzlei Beiten Burkhardt in München
- Peer Brockhöfer, Redakteur beim Fachmagazin PR Report in Hamburg
- Melanie Ruprecht, selbstständige PR Beraterin, u. a. für ElectronicScout24

Leipzig, im Januar 2007   Wolfgang Zehrt

Günter Bentele und Susanne Andres

Die Relevanz von Pressemitteilungen

Die Relevanz von Pressemitteilungen kann aus zumindest drei unterschiedlichen Perspektiven beurteilt werden:

- aus der Perspektive der Journalisten und Medien, d. h. den unmittelbaren und ersten Empfängern der Pressemitteilungen, die dann ja weiterverarbeitet werden und anderen Publika zugänglich gemacht werden sollen
- aus der Perspektive verschiedener Öffentlichkeiten, für die die in der Pressemitteilung formulierte Information bzw. das dort behandelte Thema gedacht ist
- aus der Perspektive der PR-Praktiker selbst – wie wichtig, wie relevant stellt sich das Instrument für Presse- und Kommunikationsabteilungen selbst dar

Sicher haben diese drei Perspektiven auch miteinander zu tun: Keine Pressemitteilung wird wohl nur zum Selbstzweck geschrieben, immer wollen die entsprechenden Abteilungen zu bestimmten Zeitpunkten bestimmte Themen für die Medien, damit aber auch gleichzeitig für bestimmte, weitere Publika generieren, bekannt machen, interpretieren, bewerten etc.

Idealtypisch sind *Journalisten* in den Nachrichtenagenturen und Redaktionen das erste Publikum, für die Pressemitteilungen generiert werden. Wie sehen Journalisten die Relevanz/Wichtigkeit von Pressemitteilungen?

Welchen Einfluss und welche Bedeutung Pressemitteilungen für die Arbeit von Journalisten haben, variiert, je nachdem wie Journalisten zu Pressemitteilungen stehen.

Anfang der neunziger Jahre wurde in Deutschland eine erste repräsentative Journalisten-Studie von einem Münsteraner Forscherteam um Siegfried Weischenberg durchgeführt. Die wichtigsten Ergebnisse dieser Studie sind z. B. in Scholl/Weischenberg (1998) oder in Löffelholz (1997) aufgeführt. Die Studie kommt u. a. zu dem wichtigen Ergebnis, dass nicht alle Journalisten den Einfluss und die Bedeutung der Pressemitteilung auf ihre eigene Arbeit gleich bewerten, sondern dass die Bedeutung der Pressemitteilung auch vom Medium und auch vom Ressort abhängt, für welches der Journalist tätig ist. Grundsätzlich gilt es – aus Sicht der befragten Journalisten – festzuhalten, dass die Bedeutung von Pressemitteilungen steigt, wenn der Journalist unter großem zeitlichen und – so lässt sich hinzufügen, ökonomischem – Erfolgsdruck steht, da Journalisten dann

11

geneigt sind, nur so weit und viel wie unbedingt nötig zu recherchieren. In diesem Fall spielen sicher auch vorhergehende persönliche Kontakte der Leiter und Mitarbeiter von Pressestellen zu Journalisten eine Rolle. Ein Journalist wird eher eine Pressemitteilung ohne eigene weit reichende Recherche übernehmen, wenn er die Quelle für vertrauenswürdig hält. Die Studie der Münsteraner Forschergruppe (vgl. Scholl/Weischenberg 1998) zeigt, dass die wichtigen Merkmale, die Pressemeldungen aus Sicht der Journalisten haben müssen, die folgenden sind:

- die *Notwendigkeit*: Braucht ein Journalist die Pressemitteilung?
- Bekommt der Journalist durch die Pressemitteilungen *Anregungen*?
- Thematisch-inhaltliche *Zuverlässigkeit*: Sind die Informationen, die in der Pressemitteilung verbreitet werden, sachlich richtig, ist die Quelle vertrauenswürdig?
- Werden bei der Aufbereitung der Pressemitteilung die wesentlichen formalen *journalistischen Standards* beachtet?
- Spart der Journalist durch die Pressemitteilung *Zeit*?

Ein weiteres Ergebnis der Studie »Journalisten in Deutschland« ist die unterschiedliche Einstellung von Journalisten zu Pressemeldungen, je nachdem, für welches Medium sie tätig sind: Nachrichtenagenturen und Zeitungsredaktionen sowie Zeitschriften haben eine eher positive Einstellung zu PR-Aktivitäten und sehen keine unmittelbare Gefährdung ihrer Arbeit oder journalistischen Freiheit durch diese. Sie beurteilen Pressemitteilungen grundsätzlich eher positiv. Dies mag damit zusammenhängen, dass Journalisten von Nachrichtenagenturen die am stärksten ausgeprägten Kontakte zu den *Nachrichtenquellen* haben. Hingegen ist die Einstellung von Hörfunkjournalisten indifferent, d. h. weder kritisch noch pragmatisch, da sie in der Regel seltener mit Pressearbeit konfrontiert werden. Deutlich skeptischer betrachten Lokal- und Politikredakteure die Presse- und Medienarbeit. Dies hängt vermutlich damit zusammen, dass sie sehr häufig mit Pressemitteilungen konfrontiert werden, dass sie aber wohl weniger mit Recherche befasst sind als z. B. Agenturjournalisten. Die Autoren gelangen zu dem Schluss: »Wer viel recherchiert, beurteilt Pressemitteilungen sehr optimistisch und überhaupt nicht kritisch. Journalistische Recherche macht offenbar immun gegen die negativen Seiten von Öffentlichkeitsarbeit und ermöglicht eine souveräne Handhabung der PR-Informationen für eigene Zwecke.« (Scholl/Weichenberg 1998, S. 144)

Löffelholz, der diese Studie mit Blick auf unterschiedliche Journalistentypen ausgewertet hat, kann zeigen, dass die überwiegende Mehrheit der Journalisten, egal für welchen Medientyp sie arbeiten, Pressemitteilungen für notwendig hält. Die meisten Journalisten finden Pressemitteilungen für die eigene Arbeit anregend. Der Einfluss von Öffentlichkeitsarbeit wird von Journalisten in dem Maß, in dem ihre Arbeit Nähe zu Pressestellen aufweist, für größer oder kleiner gehalten.

67 Prozent der befragten Nachrichtenagenturjournalisten beispielsweise gehen von einem mittleren bis großen PR-Einfluss auf die journalistische Arbeit aus. Die Meinungen der Journalisten gehen aber auch – je nach Medium, für das sie arbeiten – darüber auseinander, wie zuverlässig und gut aufbereitet die Pressemitteilungen sind (Löffelholz 1997, S. 194). Auch je nach Ressort, in dem Journalisten arbeiten, werden Pressemitteilungen unterschiedlich eingeschätzt: Sportjournalisten sehen z. B. die größte Zuverlässigkeit, Politikjournalisten die geringste. Wirtschafts- und Kulturjournalisten sehen die Funktion der Zeitersparnis. Nur für 12 Prozent der Politikjournalisten, für Angehörige anderer Ressorts aber deutlich weniger, sind Pressemitteilungen wirklich überflüssig.

Tab. 1: Beurteilungen von Pressejournalisten nach Ressort (Angaben in Prozent)

Pressemitteilungen ...	PJ n=270	WJ n=85	KJ n=179	SJ n=104	LJ n=276
sind zuverlässig	35,7	49,0	39,3	62,4	46,2
sind gut aufbereitet	25,4	33,2	25,5	38,5	28,1
sparen Zeit	40,9	51,6	50,5	49,5	45,2
bieten Anregungen	50,4	57,0	54,2	54,4	57,1
sind notwendig	41,9	51,1	55,9	59,7	56,5
sind überflüssig	12,1	8,1	4,3	5,9	3,3
gibt es zu viele	55,7	49,6	43,6	35,7	42,7
ersetzen eigene Berichte	26,1	34,5	30,3	19,0	27,7
verführen zu unkritischer Berichterstattung	36,7	34,5	38,8	22,8	32,6

PJ = Politikjournalisten; WJ = Wirtschaftsjournalisten; KJ = Kulturjournalisten;
SJ = Sportjournalisten; LJ = Lokaljournalisten
Quelle: Löffelholz (1997, S. 199)

Löffelholz differenziert vier Typen von Journalisten: die »PR-Pragmatiker«, die rund ein Drittel der deutschen Journalisten ausmachen, die »PR-Antikritiker«, die »PR-Skeptiker« und die »PR-Kritiker«. Der erste Typ glaubt, dass die Pressemitteilung in der Regel zuverlässig ist, gut aufbereitet, auf jeden Fall notwendig und ausdrücklich nicht überflüssig. Der zweite Typ, die »Antikritiker«, steht der PR positiv gegenüber und hält sie weder für überflüssig, noch glaubt er, dass PR zu unkritischer Berichterstattung verführt. Die dritte Gruppe, die »PR-Skeptiker« bewerten Öffentlichkeitsarbeit skeptisch-distanziert, Pressemitteilungen sind für sie oft überflüssig und keineswegs notwendig. Die »PR-Kritiker« gehen in ihrer Ablehnung von Öffentlichkeitsarbeit noch deutlich über die Skeptiker hinaus: Sie halten PR für relativ überflüssig. Diese Gruppe meint, dass zu viele Pressemitteilungen geschrieben werden, die unzuverlässig und nicht gut aufbereitet sind: PR verführe zu einer unkritischen Berichterstattung und ersetzt sozusagen die journalistische Recherche. Der Einfluss, den PR bzw. Pressemitteilungen auf die journalistische Berichterstattung haben, wird aber für die eigene Arbeit als »sehr gering« eingestuft. (Löffelholz 1997, S. 194 ff.).

Eine *zweite Relevanzperspektive* bezieht sich auf das Publikum bzw. die verschiedenen Publika, für die ja Pressestellen letztlich ihre Informationen generieren. Welche Themen sind – wie aufbereitet – für welche Publika relevant, das ist die Frage, die PR-Praktiker in den Pressestellen zunächst beantworten müssen, die aber auch für Journalisten in ihrer täglichen Arbeit vorn steht. Umweltschutz ist ein Thema, das heute viele interessiert, das für einen großen Teil der Bevölkerung sehr wichtig ist. Ein Chemieunternehmen, eine Lackfirma publiziert eine Pressemitteilung zu den speziellen Umweltschutzmaßnahmen, die sie bei der Produktion ihrer Güter betreiben. Journalisten können diese Pressemeldung als Anlass nehmen, zu überprüfen, ob andere Unternehmen dieselben oder ähnliche Maßnahmen für den Umweltschutz ergriffen haben. Die Pressestelle hat mit einer solchen Pressemeldung dem Journalisten eine »Themenidee« an die Hand gegeben, auf deren Basis nachrecherchiert und ein längerer Artikel geschrieben werden kann. Durch solche Themeninitiativen kann Pressearbeit die Themen, die in den Medien behandelt werden – und damit wiederum die Themenagenda der Publika – beeinflussen, bis zu einem bestimmten Maß steuern. Themen fallen ja nicht einfach vom Himmel, sondern werden von Pressestellen – sicher auch Medien – initiiert. Durch solche Themeninitiierungen, dadurch dass Themen neu bearbeitet oder auch wieder in Erinnerung gerufen werden und so auf die Agenda gesetzt werden, kommt im Endergebnis eine gewisse Themensteuerung der öffentlich diskutierten Themen zu Stande.

PR-Praktiker jedweder Couleur, die Pressemeldungen konzipieren und schreiben wollen, müssen sich in jedem Fall in die Arbeit und die Logik von Journalisten und des Publikums, den einzelnen Teilöffentlichkeiten, hineinversetzen und sich fragen, welche Aspekte für den Journalisten und darüber hinaus den Leser, Hörer, Zuschauer von Interesse sein könnten. Es geht also um Kriterien wie *Aktualität* und *Relevanz*, also um journalistische Kriterien, die insgesamt den *Nachrichtenwert* einer Information eines Themas ausmachen. Aktualität ist ein Kriterium, nach dem Informationen beurteilt werden und das angibt, inwieweit die Informationen – aus der Perspektive von Journalisten und Publikum – neu sind. Relevant ist alles, was von Interesse ist, beispielsweise der Stellenabbau oder auch Neueinstellungen in einem Unternehmen, weil davon die Allgemeinheit und womöglich das Publikum des Journalisten betroffen sind. Von Interesse ist natürlich ein Wechsel an der Unternehmensspitze, im Vorstand oder die Erweiterung des Unternehmens durch einen Firmenzukauf. Auf wenig Interesse stößt hingegen alles, was alt ist, alles, was sich dauernd wiederholt (z. B. dass Frau Meier auch heute wieder pünktlich nach ihrer Arbeit nach Hause gekommen ist) oder alles, was für die Rezipientenkreise nicht wichtig ist.

Was ist eine Pressemitteilung wert, wenn sie unter stilistischen, sprachlichen und formalen Gesichtspunkten perfekt ist, ihr Inhalt jedoch nicht unbedingt eine Relevanz für den Empfänger hat? Sicher nicht viel. Es gilt dabei aber zu berücksichtigen, dass einige Presseabteilungen unter einem gewissen Legitimationsdruck innerhalb ihrer eigenen Organisation stehen. Deshalb veröffentlichen sie mehr Pressemitteilungen, als sie es eigentlich selbst für nötig halten. Die Geschäftsleitung vertritt die Meinung, dass eine bestimmte Anzahl von Pressemitteilungen pro Woche oder Monat in die Redaktionen verschickt werden sollten. Vielleicht wird die Meinung vertreten, dass es gut für das Image der Organisation ist, zahlreiche Pressemitteilungen zu versenden. Vielleicht soll durch die Quantität der Pressemitteilungen auch gezeigt werden, wie aktiv die Organisation auf unterschiedlichen Feldern ist, wie sehr sie »lebt«. Wenn die Relevanzeinschätzung der Organisationen nicht mit denen der Medienredaktionen harmoniert bzw. einigermaßen übereinstimmt, gibt es in der Regel Glaubwürdigkeitsprobleme oder Probleme bei der Professionalitätseinschätzung.

Dass die Bevölkerung Deutschlands der seriösen Information von Pressestellen eine hohe Bedeutung beimisst, lässt sich daran erkennen, dass in einer repräsentativen Bevölkerungsumfrage, die ein Leipziger Team im Jahr 2003 im Auftrag der DPRG durchgeführt hat, 82 Prozent der Bevölkerung sagten, dass die Tätigkeit »über eine Gesetzesinitiative informieren«, die ja z. B. von ministeriellen Pressestellen gemacht wird, sehr wichtig sei, obwohl auf der anderen Seite die PR-Branche kein sehr großes Vertrauen genießt. Die Akzeptanz der PR-Tätigkeit (andere abgefragte Tätigkeiten waren z. B. die Planung einer Anti-Aids-Kampagne, das Finden von Sponsoren für kulturelle Institutionen, etc.) ist also – unabhängig vom Vertrauen in die gesamte Branche – auch in der Bevölkerung sehr hoch (vgl. Bentele/Seidenglanz 2004, S. 56).

Eine *dritte Relevanzperspektive*, ein dritter Aspekt der Bedeutung von Pressemitteilungen ist die Perspektive der PR-Praktiker selbst, die Perspektive der Organisation, die sie produziert. Die Vor- und Nachteile einer Pressemitteilung wurden bereits hinreichend erläutert: Kontaktaufnahme mit den Medien, kostengünstiges Tool der Presse- und Medienarbeit. Welche Relevanz Pressemitteilungen für PR-Praktiker selbst haben, auch darüber können einige Studien Auskunft geben, die sich mit den PR-Tätigkeiten oder der Einstellung von PR-Profis zu ihrer eigenen Arbeit beschäftigt haben.

Seit es solche PR-Berufsfeldstudien in Deutschland gibt, wird immer wieder die große Bedeutung deutlich, die Pressearbeit (und hier insbesondere das Erstellen von Pressemitteilungen) im Rahmen aller Tätigkeiten haben. In einer Befragung der siebziger Jahre (vgl. Wilke/Müller 1979, S. 129) wurde schon sehr früh nach den *Tätigkeitsbereichen* von PR-Praktikern gefragt. Eindeutig im Vordergrund standen damals Tätigkeiten der Presse- bzw. Medienarbeit: Kontakte zur Presse herstellen (90 Prozent), Planen und Durchführen von Pressekonferenzen (89 Prozent) waren die meistgenannten Tätigkeiten. Die Gestaltung von Eigenpublikationen und die Durchführung von PR-Aktionen standen mit 78 Prozent ebenfalls an vorderer Stelle.

In den Studien von Böckelmann, in denen u.a. die Tätigkeit von Pressestellen in der zweiten Hälfte der achtziger Jahre repräsentativ abgefragt wurde, zeigen sich differenzierte Ergebnisse, weil auch die Fragen differenziert gestellt worden waren. Es werden hier nur bestimmte Teilergebnisse wiedergegeben.

Tab. 2: Laufende PR-Tätigkeiten bei Pressestellen, vor allem *extern* ausgerichtet (Angaben in Prozent)

	Pressestellen der Wirtschaft	Pressestellen der Organisationen	Pressestellen der öffentlichen Hand
Pressemeldungen gestalten	94	82	95
PK vorbereiten/ durchführen	63	58	74
Gesprächsrunden mit Journalisten vorbereiten/durchführen	61	49	65
Redaktionsbesuche	15	17	6
Themenbeiträge für Zeitungen anbieten/ schreiben	34	13	7
Themenbeiträge für Publikumszeitschriften schreiben	39	17	13
Fotomaterial für die Presse beschaffen	44	7	11
Als Sprecher d. Organisation Stellung nehmen	23	26	44

	Pressestellen der Wirtschaft	Pressestellen der Organisationen	Pressestellen der öffentlichen Hand
Vor Medienvertretern (u.a.) referieren	7	3	2
Film-/Fernsehsendungen produzieren	1	–	[*]
Als Sponsor fungieren	4	–	[*]
Buchverlage kontaktieren	1	2	3
Stufenpläne für langfristige Medienstrategien ausarbeiten	8	1	2
Reden des Hauses ausarbeiten	[*]	[*]	18

Die Ergebnisse wurden auf- bzw. abgerundet, teilweise wurden die Tätigkeitsbereiche abgekürzt oder umbenannt, um den Vergleich herstellen zu können.
* Diese Dimension wurden in der entsprechenden Befragung nicht erhoben
Quelle: Böckelmann (1988), Böckelmann (1991 a), (1991 b), eigene Berechnungen.

Es wird deutlich, dass bei den nach außen gerichteten Tätigkeiten diejenigen Bereiche ganz oben stehen, durch die den Medien routinemäßig Informationen zur Verfügung gestellt werden. Gleichzeitig kommt die große Vielfalt der Tätigkeiten des PR-Berufs durch diese Auflistung deutlich zum Ausdruck.

Auch in der Studie von Martina Becher (1996), in der DPRG-Mitglieder befragt worden waren, stehen die Presse- und Medienarbeit und die Durchführung von Pressekonferenzen ganz oben auf der Liste der Tätigkeiten. 81 Prozent der Befragten geben an, sich laufend mit Presse- und Medienarbeit zu beschäftigen, 14 Prozent gelegentlich. 23 Prozent führen laufend Pressekonferenzen durch, weitere 65 Prozent gelegentlich. Persönliche Kontaktpflege mit Journalisten ist eine Tätigkeit, die ebenfalls für 66 Prozent laufend, für 27 Prozent gelegentlich anfällt.

In einer neueren Studie hat Ulrike Röttger (2000), die eine Art repräsentative Berufsfeldstudie des Hamburger Raums vorgelegt hat, ebenfalls herausgefunden, dass Presse- und Medienarbeit von knapp zwei Dritteln der befragten PR-Praktiker (61,4 Prozent) als *sehr wichtig* eingestuft wurde, ein weiteres Viertel (25,9 Prozent) hielt Pressearbeit für *wichtig*. Presse- und Medienarbeit wurde danach als die wichtigste Tätigkeit in einer Rangliste von 18 verschiedenen PR-Maßnahmen eingestuft, darunter z. B. auch Anfragen von Interessenten beantworten, Gespräche mit Journalisten führen, Publikationen erstellen, Kontakt zu staatlichen Stellen aufnehmen, Veranstaltungen organisieren, Mitarbeiter informieren, Mitarbeiterzeitschriften produzieren, etc. Die Pressemitteilung ist innerhalb der Pressearbeit sicher nach wie vor – neben der Pressekonferenz – das zentrale Element. Ein ganz ähnliches Ergebnis erbringt eine repräsentative Schweizer Studie, ebenfalls unter maßgeblicher Beteiligung von Ulrike Röttger durchgeführt: Presse- und Medienarbeit ist der Tätigkeitsbereich, der sowohl in Unternehmen, Non-Profit-Organisationen und Behörden an der Spitze der eingeschätzten Relevanz steht. 98,7 Prozent der über 500 Befragten führen diese Tätigkeiten durch, der Mittelwert für die wahrgenommene Relevanz (auf einer Sechserskala von 1= unwichtig bis 6= sehr wichtig) beläuft sich für die Presse- und Medienarbeit auf 5.0 bis 5.3, je nach Art der Organisation (Röttger/Hoffmann/Jarren 2003, S. 143).

In der neuesten Berufsfeldstudie, in der die Mitglieder des Bundesverbandes der deutschen Pressesprecher repräsentativ befragt worden sind, haben Bentele/Großkurth/Seidenglanz (2005) herausgefunden, dass Presse- und Medienarbeit die Tätigkeit ist, für die der größte Zeitanteil unter allen Tätigkeitsbereichen aufgewendet wurde. Mit einem Durchschnittswert von 3,6 auf einer Fünferskala (1 = kein Zeitanteil; 5= sehr hoher Zeitanteil) erhielt diese Tätigkeit den höchsten Wert unter allen, noch vor PR-Aktionen/Kampagnen durchführen, vor der Durchführung administrativer Aufgaben etc. (Bentele/Großkurth/Seidenglanz 2005, S. 79). Nur ein Prozent der 672 Pressesprecher, die in dieser Umfrage geantwortet hatten, gaben an, überhaupt keine Presse- und Medienarbeit zu machen.

Ein anderes interessantes Ergebnis: Zwei Drittel der Befragten glauben, dass die Medienkrise der letzten Jahre Auswirkungen auf die Arbeit der Journalisten hatte. Durch die Medienkrise hat sich die journalistische Abhängigkeit von der Presse- und Medienarbeit nach Ansicht der Hälfte der Befragten vergrößert. Mit Blick auf die Studien, in denen Journalisten zu ihrem Verhältnis zur PR befragt wurden, ist es auch erstaunlich, dass die befragten Pressesprecher das Vertrauen, welches ihrer Organisation, ihrer Abteilung und ihrer eigenen Person entgegengebracht wird, als relativ hoch einschätzen. In dieser Studie kritisieren einige Befragte unprofessionelles Verhalten von Kollegen. Dazu gehören auch der fehlende *Nachrichtenwert* von Pressemitteilungen und das damit verbundene überflüssige Verbreiten von unwichtigen Informationen. Dies wirkt sich nach Ansicht der Befragten negativ auf das Verhältnis der Organisation zu den Journalisten aus.

Insgesamt wird also aus der Perspektive von PR-Praktikern deutlich, dass Presse- und Medienarbeit – und hier die Erstellung von Pressemitteilungen – nach wie vor ganz oben auf der Liste der wichtigen Tätigkeitsbereiche steht. Die PR-Profis sind sich darüber einig, dass es unprofessionell ist, sich nicht an den journalistischen Regeln (z. B. Beachtung von Nachrichtenwerten) zu orientieren und dass dies eine wichtige Ursache für mangelndes Vertrauen in die Arbeit der Öffentlichkeitsarbeiter darstellt.

Einschätzung der eigenen Medienrelevanz

1 Wie wichtig sind meine Themen für die Medien?

»Breit streuen« – diese Formulierung ist noch immer in Pressestellen und in PR-Agenturen zu hören, wenn es darum geht, eine Pressemitteilung zu verbreiten. Breit streuen – das ist das Gegenteil von gezielter Kommunikation und das Gegenteil davon, Journalisten und Medien ernst zu nehmen. Wer breit streut, kann oder will sich nicht mit der Arbeitsweise der Journalisten und Medien auseinandersetzen, er nimmt sie nicht ernst. Breit streut, wer nicht weiß, für wen seine PR-Botschaft interessant sein könnte und/oder nicht weiß, wie er seine Zielgruppe in den Medien erreichen kann. Dieses Gießkannenprinzip führt dazu, dass auf den Schreibtischen der Frankfurter Allgemeinen Zeitung die Pressemitteilungen sozialdemokratischer Ortsvereine, bayerischer Mittelstandsvereinigungen und Hamburger IT-Unternehmen mit 20 Angestellten landen, die dem Wirtschaftsredakteur den neuen »PCSIU-Controller TF34« nahe bringen wollen.

Für wen ist Ihr Unternehmen, Ihre Institution, Ihr Verband wirklich relevant, zunächst unabhängig vom Thema? Haben Sie diese Standortbestimmung gemacht und sie auch regelmäßig wiederholt? Diese Bestimmung Ihres Standorts ist einer der Mosaiksteine, um die eigene Medienarbeit zu professionalisieren. Sicher ist es für einen PR-Treibenden wie Porsche oder die Allianz leicht festzustellen, dass die großen Themen dieser Unternehmen immer überregional und für jeden Wirtschaftsredakteur interessant sind. Diese Unternehmen müssen aber für kleinere Themen, beispielsweise Fach- oder Regionalthemen genauso exakt eine bestimmte Zielgruppe adressieren.

Ein Beispiel:
Ein erfolgreicher deutscher Automobilhersteller wollte eine Pressemitteilung verbreiten, in der eine 25.000 EUR Spende für ein Jugendzentrum in Sachsen vorgestellt werden sollte. Der Verbreitungswunsch an den Dienstleister lautete: »Bitte an alle relevanten Wirtschaftsjournalisten und über die Nachrichtenagenturen Reuters und VWD bitte im Originaltext«. Auch hier wird breit gestreut und mit einer Kanone auf Spatzen geschossen: Denn nur die Tatsache, dass der Absender in der Regel tatsächlich bundesweit interessante Themen hat, ist kein Grund für einen solchen Flächenabwurf. Mit Fingerspitzengefühl gelang es, den Absender zu überzeugen, sich auf die regionale Presse im Bereich des besagten Jugendzen-

trums, die regionale Presse am Unternehmenssitz und die Fachpresse im Bereich »Sponsoring« und »Corporate Responsibility« zu beschränken.
»Schicken Sie das mal an die Medien!« Es gibt nicht *die Medien*. Wer das berücksichtigt und weniger kommuniziert – dies aber auf handwerklich höchstem Niveau – und das Ergebnis seiner Arbeit anschließend gezielt an die genau richtigen Journalisten bringt, wird seine Medienresonanz deutlich steigern können.

2 Welche Zielgruppen kann ich erreichen?

Legen Sie grundsätzlich fest, für welche Mediengattungen Ihre Themen interessant sein könnten. Unter Umständen müssen Sie dies auch für Teilbereiche, Tochtergesellschaften, Unterverbände oder andere Standorte tun. Aber ohne diese Aufteilung bleibt Ihnen nichts anderes übrig, als Ihre Pressemitteilungen als Massenware zu verbreiten in der Hoffnung, dass sich schon ein berichtender Journalist finden wird.

In dieser Grafik fehlen absichtlich globale Medien wie Bloomberg, CNN, International Herald Tribune, Wall Street Journal oder Newsweek. Wenn ein PR-Thema nur den Hauch einer Chance hat, in eines dieser Medien zu gelangen, haben die führenden Nachrichtenagenturen garantiert darüber berichtet. Über das Büro von Associated Press in Frankfurt zum Beispiel gelangt das Thema also ohnehin zu CNN oder zum Wall Street Journal.

Aber zurück nach Deutschland, dem Land mit der zweitgrößten Medienvielfalt nach den USA. Ein Land mit rund 6.000 professionellen Medien, alle Gattungen und Erscheinungszyklen eingeschlossen. 300 Radioprogramme, aber nur 130 Vollredaktionen in der Presse. Vollredaktionen, also Redaktionen, die zumindest die wichtigen klassischen Ressorts Wirtschaft, Politik, Sport und die Titelseite selbst produzieren und nicht druckfertig zugeliefert bekommen (zum Beispiel von Zentralredaktionen oder Nachrichtenagenturen), sind mit die wichtigsten Adressaten in der PR-Arbeit. Es gibt rund 3.000 Zeitschriften, aber nur eine überregionale Boulevardzeitung, eine immer größer werdende Zahl an TV-Sendern, aber nur zwei begrenzt erfolgreiche nationale Nachrichtenkanäle. Unzählige Websites und Internet-Portale, dazu Weblogs, Podcasts und jetzt beginnt auch noch das Zeitalter von TV-Kanälen für das Handy.

Selbst große Kommunikations-Stäbe und PR-Agenturen können kaum noch den Überblick über die ganze Medienlandschaft behalten. Umgekehrt ist der Trend ähnlich: Wie soll heute noch ein Journalist diese unglaubliche Informationsmenge im Auge behalten, wie soll er sicher sein, nichts zu übersehen? In dieser Informationsüberflutung muss sich Ihre Pressemitteilung, Ihr Thema behaupten!

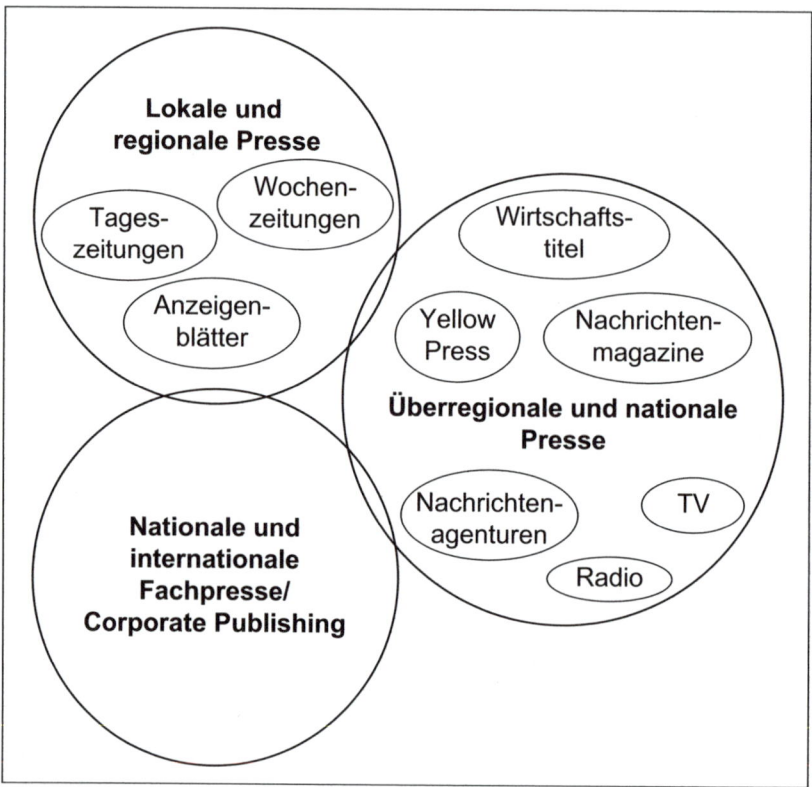

Abb. 1: Zielgruppen

Handwerkliche Perfektion ist da schon die Mindestanforderung, größtes Medienwissen unabdingbar und kreative Themenfindung unbedingt erforderlich.

3 Was muss ich über Mediengattungen wissen?

Die Abbildung 1 definiert Mediengattungen nach Verbreitungsgebiet und Erscheinungshäufigkeit. Für Sie als PR-Entscheider ist aber eine zweite Klassifizierung ebenso wichtig, wenn nicht noch wichtiger. Innerhalb der Mediengattungen lässt sich fast bis zur Unendlichkeit nach Zielgruppen unterscheiden: Von den konsum- und trendorientierten Jugendlichen mit geringem Einkommen, die vorwiegend Internet, TV und Radio nutzen, bis hin zu den Managern und Entscheidern mit überdurchschnittlichem Einkommen und hoher Bildung, an die sich vorwiegend die Wirtschaftspresse, Fachzeitschriften und überregionale Zeitungen wenden.

Abgesehen vom inhaltlichen Schwerpunkt und der Leserschaft bzw. den Nutzern der zu adressierenden Medien müssen Sie die Erscheinungsweise und alle Cross-Media-Produkte des Zielmediums kennen. Was für den gedruckten SPIEGEL nie interessant sein wird, kann für SPIEGEL Online ein Thema sein.

Was für die Finanzseiten von AOL möglicherweise nicht in Frage kommt, kann vielleicht als Corporate-TV-Beitrag im Videoportal laufen. Und die Frankfurter Allgemeine Sonntagszeitung besetzt ganz andere Themen als die Frankfurter Allgemeine Zeitung.

Ihr Grundwissen über die zeitlichen Abläufe in wichtigen Redaktionen müssen Sie zusätzlich immer wieder auffrischen: Ab Seite 199 finden Sie beispielhaft die Redaktionsabläufe der wichtigsten Tageszeitungen in Deutschland. Dies kann auch für ähnliche Medien ein guter Anhaltspunkt sein. Die Erscheinungsweise bedeutet für den Öffentlichkeitsarbeiter weniger den Erstverkaufstag, sondern den Redaktionsschluss, möglichst sogar den Redaktionsschluss der einzelnen Ressorts. So können überregionale Zeitungen heute fast alle bis 23:00 Uhr noch *Breaking News* auf die Titelseite bringen. Zu diesem Zeitpunkt ist im Ressort Wirtschaft aber seit mindestens zwei Stunden alles gelaufen. Selbstverständlich kann das ZDF heute-journal noch in der laufenden Sendung umgestellt werden, dies wird aber nur bei absolut herausragenden Ereignissen passieren. Die Pressemitteilung, dass der Vorstandsvorsitzende von VW zurücktritt, hätte so durchaus Chancen, auch zehn Minuten nach Beginn der Sendung noch berücksichtigt zu werden.

Schwierig ist es bei Fachzeitschriften, hier gibt es keinen standardisierten Redaktionsschluss. Je kleiner die Zeitschrift, desto weniger können Sie sich auf Regelmäßigkeiten verlassen. Hier ist der persönliche Kontakt und der regelmäßige Redaktionsbesuch unumgänglich, um Ihre Pressearbeit möglichst genau auf den Redaktionsablauf abstimmen zu können. Durchaus wichtige Fachorgane haben oft nur einen einzigen hauptamtlichen Redakteur, alle anderen sind freie Mitarbeiter und Redaktionsbüros. Dies gilt übrigens auch für PR– und Kommunikationszeitschriften: Hier werden zumindest inhaltliche Schwerpunkt-Themen oft outgesourct, also an Redaktionsbüros oder freie Fachredakteure als Auftragsarbeit vergeben, das macht die zielgenaue Übermittlung Ihrer Pressemitteilung zunächst nicht einfacher. Aber machen Sie sich die Mühe, diesen Kontakt herzustellen, denn dann haben Sie schon dutzende, wenn nicht hunderte konkurrierende Pressemitteilungen aus dem Rennen geworfen.

4 Wie reagiere ich auf eine Änderung des Medieninteresses?

Die Standortbestimmung zur eigenen Bedeutung in den Medien kann nicht statisch sein. Aber nicht nur eine Krise kann das Interesse der Medien an dem bislang eher zweitrangigen Absender von Pressemitteilungen verändern. Das plötzliche Engagement eines größeren US-Venture-Capital-Unternehmens bei einem mittelständischen Maschinenhersteller katapultiert diesen über Nacht in die überregionale Wirtschaftspresse. Auch Fachverbände können überraschend zu einer völlig ungewohnten Medienaufmerksamkeit kommen: Dass die Geflügelzüchterverbände im Februar 2006 von etwas belächelten Exoten-Organisationen zu gefragten Interviewpartnern wurden, liegt aber wirklich nur an der Vogelgrippe und wird nicht zur Folge haben, dass sich Wirtschafts- und sogar Politikredakteure auch nach dem Abflauen des Medien-Hypes noch großartig für diese Organisationen interessieren werden. Eine Standortbestimmung für die eigene Pressearbeit muss also auch schnell auf neue Themen und vor allem auch auf Krisen reagieren können. Selbstverständlich ist es ein legitimes Werkzeug der Public Relations, sich mit eigenen Inhalten und PR-Meldungen an ein solches Thema anzuhängen. Das Medieninteresse an dem erfolgreichen Börsengang eines Solarzellenherstellers wird jeder Wettbewerber nutzen, um die Öffnung für dieses Thema in den Medien für sich einzusetzen. Vorsicht, solche Offenheit gegenüber neuen Themen kann in den Medien sehr kurzfristig sein!

Der Unternehmer, der seine Pressekontakte ansonsten auf die regionale Presse beschränkt, sollte sich über eines klar sein: Wenn zwei seiner Mitarbeiter im Irak entführt werden, ist sein Unternehmen sofort für die bundesweite Presse interessant. Jetzt hätte ihm niemand übel genommen, bundesweit eine Stellungnahme zu verbreiten, in der er seine Sicht der Dinge beschreibt. Im Gegenteil, dies wäre journalistisch korrekt gedacht gewesen.

Als Ende Februar 2006 die erste Inselkatze auf Rügen der Vogelgrippe erlag, hätten Tierarztverbände, Haustierfreunde-Organisationen und Katzenzüchtervereine mit angemessen kurzen Pressemitteilungen dieses Thema mitbedienen können. Und auch renommierte Tierfutterhersteller hätten Statements verbreiten dürfen, hier allerdings nur die von den jeweiligen Forschungsabteilungen, die in ihrer Größe und Kompetenz wissenschaftlichen Einrichtungen kaum nachstehen. Eine Gratwanderung, die sehr viel journalistisches Fingerspitzengefühl verlangt, aber erfolgreich sein kann.

**Handlungsempfehlungen für Vogelgrippeeinsatz/
Feuerwehren sammeln in Amtshilfe bei Verdachtsfällen Tierkadaver ein**

27.02.2006–17:34 Uhr, BERLIN

»Bundesweit sind die Feuerwehren seit dem ersten Vogelgrippe-Verdachtsfall bereit, um in Amtshilfe für die zuständigen Ämter Tierkadaver einzusammeln«, resümiert Herr Broemme, Vizepräsident des Deutschen Feuerwehrverbandes (DFV). Derzeit ist nicht nur in den Bundesländern mit bestätigtem
Auftreten von H5N1-Fällen ein erhöhtes Aufkommen derartiger Einsätze zu
verzeichnen. So wurden beispielsweise in Berlin bereits über 1.000 tote Vögel
eingesammelt und der Untersuchungsstelle zugeführt.
»Besonnen und zielgerichtet« werden die Einsätze gemeinsam abgearbeitet:
»Es freut mich, dass die Zusammenarbeit auf der operativen Ebene so gut
klappt«, lobt der DFV-Vizepräsident. Hier helfe neben der Ausrüstung auch
die fundierte Ausbildung der eingesetzten Kräfte.

Vorgehensweise aller Organisationen harmonisiert
Um die Vorgehensweise noch weiter zu harmonisieren, hat das Bundesamt
für Bevölkerungsschutz und Katastrophenhilfe (BBK) einheitliche »Handlungsempfehlungen für Einsatzkräfte« sowie »Informationen für Führungskräfte« erarbeiten lassen. An diesem Prozess war auch der Deutsche Feuer-
wehrverband beteiligt.
»Wir begrüßen diese Hilfen für den Einsatz vor Ort ausdrücklich«, betont Mustermann. Die Handlungsempfehlungen für Einsatz- und Führungskräfte stehen auf der Homepage (...) für die Feuerwehren bereit. Zudem werden sie
über die Landesfeuerwehrverbände entsprechend kommuniziert.

Aber nicht nur solche spektakulären Themen können Absendern, die sonst nicht
auf das größte Interesse der überregionalen und vor allem General-Interest-Presse
stoßen, zu einem überproportionalen Medienecho verhelfen.

**Kater: Wundermittel gibt es nicht/
Klassisches Katerfrühstück bleibt der beste Tipp**

27.02.2006–17:30 Uhr, BAIERBRUNN

Gegen den morgendlichen Brummschädel und rebellierenden Magen nach
den tollen Tagen ist noch kein Wundermittel gewachsen. Das stellten britische
Mediziner der Universitäten Plymouth und Exeter fest, die sowohl Rezepturen
aus Artischocke, Trockenhefe, Borretschblättern oder Kaktusfeige als auch
Eisbeutel und alkoholische Gegenmittel untersuchten. Ein erprobtes Katerfrühstück bleibt nach Angaben des Gesundheitsmagazins »Apotheken Um-

schau« daher das Mittel der Wahl: Vollkornbrot, Obst und Ei, dazu viel Wasser und hinterher ein Spaziergang an der frischen Luft.
Das Apothekenmagazin »Apotheken Umschau« 3/2006 A liegt in den meisten Apotheken aus und wird kostenlos an Kunden abgegeben.

Kein hartes Thema, kein unverzichtbares Thema – aber ein Thema, das zahllose Medien sofort aufnahmen. Journalistisches Kriterium: Das Thema »Tolle Tage« ist ohnehin unumgänglich, da kommt dieses Seitenthema als Ergänzung, als Füllstoff, als nette Randmeldung gerade recht. Wer mittels nachvollziehbarer Kriterien etwas zu einer aktuellen, überregionalen Entwicklung oder zu einem überregionalen Ereignis sagen kann, darf sich an solche Themen anhängen. Nur darf der Zusammenhang nicht völlig aus der Luft gegriffen sein.

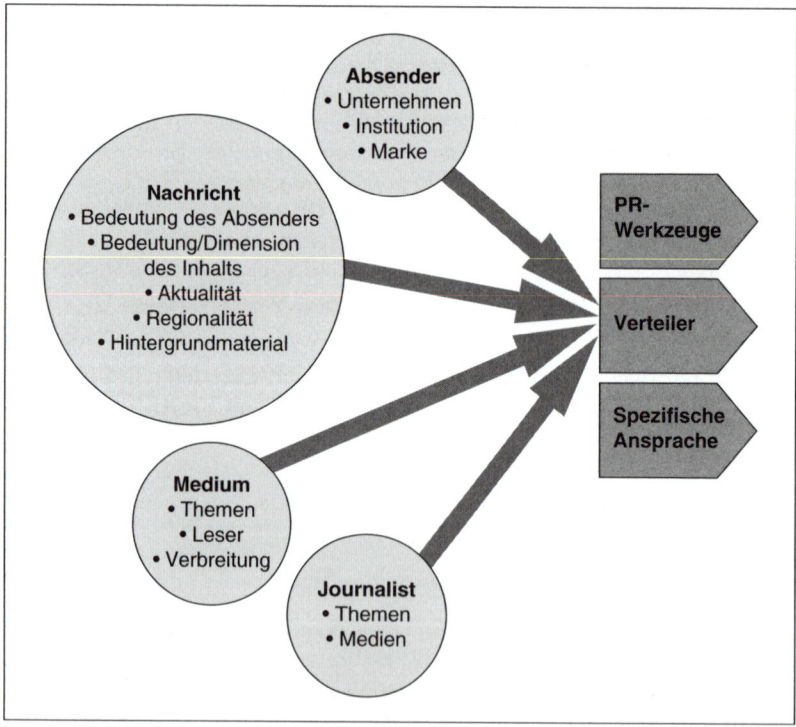

Abb. 2: Die Kommunikationssituation

5 Wie adressiere ich Medien gezielt?

Etwa 64.000 hauptberufliche Journalisten und ungefähr gleich viele PR-Profis gibt es in Deutschland, in Europa vermuten die Verbände rund 250.000 relevante Vollzeit-Journalisten und die annähernd gleiche Zahl an PR-Profis. Angesichts von mehr als 60.000 Journalisten in Deutschland stellt sich selbst für große Unternehmen die Frage, ob man sich in der Pressestelle oder Unternehmenskommunikation noch nebenbei intensiv und im Detail mit der exakten Adressierung journalistischer Zielgruppen beschäftigen kann. Bei dieser Aufgabe helfen die beiden Mediendaten-Anbieter Stamm und Zimpel mit Adressen auf CD-ROM sowie weitere Dienstleister (siehe Kapitel »Der Umgang mit Journalisten«).

6 Was können Distributionsdienstleister nicht?

Kein Dienstleister und keine Agentur können Ihre persönlichen Kontakte in die Medien ersetzen und sollte es auch nicht. Niemals wird ein Agenturberater so authentisch mit einem Journalisten reden können, wie Sie als Botschafter Ihres Unternehmens, Ihres Verbandes oder Ihrer Institution. Das heißt: Wenigstens zehn bis zwanzig Journalisten bekommen immer und ausschließlich von Ihrem persönlichen Mail-Account die Pressemitteilung. Dienstleister in diesem Bereich haben die Funktion, diejenigen Journalisten mit Ihrer Pressemitteilung zu versorgen, die sich generell auch für Ihre Branche oder Ihre Themen interessieren. Vorsicht, wenn Ihnen Dienstleister den Versand von Mails anbieten und behaupten, beim Empfänger würden die Mails ankommen wie von Ihnen selbst gesendet. Bei guten Firewalls leuchtet dann in Redaktionen der Warnhinweis auf, dass der Absender nicht der Mailaccount-Inhaber ist, für den er sich ausgibt.

7 Wo fängt die internationale Pressearbeit an?

Betreuen Sie in Ihrer Öffentlichkeitsarbeit Themen, die bundesweit laufen könnten? Oder handelt es sich fast ausschließlich um Fach- und Business-to-Business-Themen? Egal, ob Sie bundesweite oder fachspezifische Themen bearbeiten, in beiden Fällen ist die Frage nach der Kommunikation im Ausland nahe liegend. Es gibt keine nationale Fachpresse »Biotechnology« und PR-Botschaften von beispielsweise Automobilzulieferern mit -zig Millionen EUR Umsatz sind selten nur im Inland lesenswert. Wissenschaftler und Ingenieure lesen allesamt Fachportale ihrer Branchen. Dort ist es zunächst zweitrangig, aus welchem Land welches Unternehmen etwas im Bereich Biotechnologie entwickelt. Aber Sie müssen auf diesen Portalen vertreten sein! Denn hier geht es nicht nur um Medienrelevanz, sondern auch um die Aufmerksamkeit eventueller zukünftiger Mitarbeiter, um den Kontakt zu möglichen Kooperationspartnern und nicht zuletzt die Aufmerksamkeit von Analysten und Investoren. Dass Unternehmen ab einer bestimmten Größenordnung alle PR-Botschaften auch international veröffentlichen sollten, ist eine arbeitsaufwendige und teure Folge der Globalisierung, aber fast unumgänglich.

JENOPTIK Diode Laser Surpasses the Output Power of 500 Watts per Bar

19.01.2006–07:15 Uhr, JENA

High-power diode lasers generate their radiation from bar-shaped semiconductors based on GaAs. They are the most efficient sources of artificial light available. Their broad industrial use is still in the early stages and the potential of this type of laser is far from reaching its limits.
The two JENOPTIK companies – JENOPTIK Diode Lab GmbH in Berlin and JENOPTIK Laserdiode GmbH in Jena – work closely together to manufacture these lasers.
Since the beginning of 2005, the quality of the already excellent semiconductor bars made at the JENOPTIK Diode Lab GmbH in Berlin-Adlershof has continuously been improved.
Company Porträt of JENOPTIK Laserdiode GmbH (...)
JENOPTIK Laserdiode GmbH develops, manufactures and markets high-power diode lasers. These new laser types offer high efficiency from a very small volume. They are used chiefly as an excitation source for solid state lasers or serve as a direct beam source in medical technology and material processing. Laserdiode GmbH has been part of the JENOPTIK Group since 1993. JENOPTIK Laserdiode GmbH is a subsidiary of JENOPTIK Laser, Optik, Systeme GmbH (www.jenoptik-los.com) in the Photonics division of JENOPTIK AG, Jena.

Nach wie vor erstreckt sich die Verbreitung von Themen deutscher Unternehmen und Institutionen auf Deutschland, Österreich und die Schweiz. Eine Logik ist darin nur zu erkennen, wenn es um PR für Produkte oder Dienstleistungen geht, die ausschließlich auf dem deutschsprachigen Markt zu erhalten sind. Solche Produkte gibt es kaum noch. Die angrenzenden osteuropäischen Länder beispielsweise haben eine extrem hohe Schnittmenge mit der deutschen Produktpalette, vor allem in den Grenzregionen und Ballungszentren. Zumindest die Adressierung der Medien in diesen Zentren ist bei Produkt-PR fast immer lohnenswert.

Themen für Pressemitteilungen

8 Anlässe

»Der Chef meint, wir müssen mal wieder in die Presse« ist sicher der schlimme Ausnahmefall. Der Vorstand oder das Präsidium, das nach einer Sitzung meint, da »sei doch sicher was für die Presse dabei«, muss intern mit Kompetenz und Rückgrat beraten werden. Verzweifelt zu versuchen eine Null-Meldung zu platzieren, demontiert ein Stück der Reputation, die im Laufe der vergangenen Jahre mühsam aufgebaut worden ist. Das gilt für regionale genauso wie für bundesweite PR-Arbeit: Denn der Anruf des eigentlich geschätzten Pressesprechers aus diesem Null-Thema doch »wenigstens was Kleines« zu machen, hinterlässt bei jedem Journalisten ein ungutes und unangenehmes Gefühl. Der Journalist ist nicht der Problemlöser eines PR-Treibenden.

»Was soll ich denn tun, wenn der Chef, Vorstand, das Präsidium oder der Geschäftsführer das unbedingt in die Medien bringen will?« ist eine der Ausreden der PR-Branche, wenn Gründe gesucht werden, warum überflüssige und gähnend langweilige PR-Botschaften verbreitet werden. Das kann verhindert werden: Durch konsequentes Bemühen um Themen, die wirklich welche sind und die mit entsprechendem Erfolg in die Presse gebracht worden sind. Der Vorstand besteht darauf, dass bundesweit breit gestreut wird, dass die Farbe des Firmen-Logos von senfgelb auf ockergelb geändert wird? Er wird nicht darauf bestehen, wenn sein PR-Verantwortlicher ganz entspannt darauf verweisen kann, dass man gerade in den vergangenen Monaten so erfolgreich in den Medien war, dass man den Bogen jetzt nicht überspannen möchte. Der Kompromiss: Eine kleine Meldung für die Fachverteiler Design und Fachzeitschriften Farben/Lacke kann man ja durchaus machen. Aber bitte nur für diese Zielgruppe!

Nichts ist sinnloser für ein Unternehmen als der Versuch, mäßig interessante und mittelmäßig geschriebene Themen in der Presse zu lancieren. Im Gegenteil, wird eine Redaktion über längere Zeit mit solchen Meldungen malträtiert, sinkt die journalistische Bereitschaft über den Absender zu berichten, selbst wenn auf einmal eine Geschichte über dieses Unternehmen angebracht wäre. Auch Journalisten sind nur Menschen.

Dass Sie ständig im Unternehmen unterwegs sind, auch in den Zweigstellen, versteht sich von selbst. Dass Sie nicht nur mit den Filialleitern reden, sondern auch mit anderen Angestellten ist selbstverständlich. Zusätzlich müssen Sie versuchen, möglichst an oberster Stelle in die Informationshierarchie eingebunden zu werden. Noch immer gibt es Geschäftsführer, die die Pressesprecher hinausschicken, wenn es im Meeting um »ganz heiße Eisen« geht. Nur wenn Ihnen wirklich alle Themen vertraut sind, können Sie gezielt informieren und auch nur dann können Sie im Falle einer Krise handeln anstatt nur zu reagieren.

Themen mit zeitlichem Vorlauf gibt es eine Reihe: alle Arten von Jubiläen, das Erreichen bestimmter Umsatz- oder Produktionswerte (wenn die 100.000. Flasche Rotwein ausgeliefert wird, der 500. Gabelstapler produziert ist, wenn das Gebäude des Stammsitzes 100 Jahre alt wird …) kann zumindest für die Regional- und Fachpresse eine Mitteilung wert sein. In aller Regel sind diese Meldungen für die Presse aber nicht mehr als ein Lückenfüller.

Überprüfen Sie anhand Ihrer letzten Pressemitteilungen, ob Sie wirklich nur ein Thema dargestellt haben. Wenn Sie versucht haben, mehrere Storys in eine Mitteilung zu packen, haben Sie möglicherweise Themen verschenkt, denn nur selten wird mehr als ein Thema gleichzeitig von den Medien berücksichtigt. Oder aber Sie haben versucht, *eine* Pressemitteilung für unterschiedliche Mediengattungen und für unterschiedliche Zielgruppen zu verfassen. Dann wäre es die bessere Wahl gewesen, das Thema für unterschiedliche Medien- und Zielgruppen anders aufzubereiten. Gute Themen sind das Kostbarste, was Sie haben, deswegen sollten Sie versuchen, aus diesem einen, wirklich interessanten Thema das Maximum herauszuholen.

Hängen Sie sich ruhig an andere Themen, wenn diese auf einmal groß in den Medien sind: Ein Mineralwasserhersteller sollte beispielsweise etwas zu einer lang anhaltenden Hitzeperiode sagen können. Wenn Ihr Unternehmen die Preise nicht heraufsetzt, sondern die größere Belastung der Verbraucher durch die Mehrwertsteuer-Erhöhung selbst trägt, ist das eine Nachricht. Hier reicht es noch, nach der Rücksprache mit Fachleuten im Unternehmen eine gute Pressemitteilung zu schreiben, die sich auf ein großes Thema bezieht. Jedes Unternehmen hat Themen für fast jedes Zeitungsressort. Und genauso müssen Sie durch Ihr Unternehmen gehen. Spielen Sie für zwei Tage im Monat den Wirtschaftsjournalisten, einen halben Tag den Journalisten einer genrespezifischen Fachzeitschrift, einen halben Tag den Ressortleiter Vermischtes usw. und gehen Sie genau so durch den Betrieb! Wann haben Sie sich das letzte Mal in die Situation des Redakteurs versetzt, der bei Ihrer Zeitung für die Jugendseiten verantwortlich ist? Oder für den Sport? Sie haben für all diese Ressorts nichts? Das stimmt nicht, Sie müssen nur wie ein Reporter all dieser Ressorts und Medien durch die Räume und Hallen Ihres Arbeitgebers gehen. Dann werden Sie Mitarbeiter entdecken, die spätestens bei der nächsten Beförderung oder Auszeichnung mehr journalistische Mühe verdient haben als nur eine Pflichtübung. Das Schaffen von Themen durch Events und andere PR-Maßnahmen gehört dann aber schon in den Bereich PR-Konzeption.

31

9 Personalmeldungen

»Je stärker ein Ereignis personalisiert ist, … desto eher wird es zur Nachricht« – glaubt man dieser These der Nachrichtenauswahl-Forscher Galtung und Ruge, sind Personalien selbstverständlich ein Thema, sogar ein relevantes. Übereinstimmend berichteten alle Medien- und PR-Magazine im Sommer 2006, dass es immer wichtiger wird, Unternehmen mit Persönlichkeiten, mit Menschen zu verknüpfen. Das, was in den USA schon seit Jahrzehnten gängige Praxis ist, scheint sich also auch in Deutschland zu etablieren.

Abgesehen von Meldungen zu Produktneuheiten, Auftragseingängen und Pflichtmitteilungen börsennotierter Unternehmen ist eine Personalmeldung die häufigste Botschaft an die Medien. An sich ist das auch keine uninteressante Form der Pressemitteilung, nur fragen sich die Verfasser zu oft nicht, für wen diese Personalmeldung bestimmt ist. Der Anschein einer bloßen Pflichtübung begleitet deswegen viele dieser Meldungen, die aber durchaus mehr sein könnten.

Neue Gebietsleiterin der Siemens-Betriebskrankenkasse für Niedersachsen und das östliche Nordrhein-Westfalen

13.04.2005–11:49 Uhr, MÜNCHEN/PADERBORN

Frau Musterfrau ist für die Siemens-Betriebskrankenkasse (SBK) seit Anfang 2005 als Gebietsleiterin verantwortlich. Von ihrem Hauptsitz Paderborn aus betreut Frau Musterfrau die Einzugsbereiche im östlichen Nordrhein-Westfalen sowie gesamt Niedersachsen. Die früheren Einzelgebiete Hannover und Paderborn/Dortmund wurden jetzt zusammengefasst, um die umfangreichen Programme der SBK in dieser Region noch besser koordinieren zu können. [Das ist kein Thema für diese Meldung.] Die Dipl.-Volkswirtin war während der letzten vier Jahre in der Hauptverwaltung der SBK in München im Ressort Strategie- und Geschäftsplanung tätig. Während dieser Zeit unterstützte sie in 2003 für sechs Monate die Rürup-Kommission. Musterfrau sieht ihre Hauptaufgabe im Kundenmanagement, gemäß dem Motto »Für uns steht der Mensch im Mittelpunkt.« Den erfolgreichen [Wenn der Mensch wirklich im Mittelpunkt steht, wird er nicht »gemanagt«.] Wachstumskurs der SBK in dem von ihr betreuten Gebiet zusammen mit den Mitarbeitern konsequent fortzusetzen, ist ein weiteres Ziel. Wichtig dabei sind ihr begeisterte, hoch zufriedene Kunden, die die SBK weiterempfehlen. »Wir bieten unseren Kunden einen erstklassigen Gesundheitsservice an und richten die Leistungen nach den Bedürfnissen und der Lebenssituation des Versicherten aus«, so Musterfrau. [verzichtbare Allgemeinplätze]

Die SBK ist eine gesetzliche Krankenkasse, die für jedermann geöffnet ist. Insgesamt versichert die SBK bundesweit rund 660.000 Mitglieder. Die Geschäftsstellen sind montags bis freitags von 8 bis 17 Uhr geöffnet. Außerhalb dieser Zeiten ist die SBK telefonisch erreichbar unter der Service-Hotline (...). Eine Liste aller Standorte kann auch unter (...) eingesehen werden.

> bestenfalls für den Hintergrund ganz zum Schluss

Über die SBK
Mehr Gesundheit fürs Geld – dieser Anspruch und fast 100 Jahre Erfahrung zeichnen die SBK (Siemens-Betriebskrankenkasse) aus. Zum fairen Beitrag steht allen Interessierten ein umfassendes Leistungspaket mit vielen Vorteilen und Sonderleistungen offen. Bundesweit in 76 Geschäftsstellen bietet die SBK engagierten Gesundheitsservice, der nicht nur beim Gesundwerden, sondern auch beim Gesundbleiben unterstützt – kompetent, kundennah und individuell.
Weitere Informationen erhalten Sie auch in digitaler Form auf der Presseseite (...) oder bei: (...)

> Keine Werbung bitte!

Es muss weder die gesamte private Lebensgeschichte sein noch Einzelheiten über Familienangehörige. Aber bieten Sie nicht nur ein Bild zum Abdruck an, sondern lassen Sie Ihre Personalie auch im Text etwas lebendig werden.

Herr Mustermann hat am 01.10.1999 den Vorstandsvorsitz der Sparkasse Leverkusen übernommen. Er ist am 13.02.1954 in Schmallenberg (Sauerland) geboren, ist verheiratet und hat zwei Kinder.
Seine berufliche Laufbahn begann 1970 bei der Kreissparkasse Köln. Nach dem Abschluss zum Diplom-Sparkassenbetriebswirt (1981) übernahm er 1982 leitende Funktionen im Anlage- und Finanzierungsbereich. Ab 1990 war er als Bereichsdirektor für das Ressort »Wertpapierbetreuung« zuständig. Am 01.02.1995 wurde Herr Mustermann in den Vorstand der Volksbank Remscheid-Solingen berufen.
In seinem Privatleben spielt er gerne Tennis und hat erste Versuche im Golfspielen gewagt. Natürlich ist er auch Fußballfan. Außerdem liebt er Musik und Reisen.

> »natürlich« ist natürlich überflüssig

Die Deutsche Steinkohle AG ist ein großes, seriöses Unternehmen und hat trotzdem überhaupt keine Probleme, eine Personalmeldung tatsächlich zu dem zu machen, was sie sein sollte: eine Pressemitteilung, in der es um eine Person, also einen Menschen geht.

Peter Schrimpf neu im Vorstand der Deutschen Steinkohle AG

19.05.2004 – HERNE.

Auf seiner gestrigen Sitzung hat der Aufsichtsrat der Deutschen Steinkohle AG Herr Mustermann mit sofortiger Wirkung in den Vorstand der Deutschen Steinkohle AG (DSK) bestellt.

Als Nachfolger von Karl-Ernst Brosch übernimmt Mustermann mit Wirkung zum 1. Juli 2004 das Ressort Personal.

Geboren im Hammer Stadtteil Bockum-Hövel, in dem der 47-jährige Familienvater auch heute noch wohnt, wuchs das neue Vorstandsmitglied in Sichtweite der Schachtanlage Radbod auf. Als Spross einer echten Bergmannsfamilie prägte die Zeche, auf der schon sein Großvater und der Vater als Fahrsteiger bzw. Steiger gearbeitet hatten, natürlich auch seinen Berufswunsch. Im Anschluss an das Abitur am Hammer Freiherr-vom-Stein-Gymnasium zog es den Westfalen jedoch zunächst zum Bergbau-Studium nach Aachen. Nach seiner Rückkehr warteten auf den jungen Diplom-Ingenieur unterschiedliche Aufgaben im unter- und übertägigen Bereich der Bergwerke Radbod und Heinrich Robert, bevor Mustermann am 1. März 1996 die Leitung der neu gegründeten Abteilung Organisationsentwicklung der Ruhrkohle Bergbau AG übernahm. Diese führte er bis zu seinem Wechsel als Abteilungsleiter Bildung zur RAG Aktiengesellschaft im Jahre 1998. Nach seinem Abstecher in die RAG-Konzernzentrale kehrte er im Oktober 2000 zur DSK zurück, bei der er zuletzt die Hauptabteilung Personal leitete.

Den Hammer Sportfans ist Mustermann weitaus besser bekannt als Leistungsträger des TTC GW Bad Hamm, für den er viele Jahre spielte. Zusammen mit seinen Mannschaftskollegen Klaus Mustermann, Franz Mustermann und den Gebrüdern Mustermann gelang ihm dabei im Jahre 1976 sogar der Aufstieg in die erste Tischtennis-Bundesliga.

In Deutschland ist die Personalisierung leider noch sehr ungewöhnlich, in vielen anderen Ländern gehört es längst zur PR-Praxis: Vor allem Entscheider in Verbänden und Unternehmen sollten als Menschen aus Fleisch und Blut vorgestellt werden. Das schafft Nähe und Vertrauen zum Unternehmen, es hebt aus der Anonymität hervor. Auch ein Journalist wird sich im Zweifelsfall eher daran erinnern, dass ein neu gewählter Vorstand immerhin Tischtennismeister war und weniger an das Thema der Promotionsarbeit.

Unter bestimmten Umständen ist eine besonders kurze Personalmeldung aus Unternehmenssicht verständlich, allerdings macht die Kürze der Meldung zumindest Fach- und Wirtschaftsjournalisten sofort neugierig.

Fiat Automobil AG – Personalmeldung

19.11.2004–17:52 Uhr, FRANKFURT

Der Vorstandsvorsitzende der Fiat Automobil AG, Klaus Mustermann, hat bei der Unternehmensleitung der Fiat Auto S.p.A. in Turin um Entlassung aus seinem Amt ersucht. Er wird eine andere Aufgabe innerhalb der Automobilindustrie übernehmen.

Fiat Auto dankt Mustermann, der bis auf weiteres sein Amt ausüben wird, für sein insgesamt elfjähriges Engagement in verschiedenen Positionen des Unternehmens und seiner Marken.

Die Kontinuität des laufenden operativen Geschäftes ist durch den Vorstand respektive die Leiter der Marken und Geschäftsbereiche Karin Musterfrau (Alfa Romeo), Georg Mustermann (Fiat/Lancia) und Franz Mustermann(Fiat Transporter) gewährleistet.

Kontakt:
(...)

Der Wirtschaftsjournalist, der es noch nicht wusste, recherchierte spätestens jetzt die Hintergründe und hatte schnell seine Story: Die Fiat-Krise geht weiter, wenn ein Vorstandsvorsitzender nach nur zehn Monaten wieder geht.

10 Themen der Mittelständler

Gerade im Mittelstand wird die Öffentlichkeitsarbeit von den Möglichkeiten her noch unterschätzt, auch eine gewisse Resignation gegenüber den national oder international bekannten Marken ist oft zu hören: »Über uns schreiben die eh nicht ...«. Gut, ohne professionelle Hartnäckigkeit gelingt es nicht so leicht. Ein Beispiel: Ein Hersteller von Betriebsfunktechnik und Satellitenanlagen mit 800 Mitarbeitern winkte im Gespräch ab, er habe ohnehin nichts für die Presse. Bei einem Rundgang durchs Unternehmen blieb der Blick des PR-Experten auf einer transportfertigen Kiste hängen, an der Begleitzettel in arabischer Schrift hingen.

Es handelte sich um die komplette, neue Betriebsfunktechnik der Straßenbahn in Kairo, ein gewonnener Auftrag, zu dem es nie eine Pressemitteilung gegeben hatte. (»Wen interessiert denn, was wir in Kairo machen?«) Der Gegensatz: »Kleines sächsisches Unternehmen versorgt Straßenbahn der Millionenmetropole im exotischen Ägypten« reichte für zahllose Veröffentlichungen, einschließlich des Porträts eines Kairoer Straßenbahnfahrers bei seiner Einweisung in die neue Technik.

Es ist ein Thema, wenn Ihr Unternehmen eine eigene Mannschaft mit körperlich gehandicapten Tischtennis-Spielern hat, wenn Ihr Unternehmen einen Auszubildenden freistellt, damit dieser an den Deutschen Meisterschaften im Snowboarding teilnehmen kann. Das Porträt Ihres bald ausscheidenden Meisters, der als einziger noch die Druckerpresse in der Eingangshalle bedienen kann, oder die Entwicklung Ihrer Auszubildenden, mit der man einen Kaffeetassenwarmhalter an die USB-Schnittstelle des Computers anschließen kann, lief auf Seite 3 im Handelsblatt. Noch einfacher aufzugreifen sind natürlich Auszeichnungen.

**Lichtenauer erhält »Mitteldeutschen Marketingpreis«/
Die Marke »Lichtenauer« wurde gekrönt**

23.08.2005 – LICHTENAU

Die Lichtenauer Mineralquellen GmbH wurde am 23.08.2005 durch die Marketing-Clubs Leipzig und Halle mit dem »Mitteldeutschen Marketingpreis 2005« ausgezeichnet. Zugegen waren fast 150 Wirtschafts- und Marketingexperten aus dem mitteldeutschen Raum. Die Entwicklung der Lichtenauer Mineralquellen GmbH zum ostdeutschen Marktführer in der Mineralwasserbranche ist ein beispielhafter Unternehmenserfolg, hieß es in der Laudatio. Mit der Auszeichnung werden innovatives und herausragendes Marketing und die beachtliche Dynamik in der Unternehmensentwicklung gewürdigt. Lichtenauer hat erkannt, dass es im Marketing nicht nur darum geht, Produkte anzubieten, sondern vor allem für seine Kunden Werte zu setzen. Nicht zuletzt wurde Lichtenauer zum 3. Mal in Folge zum beliebtesten Mineralwasser Ostdeutschlands gewählt und genießt das meiste Verbrauchervertrauen.

Die Auszeichnung war mit der Übergabe der begehrten Trophäe, einer attraktiven Kleinplastik »Mister Marketing« (Bronze) verbunden. Die Skulptur symbolisiert den Marketing-Macher, der im Begriff ist, sich von seinem Sockel, aus sächsischem Serpentin gefertigt, zu lösen, um den Höhenflug anzutreten. Der jährlich vergebene Marketingpreis dient der Förderung herausragender unternehmerischer Leistungen in Mitteldeutschland.

Aber auch Mittelständler sollten Position bei den großen Themen beziehen. Zum einen sind in bestimmten Branchen die Großkonzerne nicht unbedingt die Sympathieträger der Journalisten, zum anderen nutzen sorgfältig arbeitende Redakteure die Meinung des Mittelstandes durchaus, um ihren Lesern eine ausgewogene Berichterstattung zu liefern.

Dortmunder Unternehmen PROGAS fordert Harmonisierung der Energiebesteuerung von Autogas und Erdgas und einen fairen Wettbewerb alternativer Kraftstoffe

11.05.2006–13:00 Uhr, DORTMUND

»Eine steuerliche Ungleichbehandlung gefährdet Arbeitsplätze im Mittelstand sowie im KfZ-Handwerk.«

»Wenn Autogas und Erdgas steuerlich nicht mehr gleich behandelt werden, ist dies ein schwerer Schlag gegen die vorwiegend mittelständisch geprägte Flüssiggasbranche und gegen das KfZ-Handwerk. Viele Arbeitsplätze wären in Gefahr und der Autofahrer könnte nicht mehr von einem fairen Wettbewerb profitieren«, [Zitat zu lang] erklärt Klaus Mustermann, Sprecher der Geschäftsführung der PROGAS GmbH & Co. KG mit Sitz in Dortmund.

Die steuerliche Gleichbehandlung der beiden alternativen Kraftstoffe Flüssiggas – auch Autogas genannt – und Erdgas ist entgegen bisheriger Planungen jetzt wieder gefährdet. Derzeit genießt [Erklärung steht an der richtigen Stelle.] Erdgas eine Steuerbegünstigung bis zum Jahr 2020. (...)

Auch für den Tageszeitungsredakteur kann diese Pressemitteilung zumindest ein Anlass sein, sich mit diesem Thema wieder oder zum ersten Mal zu beschäftigen. Denn allein dass sich bei der Besteuerung überhaupt etwas ändert, dürfte den wenigsten Medienvertretern immer gegenwärtig sein, geschweige denn, dass es zwischen Autogas und Erdgas offenbar bald erhebliche steuerliche Unterschiede geben soll. Dieses Thema lässt sich zudem hervorragend regionalisieren, denn Autogas-Tankstellen gibt es fast überall.

11 Gründliche Recherche

Sie haben *das* Thema gefunden? Dann machen Sie das Thema *rund*, was in der Journalistensprache nichts anderes heißt, als sich abzusichern, dass dieses Thema auch bei Nachfragen (in Ihrem Fall also durch Medien und nicht zu vergessen Wettbewerber oder Anwälte) das hält, was es verspricht.

TOP Radiovermarktung baut Führungsposition in der Hauptstadtregion weiter aus

19.07.2006–09:30 Uhr, BERLIN

Die Berliner TOP Radiovermarktung baut ihre *Spitzenposition* in der Hauptstadtregion weiter aus. Mit den fünf privaten Radiosendern rs2, Berliner Rundfunk, KISS FM, STAR FM 87.9 und sunshine live verfügt die TOP Radiovermarktung auf dem *härtesten* Radiomarkt Europas über das *attraktivste* Angebot. Die Berlin TOP Kombi erreicht 357.000 Hörer* und ist damit das *unangefochtene Spitzenangebot* für Berliner und Brandenburger Werbungstreibende.

Seit 1999 ist der *Marktführer* für Zeitarbeit in Österreich, Ungarn, Tschechien und der Slowakei auch in Deutschland aktiv: von der Zentrale in...

Billigflieger.de ist *deutscher Marktführer* unter den unabhängigen und kostenlosen Meta-Flugpreisvergleichen. Die neuartige Suchtechnologie findet den niedrigsten verfügbaren Flugpreis...

Bezogen auf die obigen drei Beispiele würden Journalisten eventuell gerne wissen wollen, an welchen Parametern »harte Radiomärkte« gemessen werden. Warum Paris, London oder Rom nicht »härter« ist? Seit wann gibt es Spitzenangebote, die von den Wettbewerbern nicht angefochten werden? Nach welchen Kriterien die Größe eines Zeitarbeits-Unternehmens gemessen wird? Ob es denn auch kostenpflichtige und abhängige Meta-Flugpreisvergleiche gibt?

Stellen besser Sie sich zunächst die folgenden Fragen, bevor sie überraschend ein Journalist stellt: Ist es wirklich eine technische Innovation oder nur eine Produktverbesserung? Ist der neue Finanzchef wirklich einer der Experten mit »größten Erfolgen im M&A-Bereich«? Ist Ihr Verband mit dem zehntausendsten Mitglied wirklich der größte Fachverband in Ihrem Segment?

Je wichtiger der Absender einer Pressemitteilung ist, desto eher müssen Sie sich auf eine kritische Überprüfung Ihrer Inhalte gefasst machen. Gerade im Bereich

Unternehmensergebnisse werden Journalisten nach wie vor sträflich unterschätzt. Bilanz aufpolieren durch sonstige Erlöse, das plötzliche Wegfallen der Zahlen ausländischer Tochterunternehmen, die plötzliche einvernehmliche Trennung vom Geschäftsführer oder Vorstand (der natürlich dem Unternehmen beratend verbunden bleibt) ist für erfahrene Journalisten immer ein Grund, kritisch nachzurecherchieren. Sie als Sprachrohr des Unternehmens müssen also zumindest sehr genau wissen, warum der Vorstand vom Aufsichtsrat gefeuert worden ist, und was da eventuell noch alles bekannt werden kann. Sonst kapitulieren Sie bei der ersten kritischen Journalisten-Nachfrage.

Sind keine Fallstricke vorhanden, bereiten Sie Ihr Thema so auf, als wenn Sie Journalist wären: Gibt es zusätzliche Interviewpartner, die etwas zu sagen haben (nicht aufgrund der Hierarchie, sondern aufgrund des Themas), gibt es verwendbare Kunden-Statements, kann der Entwicklungschef anschaulich schildern, wie man zu dieser Weiterentwicklung kam, hat sich eine Auszubildende besonders verdient gemacht um eine vorgestellte Innovation?

12 Interne Abstimmung

Eines ist in der internen Abstimmung besonders wichtig, wenn es um eine Botschaft an die Medien geht: Es darf nur *eine* Schilderung von Fakten geben. Nichts ist peinlicher und für die Presse willkommener, als wenn es offenkundig Unstimmigkeiten in der Kommunikation gibt. Bei unbekannteren Absendern wird der in aller Regel nicht bösartige Journalist noch eine kleine Panne vermuten, bei größeren Unternehmen oder Verbänden aber von einem Konflikt in der Führung ausgehen. Zumindest aber hat sich die Öffentlichkeitsarbeit in einem solchen Fall ein wenig lächerlich gemacht. Also: Wenn sich der Chief Financial Officer einer AG in einer Pressemitteilung zu Akquisegerüchten äußert, schweigt in dieser Minute sogar der Vorstandsvorsitzende. Am nächsten Tag, wenn klar ist, in welche Richtung die Berichterstattung geht, darf auch der CEO wieder in die Öffentlichkeit. Umgekehrt ist es natürlich erst recht so. Unabdingbar, wenn auch mühsam, ist eine exakte Festlegung, zu welchen Themen sich ausländische Tochtergesellschaften ohne Absprache äußern dürfen. Auch Journalisten sind längst globalisiert und eine interessante Pressemitteilung von VW Brasilien würde mit Sicherheit auch deutsche Redaktionstische erreichen, vor allem wenn sie von der Wolfsburger Linie abweicht.

Wenn der Hauptgeschäftsführer eines Verbandes mitteilen lässt, die Krise seiner Branche sei erheblich, kann sich der oft ehrenamtliche Präsident 300 km entfernt nicht gleichzeitig über hoffnungsvolle Trends freuen. Hoffnungslos ist oft die Aufgabe von Sprechern in der Politik: Während Verbände und Unternehmen meist um eine Corporate Identity bemüht sind, nutzen Politiker gerne das Instrument der Pressemitteilung, um sich ungeachtet aller festgelegten Sprachregelungen zu profilieren.

Aber was muss ein Pressesprecher ohne große interne Abstimmung dürfen? Eine ehemalige Sprecherin des Flughafens Hannover durfte anrufenden Journalisten nicht bestätigen, dass eine Cessna vor Stunden an der Rollbahn abgestürzt ist, geschweige denn eine kurze Pressemitteilung dazu herausgeben.»Ich kann Ihnen das nicht bestätigen« wird zum PR-Witz, wenn längst die Live-Bilder der qualmenden Maschine im Fernsehen zu sehen sind. Sie brauchen für den Fall der Fälle immer einen sehr kurzen Draht zu Ihrer höchsten Entscheidungsinstanz. Und diese Entscheidungsinstanz sollten Sie immer wieder mit Case-Studies konfrontieren, denn die nächste ungeplante, dringende Pressemitteilung kann schneller nötig werden, als Sie glauben.

13 Interne Kommunikation

Oft vergessen und doch so wichtig: Spätestens zeitgleich mit dem Absenden der Pressemitteilung an die Medien wird der Inhalt im Intranet zur Verfügung gestellt und bei wichtigen Ereignissen auch per Mail an alle Arbeitnehmer oder Verbandsmitglieder verschickt. Ihre Kollegen oder Mitglieder sind nicht nur interessiert am Geschehen, es sind auch die authentischsten Sprachrohre, die Sie haben: Ein mit Begeisterung über eine Produktinnovation erzählender Arbeitnehmer ist glaubwürdig, gute Nachrichten aus dem eigenen Haus für die eigenen Kollegen müssen fester Bestandteil Ihrer Kommunikation sein. Bei Nachrichten, die vielleicht nur für die Kommunikation im Unternehmen selbst bestimmt sind, sollte man sich nicht weniger Mühe geben als bei Nachrichten für externe Multiplikatoren. Schlechte Nachrichten vor Mitarbeitern zurückzuhalten, sie aber in die Medien zu bringen, kostet Loyalität und Motivation in der Belegschaft. Ohne die Qualität der nachfolgenden Meldung im Detail weiter zu bewerten, handelt es sich auf jeden Fall um eine Meldung, die jeder Mitarbeiter *zeitgleich* mit der Presse auf seinem Schreibtisch haben sollte. Denn eine bessere Motivation kann es kaum geben.

Lieferung von 29 Anlagen (58 MW) für Portland-Projekt

06.07.2006 – HAMBURG

Die REpower Systems AG (WKN 617703) ist von der australischen Pacific Hydro Pty Ltd. mit der Lieferung von 29 Windkraftanlagen beauftragt worden. Pacific Hydro ist eines der größten australischen Unternehmen in den Bereichen Wind- und Wasserkraft. Die Anlagen des Typs MM82 sind für das Projekt »Portland Stage II« im südostaustralischen Bundesstaat Victoria vorgesehen. (...)

In Ihrem Unternehmen würde man niemals vergessen, zunächst die Mitarbeiter über einen solch tollen Auftrag zu informieren? Dann haben Sie sehr vielen Unternehmen etwas voraus.

Vergessen Sie auch Kunden und Geschäftspartner nicht, bei Adressaten aus der Interessenten-Datenbank Ihres Vertriebes ist aufgrund der rechtlichen Spam-Bestimmungen schon Vorsicht geboten. Aber für Kunden und Partner wäre die Mitteilung oben ebenfalls ein Muss gewesen, es stellt die Leistungsfähigkeit und Kompetenz Ihres Unternehmens auf die denkbar objektivste Art und Weise heraus, nämlich durch einen großen Auftrag eines unbeteiligten Dritten.

Aufbau der Pressemitteilung

14 Das Wichtigste

Pressemitteilungen sind kurz, knapp und präzise – soweit die Theorie. Der Anspruch ist berechtigt, denn schließlich soll der Leser, also der Journalist, möglichst wenig Arbeit mit dem weiteren Inhalt haben, der in elektronischer oder papierner Form auf seinem Schreibtisch landet. Was machen Sie, wenn Sie sich schnell über ein Ereignis informieren wollen? Richtig: Sie lesen oder hören die nächsten Nachrichten. Deswegen gelten auch für Pressemitteilungen, die einen aktuellen Anlass haben, die journalistischen Regeln des Nachrichtenschreibens. Andere Formen, wie Interviews, Hintergrundberichte, Geschäftsberichte etc. sind keine klassischen Pressemitteilungen und können vom Aufbau anders gestaltet werden. Für die Verfasser von Pressemitteilungen, die Erfolg mit ihren Inhalten haben wollen, gelten dieselben journalistischen Handwerksregeln wie für den Journalisten, der über das Mitgeteilte schreiben soll. Witzige Stilbrüche, besonders originelle Einstiege, Endlos-Zitate zu Beginn – vergessen Sie es einfach! Dafür hat ein Redakteur schlicht keine Zeit.

Deswegen steht in einer Pressemitteilung, genau wie in einer Nachrichtenmeldung, das Wichtigste eines Ereignisses und dies so einfach formuliert wie möglich. Das *Wichtigste!* Die Entscheidung, wie welche Teilaspekte zu gewichten sind, dürfen Sie niemals dem Journalisten überlassen: Dieser erwartet von Ihnen als Absender der Nachricht zu Recht, dass Sie glasklar strukturieren, die unterschiedlichen Informationen deutlich erkennbar gewichten und präzise die wichtigste Botschaft Ihrer Nachricht herausstellen.

Warum sollten Sie sich immer wieder fragen: »Kann ich das noch einfacher sagen?« Der objektiv wichtigste Aspekt Ihres Themas kann einfach zu finden und zu formulieren sein: der von der Konkurrenz abgeworbene neue Finanzchef – hier geht es nur um die Personalien. Die erfolgreiche Akquisition des großen Auftrages ist auch noch keine Herausforderung. Aber die Hauptversammlung mit 32 Beschlüssen, die Standorteröffnung in Asien an dem Tag, an dem auch ein großer Etat gewonnen wird? Die Jahrestagung des Verbandes, nach der sich jeder Arbeitskreis in Ihrer Pressemitteilung wiederfinden möchte? Sie müssen in solchen Fällen wie der Journalist denken und entscheiden, von dem Sie hoffen, dass er Ihr Thema transportiert. Das heißt auch »nein« sagen können. Denn eine unentschiedene Meldung, in der gleich zu Beginn versucht wird, möglichst viel unterzubringen, landet im Papierkorb.

Sehen Sie die folgende Überschrift, werden Sie sofort annehmen, dass die Meldung selbst auch nur mit einem Satz zum »Jumper« anfangen kann, richtig?

Der neue Citroën Jumper: Ein Kleintransporter von Format

23.05.2006–11:17 Uhr, KÖLN

Seit vielen Jahren ist Citroën ein führender Anbieter von leichten Nutzfahrzeugen: Jeder fünfte weltweit verkaufte Citroën ist ein Nutzfahrzeug und jedes zehnte in Europa verkaufte Nutzfahrzeug ist ein Citroën (Marktanteil 2005: 10,2 Prozent). Mit dem neuen Jumper stellt Citroën ein neues Spitzenmodell seiner Transporterflotte vor.

Der neue Jumper baut auf dem zwölfjährigen Verkaufserfolg seines Vorgängermodells auf. (..)

Eine gelungene Überschrift lockt den Redakteur, um ihn dann mit Werbe-Plattitüden wieder abzuschrecken.

15 Die W-Fragen

Die Regel der ursprünglich vier W-Fragen ist eine Ur-Regel des Journalismus, vor allem wenn es um kurze Nachrichten und Berichte geht. Und auch eine professionelle Pressemitteilung kommt nicht ohne sie aus. Diese vier Fragen müssen *am Anfang* der Mitteilung beantwortet werden, wenn sie denn den Zweck einer kurzen, knappen Informationsweitergabe hat. Natürlich nicht, wenn es sich um einen Bericht, ein Porträt oder andere journalistischen Formen der Pressearbeit handelt.

WAS?	der Standort München wird erweitert
WANN?	gab der Vorstand gestern Abend bekannt
WO?	auf seiner Sitzung in London
WER?	durch den CEO William Clarke

Zwei weitere W-Fragen sollten beantwortet werden:

WIE?   unerwartet wegen des Aufschwungs der Branche
WARUM?   weil die Kapazitäten in Edinburgh nicht reichen
Und eine Frage, auf die sich die Antwort aus der gesamten Mitteilung ergeben muss, ist für Öffentlichkeitsarbeiter besonders wichtig:
WEN?   soll diese Mitteilung interessieren, für wen ist sie?

Würde man im Beispiel des Citroën Jumper die Regel der vier W-Fragen konsequent beachten, sähe das Ergebnis bei unveränderter Überschrift anders aus.

Der neue Citroën Jumper: Ein Kleintransporter von Format

23.05.2006–11:17 Uhr, KÖLN

Citroën stellt heute in Deutschland das neue Spitzenmodell seiner Transporterflotte vor, den Jumper. Dieses Modell löst nach zwölf Jahren den Vorgänger ab, der ...
(...)
Seit vielen Jahren ist Citroën ein führender Anbieter von leichten Nutzfahrzeugen: Jeder fünfte weltweit verkaufte Citroën ist ein Nutzfahrzeug und jedes zehnte in Europa verkaufte Nutzfahrzeug ist ein Citroën (Marktanteil 2005: 10,2 Prozent).

Die Frage nach dem *Warum* sollte für den Autor der Meldung aber auch eine Gedächtnisstütze sein, um zu überprüfen, ob die unvermeidliche und entscheidende Frage eines Journalisten, nämlich: »Warum soll denn diese PR-Geschichte wichtig sein?«, beantwortet ist. Diese Frage darf sogar ganz offensiv in Ihrer Meldung beantwortet werden, etwa mit einer Erläuterung wie: »Diese Entscheidung/ Diese Sitzung/Dieses Treffen ist so wichtig/bedeutend/unerwartet, weil ...«– oder diese Antwort ergibt sich ohnehin aus Ihrer Meldung. Eine Antwort auf die Frage, warum der neue Citroën-Kleintransporter eine Meldung wert sein sollte, lautet: Weil Citroën in diesem Segment von Fahrzeugen sehr wichtig und erfolgreich ist. Das *Wie* schließlich ist nicht immer relevant, die Beantwortung dieser Frage kann aber auch zur Selbstkontrolle genutzt werden. Ist es wichtig, *wie* eine Entscheidung in Ihrem Unternehmen oder Verband zu Stande kam und ist es vielleicht sogar ein wichtiger Bestandteil ihrer Mitteilung?

Nur sollten Sie nie vergessen, dass Ihr Inhalt in den Empfänger-Redaktionen minütlich mit vielen anderen Themen konkurriert, auch mit denen, die keine PR-Inhalte sind. Sie müssen also mindestens genauso gut arbeiten wie die journalistische Konkurrenz. Wer keine klare Botschaft vermittelt, die sich im wahrsten Sinne des Wortes auf den ersten Blick erschließt, hat meistens schon verloren.

Die W-Fragen betreffen immer die wichtigste Aussage Ihrer Mitteilung. Wer hier dem Leser schnelle Antworten liefert, hält sich schon fast automatisch an das zweite eiserne Gesetz für kurze und faktenorientierte journalistische Texte: die Pyramidenform.

16 Pyramidenform

Bei der Pyramidenform beginnt die Meldung mit dem Punkt, auf den sich das zu beschreibende Ereignis zuspitzen lässt. Diese Vorstellung einer klassischen ägyptischen Pyramide hilft auch, sich zu vergegenwärtigen, dass es nur ein *Top*-Thema in Ihrer Pressemitteilung geben sollte. Pyramiden haben schließlich auch nicht zwei Spitzen.

Der Aufbau der Meldung folgt dieser Regel:

Im ersten Satz oder in den ersten beiden Sätzen (Lead) steht der Kern der Meldung, die neue Information. Noch einmal zurück zum Citroën Jumper–Beispiel: Weder der Marktanteil bei den Nutzfahrzeugen noch die Zahl der Verkäufe sind neu oder treffen den Kern der Meldung, hätten also nicht im *Lead* der Meldung stehen dürfen. Hintergrundinformationen gehören an das Ende.

Nach dem Lead folgt in der journalistischen Nachrichtenmeldung die Quelle, es sei denn, sie ist wirklich verzichtbar. Dies gilt bei Pressemitteilungen nur dann, wenn sie beispielsweise eine Studie oder einen Experten zitieren. Aus journalistischen Gründen wäre es allerdings die gelungene Kür gewesen, wenn Citroën benannt hätte, nach wessen Angaben jedes fünfte weltweit verkaufte Nutzfahrzeug ein Citroën ist. Nach eigenen Erhebungen?

Ab dem dritten Satz werden weitere Informationen geliefert.

Der oder die letzten Sätze geben Einordnungshilfen und umreißen den Hintergrund des Ereignisses, die Dimension des Geschehens. Die W-Fragen nach dem *Warum* und unter Umständen *Wie* werden beantwortet.

Ganz zum Schluss folgt der Hintergrund zum Unternehmen (Verband), der aber nichts mehr mit dem Aufbau der individuellen Meldung zu tun hat.

Im nachfolgenden Beispiel einer Meldung für die Biotechnologie-Fachpresse ist die Aufbauregel »das Wichtigste zuerst« durchaus befolgt worden.

Genmab erreicht ersten Meilenstein des HuMax-TAC-Vertrags mit Serono

27.02.2006–18:31 Uhr, KOPENHAGEN   Wo?

Genmab A/S (CSE: GEN) gab heute die Übergabe einer HuMax-   Wer? Wann? Was?
TAC-Zellenlinie an Serono bekannt. Damit wurde der erste Meilenstein des Entwicklungs- und Vermarktungsvertrags der Unternehmen erreicht. Die Zellenlinie könnte zur Herstellung von
HuMax-TAC für klinische Versuche eingesetzt werden. Dieser Mei-   Warum wichtig?
lenstein löst eine Zahlung von USD 1 Mio. an Genmab aus.

Für Nicht-IT-Experten ist die nachfolgende Meldung fast unverständlich, aber der Aufbau stimmt: Das entscheidende Thema ist in der Überschrift, wird dann im Lead-Satz aufgegriffen, und nach dem ersten Absatz hat der Journalist das Wesentliche erfasst, er könnte ohne weitere Bearbeitung eine Kurzmeldung daraus machen.

PlanView stellt die industrieweit erste vollständige IT Portfolio Management Lösung vor

03.03.2005–14:00 Uhr, KARLSRUHE/FRANKFURT/AUSTIN

PlanView, Inc., der führende Anbieter von Portfolio Management
Lösungen, bietet mit PlanView EnterpriseTM die erste vollständige
Lösung zur Maximierung der IT Wertschöpfung. Mit Hilfe von detail-   Wann fehlt!
lierten Portfolioanalysen und IT Best Practices können Unternehmen kritische Entscheidungen in Bezug auf den Einsatz ihrer Mittel
treffen. PlanView Enterprise steuert Mitarbeiter, Budgets, Systeme
und Infrastruktur in Bezug auf die aktuelle Geschäftsstrategie.

Zwischen 5–10 Prozent des Gesamtumsatzes werden jährlich für
IT Maßnahmen ausgegeben, so besagt eine kürzlich durchge-
führte Studie der Society of Information Management. Die 300   ordentliche Quellen-
befragten IT Entscheider stellen die Abstimmung der IT mit den   angabe
Geschäftszielen an oberste Stelle ihrer Prioritätenliste. »IT-Organi-
sationen sind frustriert hinsichtlich der mangelhaften Transparenz
ihrer IT Projekte« stellt Margo Visitacion, Analyst bei Forrester
Research, Inc in einem Bericht mit dem Titel Portfolio ...

Pressemitteilungen, deren Aufbau sich strikt an der Zeitnot der Journalisten orientiert, sind selten.

CARE-Jahresbericht 05 und Erdbeben in Indonesien

06.06.2006–13:21 Uhr, BERLIN

CARE International Deutschland hat im vergangenen Jahr seine Spendeneinnahmen mehr als verdoppelt, gleichzeitig seine Verwaltungskosten erneut reduziert. Diese beiden Kernaussagen finden Sie in unserem Jahresbericht 2005, den der Hauptgeschäftsführer von CARE International Deutschland, Dr. Klaus Mustermann heute in Bonn vorgestellt hat. Zudem ist Herr Dr. Mustermann erst gestern von einer Reise ins indonesische Erdbebengebiet nach Deutschland zurückgekehrt und äußert sich besorgt einer »nachlassenden Aufmerksamkeit dieser humanitären Katastrophe« gegenüber.

Das sind zwei Themen.

Zu beiden Themen finden Sie auf unserer Homepage Informationen. Unseren kompletten Jahresbericht finden Sie bei Interesse hier: (...)
Bei Interesse an Interviews zu einem der beiden Themen oder bei Nachfragen melden Sie sich gern.

Rückfragen bitte an:
(...)

Eine gute Idee, um die Bereitschaft der Medien, sich solcher Themen generell anzunehmen, nicht überzustrapazieren. Aber eine Kerninformation hätte auch hier nicht fehlen dürfen: Um einordnen zu können, welchen Stellenwert CARE in der Landschaft der Hilfsorganisationen einnimmt, wären ganz kurze Hintergrundinformationen zum Schluss angebracht gewesen: Wie viele Mitglieder, welche Spendensummen? Aus journalistischer Sicht falsch ist die Formulierung, es handele sich um *zwei* Kernaussagen. Für einen Redakteur ist das eine Geschichte, nämlich mehr spenden bei weniger Verwaltungskosten.

Eben also die sehr zugespitzte Reduktion auf das Wesentliche, im Folgenden eine Omnibus-Meldung mit dem berühmten »Füllhorn« an Fakten. Weniger wäre im folgenden Beispiel mehr gewesen.

**N24-EMNID-UMFRAGE: »Fußball-WM wird tolles Ereignis!«/
Schlechte Noten für die Große Koalition**

07.06.2006–12:04 Uhr, BERLIN

Zwei Tage vor Beginn der Fußball-Weltmeisterschaft glauben laut der aktuellen N24-emnid-Umfrage 81 Prozent der Deutschen, dass die WM ein tolles Ereignis wird, auf das Deutschland stolz sein kann. Nur 17 Prozent teilen diese Freude nicht.

Dennoch sagt mit 56 Prozent nur etwas mehr als die Hälfte der Befragten, dass sie sich für die Fußball-WM interessieren. 43 Prozent zeigen eher kein Interesse.

60 Prozent glauben, dass Bundestrainer Jürgen Klinsmann für die deutsche Nationalmannschaft die richtigen Spieler nominiert hat. 20 Prozent sind mit der Spielerauswahl unzufrieden.

Wie schon im Mai 2006 glauben immer noch 25 Prozent, dass Deutschland Fußball-Weltmeister wird, 70 Prozent trauen der Mannschaft den WM- Sieg nicht zu.

Die Große Koalition erhält von den Deutschen schlechte Noten: So sind 68 Prozent mit der Politik der Bundesregierung unzufrieden. Lediglich 31 Prozent äußern sich im Großen und Ganzen zufrieden.

Auch die Reformkompetenz der Großen Koalition wird in Zweifel gezogen. So glauben nur 29 Prozent, dass die Große Koalition Deutschland beim Thema Gesundheit zukunftsfähig machen wird. 63 Prozent erwarten das nicht. Noch schlechter sieht es bei der Rentenpolitik (22 Prozent »ja«, 70 Prozent »nein«) und der Arbeitsmarktpolitik (19 Prozent »ja«, 73 Prozent »nein«) aus.

Befragungszeitraum: 06.06.06; Befragte: 1.000 Mittlere Fehlertoleranz: +/– 2,5

Alle Ergebnisse der N24-emnid-Umfrage präsentiert emnid-Chef Klaus Mustermann am Donnerstag, 08.06.06, im N24 Morgenreport. Die Ergebnisse im Einzelnen finden Sie in Kürze unter (...)

Ganze 19 Prozentzahlen zu zwei unterschiedlichen Themen in einer relativ kurzen Meldung, das ist schlicht zu viel. Die Umfrageergebnisse zur Regierungspolitik sind eine fantastische zweite Mitteilung, gehen hier aber völlig unter. Das Bemühen, den Medien in einer Meldung möglichst viel Material zu liefern ist zwar nachvollziehbar, dürfte aber kaum erfolgreich sein.

Trotzdem, in beiden Fällen handelt es sich um vernünftige, interessante Pressemitteilungen, die versuchen, der Arbeitssituation in den Medien Rechnung zu tragen, wenn auch auf völlig unterschiedliche Weise. Dagegen machen es andere PR-Autoren den Redakteuren schon durch den Aufbau ihrer Mitteilungen extrem schwer.

BACKBONE Technology AG: Die erste Sicherheitsfabrik produziert

03.03.2005–14:30 Uhr, HAMBURG

Auch Bill Gates, der Gründer von Microsoft, hat erkannt, dass Softwarehersteller, Provider und Anwender sich verstärkt dem Thema IT-Sicherheit stellen müssen. Während in den letzten Jahren der Schwerpunkt auf einfach zu bedienenden Anwendungen lag, wechselte dieser mit dem Erscheinen von leistungsfähigen und multimedialen Internet-Anwendungen zur IT-Sicherheit. Softwarehersteller rüsten bekannte Sicherheitslücken nach, Provider verstärken ihre Prophylaxe, da Anwender immer kritischer auf Produkte und Anwendungen, die sich als unsicher erweisen, reagieren.

> Warum der Bezug zu Bill Gates?

> Was ist der Anlass für diese Pressemitteilung?

> immer noch unklarer Anlass

> Auch das ist keine News, schon gar nicht in dieser allgemeinen Form.

Mit der Erfahrung aus über 10 Jahren Tätigkeit in der IT-Sicherheit wurde die Positionierung der BACKBONE Technology AG darauf ausgerichtet, sichere Lösungen und Anwendungen zu entwickeln. Darüber hinaus übernimmt die BACKBONE Technology AG die Projektführung und Koordination für entsprechende Großaufträge aus Industrie und Verwaltung in Form einer Sicherheitsfabrik.

> Dieser Absatz liefert keinerlei Informationen.

Der Erwerb von Beteiligungen an Unternehmen zur Entwicklung und zum Vertrieb neuer Sicherheits-Standards für Internet-Technologien, E-Commerce und Datenanwendungen sind Bestandteil der Unternehmensausrichtung der BACKBONE Technology AG.

> Spannend!

Die erste Sicherheitsfabrik produziert bereits und wird am 17. März 2005 das erste Produkt vorstellen. Die Pressekonferenz zum Thema »Kinder Internet in Deutschland« findet am 17. März 2005 um 11:00 Uhr im Hafenklub Hamburg statt. Eine gesonderte Pressemitteilung wird hierzu am 4. März 2005 veröffentlicht.

> Das scheint der Anlass der Mitteilung zu sein.

> Ist »Kinder Internet in Deutschland« eine Sicherheits-Fabrik?

Es sind solche Pressemitteilungen, die die Journalisten zu Recht verärgern. Konfus, ohne richtiges Thema, von Aufbau keine Spur. Eine solche Meldung ließe sich auch beim besten Willen nicht mehr verbessern, warum sollte sich dann aber ein Journalist daran versuchen? Im kompletten ersten Absatz wird nicht eine einzige W-Frage beantwortet. Auch von einer Pyramidenform ist nichts zu erkennen. Kein Journalist würde diese Meldung bis zum Ende lesen.

Ein ähnlicher Fall: Welche der vier W-Fragen werden gleich zu Beginn des nächsten Beispiels beantwortet? Können Sie die stilistische Zuspitzung auf die wichtigste Aussage erkennen, die Pyramide?

**Gesundes Raumklima durch Wohnungslüftung:
Da atmen nicht nur Allergiker auf**

23.05.2006–12:30 Uhr, KÖLN

Endlich – die lang ersehnte Sonne ist da! Die Menschen werden freundlicher und positiver, manche spüren sogar die berühmten Schmetterlinge im Bauch. Leider bedeutet Frühlings- wie Sommerzeit auch Pollenzeit, weshalb bei den inzwischen 12 Millionen Pollenallergikern weniger die Gefühle kribbeln, dafür umso mehr die Nase. Und damit nicht genug: Tränende und brennende Augen, Niesen, Kopfschmerzen und Atemnot sind weitere unangenehme Wegbegleiter des Allergikers in den sonnigen Jahreszeiten.

Wer jetzt mit Schrecken an die gängigen Vorbeugemaßnahmen denkt wie tägliches Staubsaugen mit Mikrofilter, häufiges Staubwischen, pollendichte Vorhänge anschaffen oder nachts feuchte Bettlaken vor das Fenster hängen, dem kann heute mit moderner Haustechnik auf sehr komfortable Weise geholfen werden: mit kontrollierter Wohnungslüftung.

Im Detail wird feuchte, verbrauchte und schadstoffbehaftete Luft aus belasteten Räumen, wie zum Beispiel dem Badezimmer, herausgesaugt und nach außen geleitet. Gleichzeitig strömt gefilterte und damit frische, vorgewärmte Außenluft schadstofffrei in die Aufenthaltsräume.
Neben dieser grundsätzlichen »Luftreinigung« gibt es für den Allergiker aber noch ein besonderes Plus: Alle gängigen Lüftungssysteme verfügen über einen Feinstpollenfilter, der die Pollenkonzentration im Gebäude auf ein Minimum reduziert. Eine enorme Entlastung für alle allergiesensiblen Menschen.

Dr. Klaus Mustermann vom Bundesindustrieverband Deutschland Haus-, Energie- und Umwelttechnik (BDH) betont in diesem Zusammenhang die Bedeutung der Wohnungslüftung: »Allergien haben sich zu einer regelrechten Zivilisationskrankheit ausgewachsen. Besonders schlimm ist die Tatsache, dass immer mehr Kinder davon betroffen sind.

In Deutschland leidet bereits jedes dritte Kind unter Allergien. Da wir uns bis zu 80% unseres Lebens in geschlossenen Räumen aufhalten, sorgen Eltern mit Kleinkindern für eine unbelastete Umwelt im Haus, wenn sie sich für eine kontrollierte Wohnungslüftung entscheiden.«

Mehr zum Thema Wohnungslüftung erfahren Sie unter (...)

Nur mit Mühe ließe sich zu dieser Meldung sagen, dass immerhin erkennbar ist, um was es geht: um Allergien. Einen konkreten Anlass gibt es nicht, jedenfalls keinen außergewöhnlichen, der Pollenflug ist schließlich in den letzten Jahrtausenden noch nie ausgeblieben. Eine aktuelle Studie? Ein wirklich außergewöhnlicher Pollenflug? Eine Befragung mit dem Ergebnis, dass viele Menschen nie ausreichend lüften? Alles Fehlanzeige, denn eigentlich ist das Thema, die Verbindung zwischen dem Leiden der Allergiker und dem relativ profanen Mittel einer Wohnungsbelüftung ja gar nicht so unspannend. Leider hat man hier versucht, dieses Thema in das enge handwerkliche Korsett einer Pressemitteilung zu pressen, was gründlich schief ging. Warum nicht eine ganz knappe Vorstellung des Themas und dann das Angebot, mit dem Experten eigene Interviews zu machen? Warum keine Infografik, damit sich auch der überzeugte Single einmal vorstellen kann, wie denn bitte eine »kontrollierte Wohnungsbelüftung« aussieht, einfach nur alle Fenster auf?

Gelegentlich schreiben auch Journalisten im Auftrag ihres Mediums eine Pressemitteilung, denn nichts anderes ist die so genannte Vorabmeldung oder noch antiquierter: Klapper-Meldung. Klappern, weil damit auf eine gute Story der eigenen Zeitung aufmerksam gemacht werden soll, es geht also ebenfalls um nichts anderes als Medienarbeit. Journalisten scheinen den klaren Aufbau einer solchen Pressemitteilung zu beherrschen.

Hamburg soll Musikstadt von internationalem Rang werden

07.06.2006–10:12 Uhr, HAMBURG

Klaus Mustermann, designierter Chef der neuen Hamburger Konzerthalle Elbphilharmonie, will die Metropole zu einer Musikstadt von internationalem Rang machen. »In zehn Jahren wird die Musik in Hamburg einen anderen Stellenwert haben«, erklärt er in der ZEIT. Er wolle nicht nur klassische Musik in dem Konzertsaal am Hafen präsentieren, dessen Eröffnung für das Jahr 2009 geplant ist. Neue Musik, ausgefallenes Repertoire und unbekannte Künstler sollen dort ebenso zu hören sein wie Schlager, Jazz und die großen Stars. Sogar Auftritte von Freddy Quinn oder Vicky Leandros könne er sich vorstellen.

»Erklärt« ist meistens falsch und passt nur, wenn tatsächlich ein Sachverhalt erklärt wird. »Sagt« ist fast immer ausreichend.

> Mustermann, der zurzeit das Konzerthaus in Wien leitet, wird im September 2007 sein Amt als Generalintendant für die Elbphilharmonie und die Laeiszhalle offiziell antreten. Als Etat für eigene Konzertreihen stehen ihm 3,6 Millionen Euro jährlich an städtischen Zuschüssen zur Verfügung. (...)

Gleich als nächstes Beispiel das exakte Gegenteil: Eine Omnibus-Meldung. Omnibus, weil, wie in einem überfüllten Bus zur rush-hour, alles hineingezwängt wurde, was nur irgend geht. Nur dass hier eben viele Informationen und Fakten mit Belanglosem in eine Meldung gezwängt wurden.

Sportwettenanbieter unter den Gewinnern

09.06.2006–12:41 Uhr, Berlin (Deutschland)

Der heutige Freitag ließ sich auf dem Börsenparkett gut an. Die Vorgaben aus den USA waren gut, repräsentative deutsche Indizes zeigten nach oben. Auch wenn in Kommentaren darauf verwiesen wurde, dass es sich im Wesentlichen um technische Erholungen handele, war die Stimmung auf dem Börsenparkett gut. Mit ein Grund für die gute Stimmung bei den Börsianern dürfte sein, dass das Warten eine Ende hat, dass es nun endlich losgeht mit der Fußball-Weltmeisterschaft. Auch unter Börsianern gibt es viele Fußballfans. Insofern richtete sich der innere Blick etlicher Marktteilnehmer schon auf den heutigen Nachmittag, wenn um 18.00 Uhr das erste Spiel angepfiffen wird.

> Zusammenfassender Lead ist erlaubt.

> Was nun: eine »technische Erholung« oder Fußballbegeisterung?

> Im gesamten ersten Absatz kein Bezug zur Überschrift!

In den meisten Medien befassten sich Beobachter an den letzten Tagen mit dem Thema Fußball. So war im T-Online Newsletter Wirtschaft eine Zusammenfassung von Volkswirten zum Thema Fußball und Aktienmärkte zu lesen. Fazit: Fußball-Flops seien schlecht für die Börse. U.a. hieß es dort, dass an den Aktienmärkten die Kurse oft stärker durch Emotionen als durch harte Finanzfakten bewegt werden. Zu solchen Ereignissen zählten die Verfasser auch Länderspiele. Die Autoren untersuchten Ergebnisse von Fußball-, aber auch von Cricket-, Rugby- und Basketballspielen aus 39 Ländern im Zusammenhang mit der Performance am Aktienmarkt einen Tag danach. Ob die Kurseffekte wirklich von Dauer sind oder am nächsten Tag schon wieder ausgeglichen werden – das wurde von den Autoren nicht untersucht.

> Und trotzdem erwähnenswert?

Kaum verwunderlich ist, dass unter den heutigen Kursgewinnern ein Unternehmen ist, dessen Geschäftsbasis Sportwetten sind. Die Aktien von bet-at-home.com (WKN: A0D NAY) verbesserten ihren Vortagskurs um gut 11 Prozent.

> Erster Bezug zur Überschrift und kaum mehr als eine Randbemerkung!

Die Aktien von Asia Water Technology (WKN: A0E R2Z), einem Unternehmen der Entsorgungs- und Umwelttechnologie aus Singapur, erfreuten ihre Aktionäre mit einem Kursgewinn von 2,8 Prozent. Insgesamt stehen auf dem Kurszettel 127 Unternehmen aus Singapur. Allein seit Anfang Mai 2006 starteten 19 Neulinge aus Singapur im Handel an der Börse. Alle über 12.000 in der Berliner Börse handelbaren internationalen Aktien sind nach Ländern und Branchen abrufbar unter (...)

> Ist das ein marktbeherrschendes Unternehmen dieser Branche oder warum ist das wichtig?

> Ist das außergewöhnlich? Ist das innovativ? Wie ist der nationale und internationale Vergleich?

Reger Handel, aber ein im Verlauf abbröckelnder Kurs, kennzeichnete die Entwicklung des US Öl- und Gas-Wertes Star Energy (WKN: A0H 1KV).

Die Nachfrage am Platz richtete sich auch auf zahlreiche Blue Chips des deutschen Marktes. So kletterten Schering-Titel (WKN: 717 200) nach 10 Preisfeststellungen um 0,83 Prozent im Kurs, DaimlerChrysler (WKN: 710 000) legten 1,7 Prozent zu und Deutsche Telekom (WKN: 555 750) verbesserten ihr gestriges Preisniveau um 1,25 Prozent. Alle Index-Werte werden nur in Berlin über die elektronische Handelsfunktionalität Matchboxx gehandelt. Vorteile für Anleger: Ausführung in Sekundenbruchteilen, Ausführungssicherheit, attraktive Preise, keine Teilausführungen. (...)

> Zeit für die Werbeunterbrechung...

Selbst als Bericht würde dieser Text nicht durchgehen: Die Fakten sind unsortiert und nicht erläutert, die Überschrift scheint nicht das Wesentliche der Pressemitteilung wiederzugeben.

17 Quellenangaben

Wenn ein PR-Profi sein Thema mit den Einschätzungen von Experten untermauern möchte, ist dies ein legitimes Mittel. Nur sollte der Experte dann auch wirklich einer sein. Es ist zu billig, eine unabhängige Fachmeinung vorzutäuschen, die es nie gegeben hat oder die man nicht wörtlich zitieren darf, weil man den Urheber nicht um das Recht dazu gebeten hat.

**80 Prozent aller Deutschen kennen nicht einmal den Text
der Nationalhymne AMIGOS – Zeit für Deutschland – Der Song zur WM**

10.05.2006–10:00 Uhr, FRANKFURT

Laut Aussagen führender Fachleute kennen 80 Prozent aller Deutschen nicht einmal den Text der Nationalhymne. Popstars, Nationalspieler oder Politiker – auch sie machen hier keine Ausnahme. Und das zur WM Zeit! Grund genug für das Team der Film – und TV Produktionsfirma Amigofilm aus Hanau aus der Not eine Herausforderung zu machen. Ein Fall für die Amigos ...

Welche Fachleute gibt es denn bitte für das Kennen oder Nicht-Kennen der deutschen Nationalhymne? Hier unterscheiden sich PR-Profis von solchen, die es noch nicht sind. Auch beim Umgang mit wirklichen oder fiktiven Quellen trennt sich die Spreu vom Weizen in der PR-Branche.

**Wo wächst der deutsche Gen-Mais?
Greenpeace veröffentlicht aktuelle Standort-Karte**

25.01.2006 – HAMBURG

Eine Übersichtskarte zu den geplanten Standorten von gentechnisch manipuliertem Mais in Deutschland veröffentlicht Greenpeace heute in Hamburg. Für den diesjährigen Anbau der umstrittenen Saaten haben Landwirte bis heute, 14.30 Uhr, 1357 Hektar an 108 Standorten beantragt. Die meisten Anbauflächen liegen wie im vergangenen Jahr in Brandenburg (821 Hektar). Die Karte wird laufend aktualisiert und kann auf der Greenpeace Homepage abgerufen werden.

Die Grafik basiert auf Informationen des öffentlichen Standortregisters des Bundesamtes für Verbraucherschutz und Lebensmittelsicherheit (BVL). Hier müssen sich Gen-Bauern drei Monate vor der Aussaat registrieren. »In seiner gegenwärtigen Form schafft das Standortregister Transparenz und Handlungsspielraum«, sagt Klaus Mustermann, Landwirtschaftsexperte von Greenpeace. »Konventionell oder ökologisch wirtschaftende Landwirte können sich vor Gen-Saaten schützen. Lebensmittelhersteller können entscheiden, aus welchen Regionen sie ihre gentechnikfreie Rohstoffe beziehen wollen.« (...)

Eine Quellennennung stört den Aufbau einer Pressemitteilung nicht. Auch hier ist journalistisches Handwerkszeug hilfreich, um eben dies nicht zu befürchten: die Quellennennung ist für Journalisten so selbstverständlich wie für Autofahrer das Blinken beim Abbiegen. Registriert wird nur, wenn diese Selbstverständlichkeit *nicht* eingelöst wird. Auch im folgenden Beispiel musste aus journalistischen Gründen die Quelle an genau dieser Stelle stehen, sonst hätte sich der Absender in eine Reihe mit den PR-Treibenden gestellt, die sich solche Statements ausdenken und dann renommierten Experten zuschreiben, die natürlich nie näher benannt werden.

Erträge von Aktienfonds werden von vielen Deutschen unterschätzt

23.05.2006–11:00 Uhr, FRANKFURT

Die Erträge von Aktienfonds werden von vielen Deutschen unterschätzt. Das ist das Ergebnis einer repräsentativen Umfrage von AXA Investment Managers und dem Meinungsforschungsinstitut TNS Infratest. Auf die Frage, wie viel Geld man heute zur Verfügung hätte, wenn man vor 20 Jahren 10.000 Euro in einen europäischen Aktienfonds investiert hätte, sind 35 Prozent der Deutschen der Meinung, dass man weniger als 18.000 Euro hätte. Tatsächlich jedoch hätte man durchschnittlich fast das Doppelte bekommen, nämlich durchschnittlich 37.720 Euro. (...)

18 Nebeninformationen

Selbst bei Pressesprechern, die in derselben Branche arbeiten, wird es unterschiedliche Zusammenfassungen eines wichtigen Branchenereignisses geben. Vielleicht herrscht noch Einigkeit darüber, dass die groß angekündigte Rede eines wichtigen Politikers völlig nichts sagend – oder unerwartet konkret – war. Aber schon beim zweitwichtigsten Aspekt eines Kongresses wird es unterschiedliche Auffassungen geben. Was sind weitere wichtige Informationen? Noch einmal: Sie wollen mit Ihrer Pressemitteilung in eine Zeitung oder in eine Zeitschrift – also halten Sie sich auch hier möglichst eng an das, was ein Redakteur von einem Profi erwartet, auch wenn dieser ein PR-Redakteur ist! Also nicht nach einem gelungenen ersten Absatz versuchen, noch schnell alles andere in die Meldung zu packen! Bleiben Sie beim Hauptthema, ergänzen Sie es vorsichtig um weitere Details.

Also nicht erst richtig beginnen:

> Bonn. Klaus Mustermann, der langjährige Finanzvorstand der Kreissparkasse Bonn, ist gestern Abend zum neuen Vorstandsvorsitzenden bestimmt worden. Manhard war bereits 13 Jahre Finanzvorstand und ...

... um dann im zweiten Absatz alles falsch zu machen:

> Neben dieser Personalie ging es in der gestrigen Vorstandssitzung auch um die Renovierung der Zweigstelle Meckenheim.

... sondern stattdessen:

> Mustermann, ein studierter Betriebswirt, lebt zusammen mit seiner Frau und drei Töchtern in Meckenheim. Der Jazz-Fan ist begeisterter Tennis-Spieler und ehrenamtlich für den Tennisclub Bonn-Rheinwiese als Kassenwart tätig.

Egal, welche wichtigen Nebenaspekte nun dargestellt werden – der rote Faden muss deutlich bleiben. Es kann nicht zwischen einem Ereignis im Lead-Satz und einem Ereignis im dritten Satz gesprungen werden – das Thema der Meldung ist durch den Lead-Satz immer klar definiert! Unsichere Autoren flüchten sich bei Auswahlschwierigkeiten manchmal in Omnibus-Mitteilungen: Zehn Zahlen aus dem Betriebsergebnis werden mit fünf Personalien an vier Standorten verknüpft. Der Vorteil für den Pressesprecher: Niemand kann ihm vorwerfen, etwas Wesentliches vergessen zu haben. Der Nachteil: Die Chance, dass eine solche Meldung veröffentlich wird, ist sehr, sehr gering. In eine perfekte, erfolgreiche Pressemitteilung gehört das Top-Thema, *ein* Top-Thema! Wenn Sie ein zweites, auch sehr wichtiges Thema haben, werden Sie immer einen Dreh finden, diesen Punkt wenigstens einen Tag später nachzuschieben.

19 Hintergründe

Die Journalisten sind Ihre Kunden. Kunden, die immerhin bereit sind, sich mit einem Produkt überhaupt zu beschäftigen, wollen vor allem den Nutzwert wissen. Was bringt mir, meinen Lesern, meiner Zeitung diese Information? Ist es eine wichtige Entscheidung für den Standort, für das Unternehmen, für die Wissenschaft, für die Politik? Zum Beispiel:»Dieser Auftrag ist wichtig, weil damit die Übernahme aller Auszubildenden sichergestellt werden kann.« Oder:»Diese Zusammenarbeit ist wichtig, weil ESTO-TEC damit den Einstieg in den asiatischen Markt beginnen kann.«

Dies gilt aber auch für Detailinformationen: Setzen Sie bei Ihren wichtigsten Lesern, den Journalisten, nicht zu viel voraus. In der Pressemitteilung der Börse stand völlig unvermittelt: *»Die Aktien von Asia Water Technology (WKN: A0E R2Z), einem Unternehmen der Entsorgungs- und Umwelttechnologie aus Singapur, erfreuten ihre Aktionäre mit einem Kursgewinn von 2,8 Prozent.«* Solche Informationen können Sie nicht ohne Einordnung unkommentiert stehen lassen, selbst ein kurzes »größter asiatischer Wasser- und Energieproduzent« in Klammern hätte gereicht (wenn dies zutreffend ist).

Diese Einordnungshilfen werden auch als *Hochauflösen der Meldung* bezeichnet: Das Hochauflösen ist auch eine perfekte Selbstkontrolle für den Autoren, denn wer dem Journalisten nicht sagen kann, was denn nun an diesem Vorgang, diesem Beschluss, so wichtig ist, hat oft den gesamten Sachverhalt selbst nicht richtig verstanden. »Irgendwie wird das schon wichtig sein« ist ein denkbar schlechtes Argument für eine Pressemitteilung.

20 Lead als Einstieg

Perfekt sind ein oder zwei *Lead-Sätze*, die das Wesentliche Ihrer Pressemitteilung kurz und knapp zusammenfassen. Steigen Sie in Ihr Thema mit einem Zitat ein, haben Sie mindestens noch einen Satz lang mehr Zeit. Dann ist es nicht ein Lead-Satz, sondern ein *Lead*, also ein einführender Absatz. Zusammen mit der Überschrift sind das die Waffen, die Sie haben, um Ihre PR-Botschaft von allen anderen unterscheidbar zu machen. Immer vorausgesetzt, die Überschrift war nicht bereits abschreckend! In journalistischen Meldungen kann der Inhalt der Überschrift noch einmal ganz oder teilweise im Lead-Satz oder im Lead wiedergegeben werden, das hängt von der Regelung innerhalb der Zeitungs- oder Zeitschriftenredaktion ab. Bei Pressemitteilungen muss der Inhalt der Überschrift im Lead wiederzufinden sein.

Der Lead der Pressemitteilung funktioniert wie der Lead einer Zeitungsmeldung, in beiden Fällen ist es die Schlagzeile der Straßenverkaufs-Zeitung am Kiosk. Wenn der Lead nicht stimmt, nicht verstanden wird oder schlicht langweilt, schaltet der Journalist bei Ihrer Meldung gleich ab.

> Der Bundesverband der Automobilindustrie hat sich erneut gegen eine weitere Erhöhung der Mineralölsteuer ausgesprochen. In Berlin erklärte Verbandspräsident ...

Das hat vermutlich auch jeder Journalist und jeder andere Bürger vermutet. Eine Nachricht wäre z. B. gewesen, dass die Automobilindustrie die Steuererhöhung begrüßt oder aber wirklich etwas Neues zu diesem Thema zu sagen hat: Dass in einer repräsentativen Untersuchung eines renommierten Meinungsforschungsinstituts 87% aller Autofahrer angaben, sich im Fall der Steuererhöhung kein neues Auto mehr zu kaufen. Sollte eine solch neue und dann auch noch objektive Information weiter hinten in der Pressemitteilung noch kommen, ist dies zu spät, viele Journalisten haben schon aufgehört die Mitteilung weiter zu lesen.

Zeitungsleser entscheiden spätestens nach dem ersten Satz einer Meldung, ob sie diese ganz lesen wollen. Wenn ein gestresster Redakteur, der täglich mit 500 bis 1.000 Nachrichten konfrontiert wird, den ersten Satz nicht überzeugend findet, wendet er sich vielleicht schon dem nächsten Stapel mit Pressemitteilungen zu oder blickt wieder auf den Redaktionsbildschirm.

Zahlreiche gute Themen gehen allerdings so den Medien verloren, damit aber auch oft der Öffentlichkeit insgesamt.

Apothekerverband verunsichert Patienten – Goesmann: Vorwürfe an Ärzte laufen ins Leere

06.06.2006–11:14 Uhr, BERLIN

»Es ist auch ein Gebot der Fairness, vor Veröffentlichung eigener Untersuchungen einen Datenabgleich mit den Ärzteorganisationen vorzunehmen. Das ist hier offensichtlich ganz bewusst unterblieben.« Die Vizepräsidentin der Bundesärztekammer und niedergelassene Hausärztin wies darauf hin, dass die Verordnung von Arzneimitteln in der Arztpraxis mit Hilfe von entsprechender Software abgewickelt werde, sodass der Vorwurf, Rezepte seien unvollständig oder unleserlich, ins Leere laufe. »Die von den Apothekervertretern genannten Zahlen müssen auch in Relation zu den täglich etwa zwei Millionen Arzneimittel-Verordnungen gesehen werden. Allein schon deshalb ist es mehr als fragwürdig, Ärzten pauschal Fehlverhalten bei der Ausstellung von Rezepten zu unterstellen«, sagte Musterfrau.

**ZI legt Ergebnisse der Koloskopiestudie vor/
Gelungener Start der qualitätsgesicherten
Präventivmaßnahme**

03.03.2005–11:44 Uhr, BERLIN

Zwei Jahre nach der Einführung der präventiven Koloskopie
(DarmSpiegelung) haben die Kassenärztliche Bundesvereinigung
(KBV) und die Spitzenverbände der Krankenkassen im Rahmen
einer Pressekonferenz den Abschlussbericht für das Jahr 2003
heute in Berlin vorgestellt. Die Studie, die das Zentralinstitut für die
kassenärztliche Versorgung in der Bundesrepublik Deutschland
(ZI) durchgeführt hatte, zeigt einmal mehr, wie sinnvoll Früherkennung ist.

Ein zentrales Ergebnis: Mithilfe der präventiven Koloskopie wurde
bei 0,6 Prozent der Untersuchten Darmkrebs diagnostiziert. Da
sich der Krebs in vielen Fällen noch in einem frühen Krankheitsstadium befand, konnte eine Therapie eingeleitet und eine Heilung
erzielt werden. Außerdem wurden bei 35,6 Prozent der teilneh-
menden Männer und 23,4 Prozent der Frauen unterschiedliche
Darmkrebs-Vorstadien in Form von Polypen und Geschwülsten
festgestellt. Auch diese konnten durch ihre frühzeitige Entdeckung
entfernt werden, bevor sie sich in bösartigen Darmkrebs verwan-
delten. Somit hat das KoloskopieScreening als Früherkennungs-
maßnahme einen guten Start hingelegt.

> »Zentrale Ingenieure«
> oder »Zahlende Inter-
> nisten«?

> Aha, versteht jeder!

> Es gibt also auch
> nicht qualitätsgesi-
> cherte Präventivmaß-
> nahmen?

> Fürchterlich langwei-
> lige und unverständli-
> che Schlagzeile

> Gut – unauffällig
> erklärt.

> Aber das ist doch
> nicht die News!

> DAS ist eine News!

> Auf einmal dann
> Umgangssprache???

Besser:

Studie beweist, wie sinnvoll Früherkennung bei Darmkrebsgefahr ist

Zwei Jahre nach der Einführung hat sich das so genannte KoloskopieScreening bei Darmkrebsgefahr bewährt. Die Kassenärztliche Bundesvereinigung
und die Spitzenverbände der Krankenkassen stellten heute in Berlin ihren
Abschlussbericht vor, der beweist, wie sinnvoll Früherkennung ist. Bei 0,6%
der Untersuchten wurde Darmkrebs diagnostiziert, der oft noch in einem frühen Krankheitsstadium war. Dadurch konnte in vielen Fällen noch eine Heilung erreicht werden.
Das KoloskopieScreening ist ein Verfahren, bei dem ... (Erläuterung zwingend)

Gerade bei Verbänden passiert es sehr oft, dass die Kommunikatoren es als eine ganz entscheidende Information ansehen, dass eben ihr Verband Stellung bezieht oder Kritik übt oder, siehe nächstes Beispiel, sich beschwert. Die Abkürzung »VPRT« ist einer großen Mehrheit der Journalisten völlig unbekannt und selbst wenn – *das* ist doch nicht die entscheidende Botschaft der Pressemitteilung!

Richtungsweisender Erfolg der VPRT-Beschwerde in Brüssel

Als einen richtungsweisenden Erfolg der VPRT-Beschwerde bei der EU-Kommission gegen den wettbewerbswidrigen Einsatz der Rundfunkgebühren in Deutschland wertete der Präsident des Verbandes Privater Rundfunk und Telekommunikation e. V. (VPRT), Jürgen Doetz, das heute bekannt gewordene Schreiben der EU-Generaldirektion Wettbewerb an die Bundesregierung.» Das Schreiben der EU-Kommission an die Bundesregierung bestätigt eindeutig unsere Kritik, dass die Verwendung der Rundfunkgebühren in Deutschland derzeit nicht transparent und mit dem EU-Wettbewerbsrecht so nicht vereinbar ist«.

Viel zu unbekannt, verwirrt hier nur

Um was bitte geht es denn?

Das steht nun leider überhaupt nicht fest – Vorsicht, falsche Tatsachenbehauptungen ärgern Journalisten kolossal!

Immerhin besteht der Lead wirklich nur aus zwei Sätzen – aber aus was für welchen...

Ausschließlich auf Grundlage der Informationen im obigen Auszug aus der Originalmeldung könnte man die Chancen für dieses Thema erhöhen.

Besser:

Rundfunkgebühren entsprechen möglicherweise nicht dem EU-Recht!

Die privaten Rundfunk- und TV-Stationen in Deutschland sehen ihre Kritik bestätigt, dass die Rundfunkgebühren wettbewerbswidrig eingesetzt werden. Der Präsident des Branchenverbandes VPRT (Verband Privater Rundfunk und Telekommunikation e.V.), Klaus Mustermann, sagte zu dem heute bekannt gewordenen Schreiben der EU-Generaldirektion Wettbewerb an die Bundesregierung:» Das Schreiben bestätigt eindeutig, dass die Verwendung der Rundfunkgebühren derzeit nicht transparent und mit dem EU-Wettbewerbsrecht nicht vereinbar ist.«

Im Lead darf genau *eine* Hauptinformation stehen. Darüber hinaus ausschließlich ein oder zwei Nebeninformationen, die zum Verständnis des Lead-Satzes notwendig sind.

CeBIT Halle 4, Stand D12: Planck stellt neues PlanckWorks Festpreismodell 120/6 vor – Einsatzfertige Mittelstand-Branchenlösung mit fixem Kosten- und Zeitrahmen

Die auf Betriebswirtschafts-, IT-Beratung und Lösungsimplementierung spezialisierte Beratungsgruppe Planck (München-Ismaning) hat ihre seit Jahren bewährten PlanckWorks-Branchenlösungen für den Mittelstand um eine weitere kundenorientierte Variante ergänzt: Unter der Bezeichnung »Modell 120/6 bietet das international zu den erfahrensten SAP-Beratern zählende Unternehmen eine attraktive Festpreis- und Festzeitlösung, die mit einer Investition von 120.000 Euro sowie einer Implementierungszeit von sechs Monaten den Einstieg in eine Standard-Branchenlösung definierter Geschäftsprozesse ermöglicht und kalkulierbarer macht.

> Zweiter Satz in Ordnung, erster schlicht unnötig.

> Der Hintergrund kann niemals vorne stehen.

> Eigenlob langweilt jeden Journalisten tödlich.

> Das sagen 100 andere auch, also bitte *nie* so etwas schreiben.

Lesen Sie Ihren Lead immer noch einmal durch und markieren Sie dabei (in Gedanken) jede Information mit einem dicken, schwarzen Punkt – wenn Ihr Lead-Satz anschließend aussieht wie eine dicht gereihte Perlenkette, schreiben Sie ihn schleunigst um! Eine solche Perlenkette wird von keinem Leser leicht verdaut. Und Ihr erster Leser ist ein Journalist im hektischen Redaktionsalltag. Listet man die Informationen des Lead-Satzes in der obigen Pressemitteilung auf, wird die Überfrachtung deutlich:

- spezialisiert auf Betriebswirtschafts-, IT
- Beratung und Lösungsimplementierung
- Beratungsgruppe Planck
- München-Ismaning
- PlanckWorks-Branchenlösungen für den Mittelstand
- weitere Variante
- Modell 120/6
- SAP-Beratern
- Festpreis- und Festzeitlösung
- Investition von 120.000 EUR
- Implementierungszeit von sechs Monaten
- Standard-Branchenlösung

Leserfreundlichere Konstruktion:

CeBIT Halle 4, Stand D12: Mittelstand-Branchenlösung mit fixem Kosten- und Zeitrahmen

Der Mittelstand braucht bei größeren IT-Projekten keine Angst vor unkalkulierbaren Kosten mehr haben: Die Beratungsgruppe Planck (München-Ismaning) bietet jetzt die Einführung von IT-Lösungen für umfangreiche Geschäftsprozesse zum Festpreis und mit einer festgelegten Einführungszeit an. Dieses Angebot richtet sich mit einer Investition von 120.000 Euro sowie einer Implementierungszeit von sechs Monaten vor allem an den Mittelstand.

Eine umständliche Satzkonstruktion kann man dem folgenden Autor nicht vorwerfen – dieser Lead-Satz ist in der Tat ein einfach konstruierter Hauptsatz ohne eingeschobene Nebensätze. Daran wird deutlich, dass auch ein einfacher Hauptsatz schwer verständlich sein kann:

DIRK veröffentlicht Forschungsarbeit über Determinanten und Wirkungen der Investor Relations-Qualität

Mit dem aktuellen Titel »Investor Relations-Qualität – Determinanten und Wirkungen – Theoretische Konzeption mit empirischer Überprüfung für den deutschen Kapitalmarkt« von Dr. Klaus Mustermann setzt der DIRK – Deutscher Investor Relations Verband e.V. seine Forschungsreihe fort. (...)

Der Pressesprecher lässt seinen Kunden, den Journalisten, die Arbeit machen, die eigentlich seine eigene Aufgabe ist: Das Herausfiltern der Hauptinformation.

»Mein Thema ist so schwierig« – dies ist keine Begründung dafür, bereits bei der Überschrift und dem Lead-Satz alle Chancen bei den Journalisten zu verspielen. Je schwieriger das Thema, desto mehr Mühe muss in das Formulieren investiert werden. Denn einfache Sachverhalte wird auch ein Journalist auf einen Blick erkennen und beurteilen können. Erwarten Sie aber nicht, dass ein Journalist Ihren Job macht – nämlich schwierige Sachverhalte zunächst zu übersetzen, um sie überhaupt verstehen und beurteilen zu können.

CeBIT 2005: Nur jeder Zehnte kommt unvorbereitet zur Messe

03.03.2005 – 10:30 Uhr, HAMBURG

Die Zeiten der CeBIT als unüberschaubare Massenveranstaltung sind vorbei. Die Besucher der weltgrößten IT-Messe bereiten sich

Verständlich, klar – wen es interessiert, der liest weiter.

Unnötig – weglassen!

immer professioneller auf ihren Besuch vor. Nur jeder zehnte kommt unvorbereitet nach Hannover. Zu diesem Ergebnis kommt die aktuelle CeBIT-Online-Besucherumfrage von Mummert Consulting und dem Spezialisten für Umfrage- und Beschwerdemanagementsoftware Inworks. Mehr als ein Drittel der Messegänger informiert sich im Internet vorbereitend über die Aussteller. Jeder vierte vereinbart sogar vorab konkrete Termine für die Messe. Zumindest einen festen Plan und Ziele für den Besuch hat jeder fünfte befragte Messegänger. (...)

> DAS wäre der erste Satz!

Sie sollten sich jede Meldung, die Sie verfassen, laut vorlesen, wenn Sie fertig sind. Noch besser: einem Kollegen laut vorlesen. Wenn dieser »Noch einmal bitte!« sagt, wissen Sie, dass an dem Text noch gearbeitet werden muss. Besonders dann, wenn der erste Satz kaum zu verstehen ist.

Pflanzenschutzindustrie kritisiert Künasts Reduktionsprogramm

03.03.2005–18:05 Uhr, FRANKFURT/MAIN

Mit Überraschung und Verärgerung hat der Industrieverband Agrar (IVA) die Ankündigung von Verbraucherministerin Gerda Musterfrau zur Kenntnis genommen, in den nächsten zehn Jahren den Einsatz von Pflanzenschutzmitteln um 15 Prozent senken zu wollen. Im Reduktionsprogramm ...

Besser:

Der Industrieverband Agrar (IVA) protestiert dagegen, dass der Einsatz von Pflanzenschutzmitteln in den nächsten zehn Jahren um 15 Prozent gesenkt werden soll. Der Verband ist von dieser Ankündigung der Verbraucherministerin Musterfrau überrascht und verärgert ...

Nichts gegen literarische Bemühungen, nur sollten diese nie als Pressemitteilung verpackt werden. Ein Feature in der Pressemappe wäre der geeignetere Weg.

**Gesundes Raumklima durch Wohnungslüftung:
Da atmen nicht nur Allergiker auf**

23.05.2006–12:30 Uhr, KÖLN

Endlich – die lang ersehnte Sonne ist da! Die Menschen werden freundlicher und positiver, manche spüren sogar die berühmten Schmetterlinge im Bauch.

63

> Leider bedeutet Frühlings- wie Sommerzeit auch Pollenzeit, weshalb bei den inzwischen 12 Millionen Pollenallergikern weniger die Gefühle kribbeln, dafür umso mehr die Nase. (...)

Dürfen Nebensätze im Lead-Satz stehen? Ein Nebensatz ist im Lead-Satz erlaubt, wenn sonst Abstriche an der Verständlichkeit gemacht werden müssten. Dies ist zum Beispiel der Fall, wenn Prädikat und Objekt sonst zu sehr voneinander getrennt werden.

Mit »Miniauswertung« zum Verbraucherschutz?

03.03.2005–17:40 Uhr, BLAUBACH

> Mini-Auswertung – von wem?

»Die Lebensmittelsicherheit in Deutschland hat sich kontinuierlich verbessert und ist zur Zeit auf höchstem Niveau«, kommentiert der Vizepräsident der Landestierärztekammer Rheinland-Pfalz, Dr. Klaus Mustermann, den Beitrag zum Thema »Antibiotika-Rückstände im Schweinefleisch« in der aktuellen Ausgabe der Zeitschrift Ökotest. »Der Verbraucherschutz hat für die Tierärzteschaft oberste Priorität«. (...)

> Hier hätte nun ein klares »weist zurück« oder »kritisiert« stehen müssen.

Oft kann ein zusammenfassender Lead-Satz helfen. Auch der Nachrichten-Chef des Saarländischen Rundfunks, Josef Ohler, rät: »Wenn der Nachrichtenstoff so schwierig ist, dass er sich in einem einzigen pointierten Satz nicht ausdrücken lässt, kann ein Einleitungssatz weiterhelfen, der zur Hauptsache hinführt ...«

Brüssel nimmt Stellung zum Konflikt zwischen privatem und öffentlich-rechtlichem Rundfunk in Deutschland

Im Konflikt um die Rundfunkgebühren für den öffentlich-rechtlichen Rundfunk in Deutschland hat die Brüsseler Wettbewerbsbehörde heute schriftlich Stellung genommen. In einem Schreiben an die Bundesregierung ...

Überinterpretationen, subjektive Würdigungen und Fehleinschätzungen dürfen bei zusammenfassenden Lead-Sätzen nicht passieren.

Bei komplizierten Sachverhalten bietet es sich also an, das Ereignis in einem Satz zusammenzufassen. Im amerikanischen Journalismus ist dieser *Summary Lead* sehr gängig, bei komplexen Vorgängen wie Parteitagen, Versammlungen oder mehrtägigen Veranstaltungen unumgänglich. Diese Zusammenfassung kann auch darin bestehen, die *Auswirkungen* einer Entscheidung oder eines Ereignisses darzustellen. Hierbei muss man vorsichtig sein, denn das kann zu Werturteilen führen, die nicht mit Fakten zu unterlegen sind. Vor allem bei Gerichts- oder Politikerentscheidungen ist oft nicht das eigentliche Ereignis das Interessanteste, sondern die Auswirkung, die Konsequenz. Wenn das Ereignis selbst nur bei bereits informierten Lesern einen Aha-Effekt auslösen würde, sollte man die Zusammenfassung, die Bedeutung des Ereignisses an den Anfang stellen.

Die folgende Mitteilung kann nicht vollständig abgedruckt werden. Das Thema ist für juristische Laien hoch kompliziert, deswegen ist hier ein Kunstgriff angewandt worden, der der reinen Lehre vom »Kern zuerst« widerspricht: Der Hintergrund der Meldung wird zunächst dargestellt, also die inhaltliche Grundlage der Pressemitteilung. Es wird schnell deutlich, warum das in diesem Fall legitim ist.

Geplante Neuordnung des Scheidungsverfahrens unterstreicht Bedeutung der notariellen Scheidungsfolgenvereinbarung

28.02.2006–18:31 Uhr, BERLIN

An die Stelle der bisherigen einverständlichen Scheidung soll künftig ein vereinfachtes Scheidungsverfahren treten. So hat es das Bundesministerium der Justiz am 15. Februar 2006 in einer Pressemitteilung bekannt gegeben. Mit der Einführung eines vereinfachten Scheidungsverfahrens wird auch die notarielle Scheidungsfolgenvereinbarung gestärkt.

Scheidungswillige Ehegatten ohne gemeinsame Kinder könnten das vereinfachte Scheidungsverfahren durch übereinstimmende, notariell beurkundete Erklärung wählen. Voraussetzung ist, dass sie sich über den Ehegattenunterhalt sowie über Hausrat und Ehewohnung geeinigt haben.

Notare beurkunden schon heute umfassende Vereinbarungen im Vorfeld der Scheidung. In diesen treffen die Ehegatten Regelungen zu Scheidungsfolgen wie den Vermögensverhältnissen, dem Unterhalt und dem Versorgungsausgleich.

Diese so genannte Scheidungsfolgenvereinbarung wird nun noch mehr in das Scheidungsverfahren einbezogen. »Dadurch werden die streitschlichtenden Elemente des Scheidungsverfahrens gestärkt«, sagt Dr. Klaus Mustermann, Präsident der Bundesnotarkammer. »Vor dem Notar können die Ehegatten gemeinsam an der einvernehmlichen Beilegung ihres Konfliktes arbeiten.« (...)

Hätte der Autor unvermittelt mit dem Satz »Die Einführung eines vereinfachten Scheidungsverfahrens stärkt auch die notarielle Scheidungsfolgenvereinbarung« begonnen, hätte man bei fast jedem Journalisten der Tagespresse zu viel vorausgesetzt. Hier musste ausnahmsweise zunächst klar gemacht werden, dass es um eine bereits beschlossene Änderung im Allgemeinen geht, um dann schleunigst im dritten Satz und noch im Lead zu dem eigentlichen Kern der Mitteilung zu kommen.

Es ist hilfreich, wenn sich ein PR-Redakteur als Dienstleistungsunternehmer versteht – als Anbieter eines Informations-Service, den die Medien jederzeit abwählen können. Sachlich richtige Meldungen erwartet jede Redaktion, aber mit dem Bemühen um größtmögliche Verständlichkeit kann sich eine Pressestelle von den Konkurrenten absetzen.

Sie können und sollen dabei auch sprachlich variieren: Als vor vielen Jahren die Süddeutsche Zeitung eine Meldung mit dem Satz begann »Wir Deutschen werden immer fetter!« war das noch eine kleine Kulturrevolution. Wenn Sie wirklich einen auch journalistisch halbwegs glaubwürdigen Knalleffekt haben, dürfen Sie mutig texten, aber niemals ins Werbende abgleiten: »Schnellstes Motorrad Deutschlands fährt 320 km/h!« wird Ihnen keine Redaktion als Einstieg in Ihre Mitteilung übel nehmen.

Wenn Sie fragen »Bricht Deutschlands Bauwirtschaft zusammen?« sollten Sie ebenfalls ein solides Fundament für dieses bedrohliche Szenario haben, zum Beispiel als Verband eine entsprechende Umfrage unter Bauunternehmern mit erschreckenden und eindeutigen Resultaten durchgeführt haben. Gute Zitate sind glaubwürdig, spannend und lebendig, also hervorragend für den Lead geeignet. »Dieser Kauf wird Deutschlands Luftfahrt verändern« – ein durchaus denkbarer Einstieg in eine Mitteilung, in der der Kauf der Deutschen BA durch Air Berlin im August 2006 bekannt gemacht wurde.

21 Absender und Kontaktangaben

Muss der Volkswagenkonzern am Ende einer jeden Meldung die wichtigsten Fakten zum Unternehmen nennen? Ja, oder wissen Sie jederzeit aus dem Kopf wie viel Mitarbeiter VW gerade beschäftigt? Warum sollte ein Journalist diese Basisinformation erst suchen müssen? Immer mehr deutsche Unternehmen gehören zu ausländischen Konzernen oder sind mehrheitlich im Besitz von Finanzinvestoren – aber wer weiß schon wie diese heißen? Ist der Einzelhandelsverband wichtig, weil er oft in den Medien ist oder weil er viele Mitgliedsunternehmen hat – diese Zahl muss genauso im Hintergrund zu finden sein. Was amerikanisch so schön »boiler plate« heißt, ist hier schlicht »Hintergrund« – zum Unternehmen, zur Institution oder zum Verband.

Dieser Hintergrund soll aus dem »Stehsatz« kommen, also immer identisch aufgebaut sein. Natürlich nicht ohne notwendige Aktualisierungen zu vergessen! Noch besser ist es, wenn Sie zwei unterschiedliche Längen bereit halten, denn bei sehr kurzen Pressemitteilungen sollte die boiler plate nicht länger sein als der Mitteilungstext.

Dieser Hintergrund kann, muss aber nicht auch die Kontaktinformationen enthalten. Die Angaben zur schnellsten Kontaktaufnahme können auch separat folgen, vor allem wenn sich diese von Thema zu Thema ändern. Was nicht geht, sind Kontaktangaben, die Rätselraten ähneln.

Fiat Automobil AG – Personalmeldung

19.11.2004–17:52 Uhr, FRANKFURT

Der Vorstandsvorsitzende...

Presse- und Öffentlichkeitsarbeit
Fiat Automobil AG
Pressekontakt:
Fiat Automobil AG
Klaus Mustermann
Leiter Presse- und Öffentlichkeitsarbeit
Tel.: (...)
Mobil: (...)
Fax: (...)
Email: (...)
Franz Mustermann
Leiter Wirtschaftspresse
Tel.: (...)
Mobil: (...)
Fax:(...)
Email: (...)

Es muss unmissverständlich sein, wer angerufen werden soll. Ist das egal, genügt: »Als Ansprechpartner zu diesem Thema stehen ... zur Verfügung.«

Sie sollten auch immer zwei Hintergrund-Sätze in unterschiedlichen Längen haben für den Fall, dass Sie zusammen mit einem Kooperationspartner eine Pressemitteilung herausgeben. Dann können Sie nicht Ihre Standardlänge verwenden.

Sarantel und u-blox erleichtern GPS-Integration mit neuem Referenzdesign

17.08.2006–13:47 Uhr, Wellingborough, Großbritannien, und Thalwil, Schweiz

(...)
Über Sarantel
Sarantel Limited ist ein dynamisches, wachsendes Unternehmen, das eine neue Generation von Filterantennen im Miniaturformat für die drahtlose Kommunikation entwickelt und herstellt. Mit seiner über zwanzigjährigen Erfahrung in Forschung und Entwicklung hat das Unternehmen mehr als 200 weltweite Patente für Konstruktion und Herstellung von Antennen, die unter allen Einsatzbedingungen klare Signale und hohe Leistung bieten. Sarantel Limited und seine Muttergesellschaft Sarantel Group PLC haben ihren Sitz in Wellingborough, England, und Niederlassungen in Asien und den Vereinigten Staaten. Das Unternehmen ist unter dem Kürzel SLG am AIM-Markt der Londoner Börse notiert. Weitere Informationen erhalten Sie unter (...)

> Solche Formulierungen nerven jeden Journalisten – belegen oder weglassen!

Über u-blox AG
u-blox ist ein international operierendes Unternehmen mit Hauptsitz in der Schweiz und Vertriebsgesellschaften in Amerika, Europa und Asien. Seit der Gründung im Jahr 1997 entwickelt u-blox technologisch innovative Technologien, Produkte und Dienstleistungen zur Positionsbestimmung mit GPS (Global Positioning System) für die Automobil- und Mobilfunkbranche. Weitere Informationen erhalten Sie unter (...)

Ansprechpartner bei u-blox
Klaus Mustermann, Product Management
Telefon: (...) E-Mail: (...)
Gerda Musterfrau, Marketing Communications
Telefon: (...), E-Mail: (...)

Ansprechpartner bei Sarantel
Claudia Musterfrau oder Susanne Musterfrau, Fuse PR Telefon: (...), E-Mail:

Wenn Ihr Unternehmen (noch) nicht bekannt ist, ist die *boiler plate* ebenfalls unverzichtbar. Sie finden Ihr Unternehmen aber zu klein, Ihren Verband zu unwichtig um eine faktenreiche Kurzdarstellung zu verfassen? Falsch, denn wenn der Journalist sich für Ihr *Thema* interessiert, wird er die Fakten über den Absender ohnehin recherchieren und dann Ihre Pressemitteilung neu bewerten, Sie können ihm also diese Recherchearbeit abnehmen.

Ferienschmöker bei Buchung inklusive: CarDelMar sorgt für passende Urlaubslektüre. Ab sofort: Der Online-Ferienautovermieter schenkt 1.000 Kunden einen Büchergutschein von bol.de.

17.08.2006–09:55 Uhr, HAMBURG

(...)
Der Online-Broker ... unter (...) zur Verfügung.

Pressekontakt:
(...)

Eine nette Idee, die Chancen hat, als Kurzmeldung auf die Reise- und Urlaubsseite zu kommen, nur bestimmt nicht ohne jede Angabe zu regionalen Präsenzen und Größe der Wagenflotte.

Hintergrundinformationen sind nicht die Fortsetzung der Pressemitteilung! Schreiben Sie nicht das, was nicht mehr in den eigentlichen Pressemitteilungs-Text passte, einfach als Hintergrund. Hier geht es wirklich nur um das schnelle Einordnen eines Absenders, nicht um dessen langjährige Verdienste und detaillierte Firmengeschichte.

bitop AG verlängert Kooperation mit Merck KGaA/ Natürlicher Wirkstoff zum Zellschutz und Proteinstabilisierung setzt sich in Kosmetikindustrie durch

17.08.2006–09:16 Uhr, WITTEN

(...)
Über bitop
Die bitop Aktiengesellschaft ist weltweit führend in der Produktion und technologischen Anwendung von Extremolyten, Schutzstoffen aus Mikroorganismen. Sie finden Anwendung im Protein-, Zell- und Hautschutz und bieten Schutz vor extremen Umweltbedingungen wie Hitze, UV-Strahlung oder Trockenheit. Im Jahr 2000 wurde die bitop AG für die Entwicklung des Produkts Ectoin aus der Gruppe der Extremolyte und das zugrunde liegende biotechnische Herstellungsverfahren mit dem Innovationspreis Ruhrgebiet ausgezeichnet. Ectoin ist heute fester Bestandteil verschiedenster Hautpflegeprodukte im Bereich Sonnenschutz und Anti-Aging. Einen weiteren

Innovationspreis erhielt die bitop AG 2005 für die Entwicklung eines völlig neuartigen Produktes zur Prävention von feinstaubbedingten Atemwegserkrankungen ebenfalls auf Basis von Extremolyten. Die bitop AG wurde 1993 von Forschern der Privaten Universität Witten/Herdecke gegründet.

Kontakt für Anfragen und Bildmaterial:
(...)

Besser:

**bitop AG verlängert Kooperation mit Merck KGaA/
Natürlicher Wirkstoff zum Zellschutz und Proteinstabilisierung setzt sich in Kosmetikindustrie durch**

17.08.2006–09:16 Uhr, WITTEN

(...)
Über bitop
Die bitop Aktiengesellschaft ist weltweit führend in der Produktion und technologischen Anwendung von Extremolyten, Schutzstoffen aus Mikroorganismen. Sie finden Anwendung im Protein-, Zell- und Hautschutz und bieten Schutz vor extremen Umweltbedingungen wie Hitze, UV-Strahlung oder Trockenheit. Die bitop AG wurde 1993 von Forschern der Privaten Universität Witten/Herdecke gegründet.

Auszeichnungen: Innovationspreis Ruhrgebiet für die Entwicklung von Ectoin (2000); Innovationspreis 2005 *(von wem?)*
Mitarbeiterzahl: xyz (Stand: 8/2006)
Umsätze: 2005: xyz 2004: xyz

Kontakt für Anfragen und Bildmaterial:
(...)

**USU Software AG setzt positiven Trend bei Umsatz-
und Ergebnisentwicklung fort**

17.08.2006–08:50 Uhr, MÖGLINGEN

(...)
USU – The Knowledge Business Company
Die USU Software AG (DE000A0BVU28) bietet im Konzernverbund zukunftsgerichtete Anwendungslösungen, Produkte und Beratung rund um das Thema Knowledge Business.

Unwichtig und wird ja ohnehin nicht erklärt. Weglassen!

Zum Beispiel Valuemation. Unsere Kunden erhalten damit eine umfassende Gesamtsicht über ihre IT-Prozesse, IT-Infrastruktur und sind in der Lage, ihre IT Kosten transparent darzustellen, zu verrechnen und aktiv zu steuern. Mehr als 500 Kunden verwalten mit dieser Produktfamilie mehr als 30 Millionen IT-Assets.

> Solche Informationen haben nichts im »Hintergrund« zu suchen.

Zum Beispiel KnowledgeMiner. Als integriertes Recherche- und Navigationssystem oder als Portallösung aktivieren wir mit dieser Technologie das komplette Wissen einer Organisation. Call und Service Center lösen damit Tag für Tag über 10.000 individuelle Probleme und Anfragen. Fachbereiche wie Qualitätssicherung, Produktion oder Vertrieb beschleunigen ihre Kernprozesse und erhöhen damit ihre Qualität.

> Dieser Absatz ist der Text für einen Werbeflyer!

Die Fähigkeit, Branchen Know how, Technologiekompetenz und Anwenderwünsche zu integrierten Softwaresystemen zu formen, überzeugt seit mehr als zwei Dekaden Kunden in allen Bereichen der deutschen Wirtschaft. Die USU Software AG ist im Prime Standard der Deutschen Börse sowie im Gate-M der Baden-Württembergischen Wertpapierbörse notiert.

> Werbung und ...
>
> ... noch mehr Werbung

Kontakt:
(...)

Im obigen Beispiel wird ignoriert, dass Journalisten von solchen Formfehlern genervt sind. Der Journalist quält sich möglicherweise durch diesen Werbetext und erfährt nichts über Mitarbeiterzahl, Standorte oder Gründungsdatum. Es geht wesentlich besser und vor allem lohnt sich die Mühe, weil dieser Textbaustein in Zukunft jede Ihrer Pressemitteilungen noch journalistengerechter macht.

Aufsichtsratssitzung beschließt Berufung des WKA-Vorstandes – HELIOS-Führungsstruktur für strategische Ausrichtung auf medizinische Qualität

08.02.2006, OBERURSEL/FULDA

(...)
Die HELIOS Kliniken Gruppe ist mit 55 Kliniken, darunter vier Maximalversorger in Erfurt, Berlin-Buch, Wuppertal und Schwerin, einer der größten und medizinisch führenden Anbieter von stationärer und ambulanter Patientenversorgung Europas. Die 24.800 Mitarbeiter des Unternehmens leisten jährlich 420.000 stationäre Patientenbehandlungen und erwirtschaften einen Umsatz von EUR 1,5 Mrd. Die HELIOS Gruppe verfügt über Kompetenz in allen

> Dieser Begriff muss kurz erläutert werden.
>
> In welchem Jahr – und dann in Klammern auch gleich die Zahlen des Vorjahrs

71

medizinischen Bereichen und Versorgungsstufen. Unter der Führung der HELIOS Kliniken GmbH leisten die HELIOS-Kliniken schwerpunktmäßig akutmedizinische Versorgung, die Wittgensteiner-Kliniken Rehabilitationsmedizin. Mehrheitsgesellschafter der HELIOS Kliniken GmbH und der Wittgensteiner Kliniken AG ist die Fresenius ProServe GmbH. (...)

Dieser Hintergrund liefert fast alle nötigen Informationen und verzichtet wohltuend auf Werbe-Lyrik.

Sprache und Stil der Pressemitteilung

22 Einfaches Schreiben

Eine schlichte und einfache Sprache ist die höchste Form des Textens, nicht etwa das komplizierte ineinander Verschachteln von Sätzen und Satzteilen. Alltagssprache meint, eine Pressemitteilung in präzisem Hochdeutsch abzufassen und nicht etwa in der Umgangssprache. Der Inhalt Ihrer Botschaft darf nicht in Fachchinesisch, Behördendeutsch oder Anglizismusfluten untergehen. Eine Meldung, die aus fast gleich langen Sätzen ohne Nebensätze besteht, wäre unerträglich, weil sie nicht unserem normalen Hör- und Sprechverhalten entspräche. So wird die gut geschriebene Pressemitteilung immer unterschiedlich lange Sätze haben und auch zwischen einfachen Hauptsätzen und Nebensatz-Konstruktionen abwechseln.

Wenn ein Satz nicht klar strukturiert wird, haben die Leser Probleme, den Inhalt aufzunehmen. Unter dem Begriff Klemm-Konstruktion lässt sich alles zusammenfassen, was den Handlungsstrang im Satz unterbricht und damit das Verständnis erschwert – also eingeschobene Nebensätze oder grammatikalisch korrekte, das Verständnis jedoch erschwerende, Konstruktionen. Eine Mixtur aus Hauptsatzteilen, Nebensätzen und Rückbezügen ist mit dem Begriff Schachtelsatz zutreffend beschrieben.

»Wer über Ereignisse berichtet, muss sich selbst klar machen, worum es geht. Nur dann kann er auch Nachrichten schreiben, die sein Publikum versteht.« (La Roche 2006, S. 109)

Was für Journalisten gilt, gilt für die, die Sie für ihr Thema gewinnen wollen, natürlich umso mehr. Führe klar und geradlinig durch die Meldung – so verlangt es auch die BBC von ihren Nachrichtenschreibern. Ganz so eng muss es der Verfasser einer Pressemitteilung nicht sehen, aber eine Orientierung an dieser Maxime schadet keiner Mitteilung.

Mitarbeiter-Ranking: Top-Noten für E.ON-Tochter

ESSEN

Die E.ON Ruhrgas AG darf zum wiederholten Mal das Prädikat »Bester Arbeitgeber in Europa« führen. Das Unternehmen im Düsseldorfer E.ON-Konzern erhielt am gestrigen Abend in Berlin vom Great Place to Work® Insti-

---

73

tute Europe und der Wirtschaftszeitung Financial Times die Auszeichnung, zu den 100 besten Arbeitgebern in Europa in 2006 zu gehören.

E.ON Ruhrgas hat sich damit erneut im Kreis namhafter Top-Unternehmen wie Microsoft, SAP, Procter & Gamble und Pfizer positioniert. Aus 15 europäischen Ländern hatten sich über 1.000 Unternehmen dem Wettbewerb gestellt. Dabei zählt E.ON Ruhrgas bei den Unternehmen bis 5.000 Mitarbeitern zu den Top-Arbeitgebern in der Europäischen Union.

»Zum dritten Mal stehen wir in Europa auf einem Spitzenplatz als Arbeitgeber«, sagte E.ON Ruhrgas-Personalvorstand Klaus Mustermann anlässlich der Preisverleihung. »Die wiederholte Auszeichnung auf europäischer Ebene ist für uns ein Beleg dafür, dass E.ON Ruhrgas auch im internationalen Wettbewerb um die besten Köpfe konkurrenzfähig ist. Mein Dank gilt unseren Mitarbeiterinnen und Mitarbeitern, die diesen Erfolg möglich gemacht haben. Er ist uns Ansporn, auch in Zukunft weiter an der Attraktivität unseres Unternehmens zu arbeiten«, so Mustermann.

Basis der EU-weiten Prämierung sind nationale Wettbewerbe in 15 europäischen Ländern. Im Wettbewerb »Deutschlands beste Arbeitgeber 2006« vom Februar dieses Jahres, erreichte E.ON Ruhrgas erneut eine herausragende Platzierung vor dem Hintergrund verschärfter Konkurrenz und einer erhöhten Anzahl von Mitbewerbern. Das Unternehmen führt seitdem das Prädikat »Deutschlands bester Arbeitgeber 2006«.

Die E.ON-Meldung ist klar strukturiert, in einer klaren und leicht verständlichen Sprache verfasst. Was vielen Pressesprechern leider bei diesem Thema nie gelingen würde, wurde auch gemeistert: Trotz des Themas Arbeitsplätze werden die Worte »human ressources«, »Humankapital« und »recruitment« nicht ein einziges Mal benutzt – Inhalt also statt Marketing-Worthülsen.

Verständlich heißt nicht langweilig, und der Verzicht auf Anglizismen ist nicht gleichbedeutend mit dem Verzicht auf markante Begriffe.

Deutsche setzen auf »Backstein-Rente«

18.05.2006–13:49 Uhr, MÜNCHEN

Die »Backstein-Rente« ist auf dem Vormarsch: 72 Prozent der Bundesbürger denken über den Kauf einer zusätzlichen Immobilie als Kapitalanlage für die private Altersvorsorge nach. 19 Prozent besitzen bereits eine Zweitimmobilie. Das ist das Ergebnis der »Immobilien-Trendstudie« von PlanetHome, einer Tochtergesellschaft der HypoVereinsbank.

> Wenn sich der Deutsche für ein Haus oder eine Wohnung entscheidet, möchte er zumeist selbst einziehen. 83,8 Prozent der Befragten geben Eigennutzung als Hauptmotiv für den Eigenheimerwerb an. Jeder Achte (12 Prozent) kauft Immobilien als Kapitalanlage. (...)

Wichtig ist hier, dass der Begriff »Backstein-Rente« sofort aufgelöst wird, die Erläuterung gehört völlig richtig in den Lead-Satz. Dies waren zwei Beispiele für schlichtes, schnell verständliches Deutsch. Lesen Sie nun die folgenden Beispielsätze zügig und nur ein einziges Mal und fassen den Inhalt der beiden Sätze zusammen.

> Der Präsident des Verbandes Privater Rundfunk und Telekommunikation e.V. (VPRT), Klaus Mustermann, fordert die Politik dazu auf, der derzeitigen Strategie von ARD und ZDF, im Rahmen der Digitalisierung umfassend auf neuen Wegen und mit neuen Angeboten privatwirtschaftliche Märkte zu besetzen, eine klare Absage zu erteilen.

> Die 15. Jahrestagung der DDL hat die Erwartungen ihrer Mitglieder, der insgesamt 150 teilnehmenden Ärzte aus dem deutschsprachigen Raum, durch ihr vielseitiges Informationsangebot im Bereich der Lasersicherheit und der Überprüfung neuer Indikationen für die Lasertherapie der Haut bei weitem übertroffen.

Waren Sie in der Lage jeweils den Kern dieses so entscheidenden ersten Satzes wiederzugeben? Sie waren auf diese Erfahrung vorbereitet, ein Journalist hätte nicht gewusst, welche Satzmonstren ihn erwarten. Wenn Sie die Arbeit des Sinn-Erkennens, des Pointierens, dem Journalisten überlassen, haben Sie keine guten Chancen, diesen Redakteur für Ihr Thema zu begeistern. In beiden Fällen hätte man es nur mit dem Inhalt dieses einen Satzes besser machen können.

Besser:

> Die Politik soll verhindern, dass ARD und ZDF im Rahmen der Digitalisierung mit neuen Angeboten privatwirtschaftliche Märkte besetzen. Dies fordert der Präsident des Verbandes Privater Rundfunk und Telekommunikation e.V. (VPRT), Klaus Mustermann. Einer solchen Strategie müsse eine klare Absage erteilt werden.

Besser:

> Die 15. Jahrestagung der DDL ist ein voller Erfolg geworden. Die Erwartungen der DDL-Mitglieder, der insgesamt 150 teilnehmenden Ärzte aus dem deutschsprachigen Raum, wurden bei weitem übertroffen. Dies lag vor allem an dem vielseitigen Informationsangebot im Bereich der Lasersicherheit und der Überprüfung neuer Indikationen für die Lasertherapie der Haut.

Ganze drei Wörter mehr nimmt der Versuch in Anspruch, den Lead-Satz verständlicher zu formulieren, ihn schneller begreifbar zu machen.

Einer, der über eine sehr deutsche Erscheinung stolperte, war Mark Twain. Er schrieb in »Bummel durch Europa«(1990, S. 459): »Im Deutschen hat man die Angewohnheit, die Verben auseinanderzusetzen und zu zerreißen. Man stellt die eine Hälfte an den Anfang irgendeines aufregenden Satzbaus und die zweite Hälfte ans Ende. Etwas Verwirrenderes kann man sich nicht vorstellen«.

Wer mit zerrissenen Verben operiert, der erwartet von Lesern, dass diese sich den ersten Teil des Verbs gut merken – denn sonst können sie den entscheidenden zweiten Teil des Verbs und damit die Satzaussage nicht verstehen. Ein Hilfsverb alleine ist schließlich nicht in der Lage, den Satzinhalt zu transportieren. Als Stilmittel gelegentlich mit einem auseinander gerissenen Verb zu arbeiten, mag noch angehen, aber übertreiben darf man es nicht. Der folgende Satz entstammt der E.ON-Meldung weiter oben, die insgesamt sehr gut, aber tatsächlich in diesem Punkt kritisierbar ist.

> E.ON Ruhrgas hat sich damit erneut im Kreis namhafter Top-Unternehmen wie Microsoft, SAP, Procter & Gamble und Pfizer positioniert.

Besser:

> E.ON Ruhrgas hat sich damit erneut im Kreis namhafter Top-Unternehmen positioniert, darunter sind Microsoft, SAP, Procter & Gamble und Pfizer.

In diesem Fall ist das Twainsche Unterbrechen des Verbs noch ein kleiner Stilfehler, der im Schriftdeutsch nicht gleich zu Verständnisproblemen führen muss. Gerade aber Aufzählungen verleiten dazu, diese Unterbrechung des Verbs zu lang werden zu lassen.

Auf der Hauptversammlung hat der Vorstand die Expansion im Ausland, vor allem in Brasilien, Argentinien, Südafrika, Indien und mehreren Staaten Osteuropas sowie den Ausbau bereits vorhandener ausländischer Märkte innerhalb und außerhalb der Europäischen Union ausdrücklich verteidigt.

23 Zeitformen

Ein Großteil aller deutschen Lead-Sätze enthält eine Form des Verbs »haben«: Sätze wie »Der Aufsichtsrat hat entschieden ...« oder »Die Bundesagentur für Arbeit hat heute die neueste Statistik bekannt gegeben ...« sind Lead-Sätze, die im Perfekt geschrieben sind. Das Perfekt kann getrost benutzt werden, um all die Vorgänge zu schildern, die zwar abgeschlossen sind, aber deren Bedeutung oder Auswirkung noch anhält. Denn die Schilderung dieser Ereignisse im Präteritum würde von der Alltagssprache weit weg führen: »Der Aufsichtsrat der Meyer AG beschloss heute mehrere Produkteinführungen« ist gekünstelt, »Der Aufsichtsrat der Meyer AG hat heute mehrere Produkteinführungen beschlossen« entspricht dagegen dem normalen Sprachgebrauch. Auch die Verwendung von Gegenwarts- und Zukunftsform ist unproblematisch, »Der Aufsichtsrat beschließt heute« geht ebenso wie »Der Aufsichtsrat wird heute beschließen ...«.

Benötigt wird das Präteritum, wenn ein tatsächlich abgeschlossenes Ereignis von dem Ereignis unterschieden werden soll, das noch Auswirkungen in die Gegenwart hinein hat: »Im Verlaufe der Hauptversammlung verabschiedeten die Anteilseigner den Jahresbericht des Vorstandes für 2006.«

Gerade am Ende der Mitteilung wird dann oft noch ein weiterer Schritt in die Vergangenheit notwendig. Wenn es darum geht, den Sachverhalt hoch aufzulösen, also Hintergründe und Zusammenhänge darzustellen, dann kommt das Plusquamperfekt zum Einsatz: »In den vergangenen Jahren hatte der inzwischen abgelöste Vorstand mehrfach nur nach wiederholten Ermahnungen einen ordentlichen Jahresbericht vorlegen können.«

24 Partizipial-Konstruktionen

Partizipial-Konstruktionen können immer durch einen Haupt- mit einem angehängten Nebensatz ersetzt werden – dies macht die Meldung verständlicher. Klar und übersichtlich wird die Satzaussage präsentiert – bei einer Partizipial-Konstruktion passiert genau das Gegenteil. Die Leser werden mit Gewalt vom Satzgegenstand vertrieben und schaffen es nur mit Mühe, dem Satz weiter zu folgen.

Wandern auf den Spuren von Sagen und Mythen

23.05.2006–11:33 Uhr, HALLWANG BEI SALZBURG

Insgesamt erwarten Genusswanderer im Salzburger Land von den sanften Bergen des Salzkammerguts bis hin zu den imposanten Dreitausendern in der Ur-Natur des Nationalpark Hohe Tauern 1.800 von Bauern bewirtschaftete Almen. (...)

Partizipial-Konstruktionen können wie in diesem Beispiel durchaus die Form eines Hauptsatzes haben. Kein Nebensatz ist erforderlich, um mit Hilfe einer Partizipial-Konstruktion einen Hauptsatz zu basteln, der viel unverständlicher ist, als es selbst ein Satz mit ein oder sogar zwei eingeklemmten Nebensätzen je sein könnte. Ein Hauptsatz allein macht also noch lange keinen guten Satz für Ihre Pressemitteilung.

Besser:

Insgesamt erwarten Genusswanderer im Salzburger Land 1.800 Almen, von den sanften Bergen des Salzkammergutes bis hin zu den imposanten Dreitausendern in der Ur-Natur des Nationalparks Hohe Tauern. Dabei sind alle Almen noch von Bauern bewirtschaftet.

25 Verben statt Substantive

Behörden und wissenschaftliche Einrichtungen lieben den Nominalstil, der mit einer gewissen Gewichtigkeit daherkommt, aber schlicht Texte langweiliger macht. Natürlich kann man sagen: Das Stundenticket hat in der ersten Klasse keine Gültigkeit. Aber das hat mit einer variantenreichen Alltagssprache nichts zu tun, also: Das Studententicket gilt nicht in der ersten Klasse.

Bei der Formulierung einer Pressemitteilung ist es immer als Optimierung anzusehen, wenn die Substantivierung eines Verbs einer Umkehrung unterzogen wird und somit eine Rückführung in die ursprüngliche Form erfolgt. Also: Ein Satz wird verständlicher und lebendiger formuliert, wenn Verben, die fälschlicherweise in Substantive umgewandelt wurden, wieder zu Verben gemacht werden. Substantivierungen kommen im Alltagsgebrauch der Sprache kaum vor, oder haben Sie schon einmal einem Kollegen gesagt, dass die »Funktionsfähigkeit der Kaffeemaschine wieder hergestellt ist«, anstelle von »die Kaffeemaschine funktioniert wieder«?

Insgesamt ist die Erreichung des Jahresergebnisses auch ohne die Einberechnung von Sondererlösen möglich.

Besser:

Das Jahresergebnis kann auch erreicht werden, ohne dass Sondererlöse einberechnet werden müssen.

Nicht jedes Verb ist geeignet, einen Text anschaulicher und lebendiger zu machen. Auch Verben können nichtssagend sein, vor allem, wenn sie ihren Ursprung in der Behörden- und Politikersprache haben: erreichen, anstreben, erwägen, befinden, unterstreichen, erklären …

Vor allem bei allen Substantiven, die auf -ung und -keit enden, sollten Sie prüfen, ob Sie hier nicht wieder zum Verb zurückkehren, denn die »Durchführung der Abstimmung um Mitternacht« (aus einer Meldung des DGB zur Tarifverhandlung) wird attraktiver, wenn »die Tarifpartner um Mitternacht abstimmten«.

26 Aktiv und Passiv

Die Pressemeldung wurde von dem Sprecher des Vorstandes verbreitet – passiv. Der Sprecher des Vorstandes verbreitet die Nachricht – aktiv.

Einsichtig und logisch – die Aktiv-Form belebt, die Meldung bekommt mehr Dynamik. Mit der Verwendung des Passivs sinkt die Verständlichkeit, dies haben Sprachwissenschaftler nachgewiesen. In Ihrer nächsten Pressemitteilung heißt es also nicht mehr: »Dem Unternehmen wurde durch Produktpiraten in China ein Schaden von 15 Millionen Euro zugefügt.« Sondern: »Produktpiraten in China richteten einen Schaden von 15 Millionen Euro an.«

27 Zitate und indirekte Rede

Zitate sind ein hervorragendes dramaturgisches Mittel, um einen Text auf-zulockern, ihn lebendiger und anschaulicher zu machen. Dabei sollte das Verhält-nis indirekte Rede zur direkten Rede genauso stimmen wie die Wiedergabe von Zitaten im Verhältnis zum gesamten Text der Pressemitteilung. Dies ist auch bei sehr kurzen Pressemitteilungen nötig und möglich.

CARE-Jahresbericht 05 und Erdbeben in Indonesien

06.06.2006–13:21 Uhr, BERLIN

CARE International Deutschland hat im vergangenen Jahr seine Spendenein-nahmen mehr als verdoppelt, gleichzeitig seine Verwaltungskosten erneut reduziert. Diese beiden Kernaussagen finden Sie in unserem Jahresbericht 2005, den der Hauptgeschäftsführer von CARE International Deutschland, Dr. Klaus Mustermann heute in Bonn vorgestellt hat. Zudem ist Herr Dr. Mus-termann, erst gestern von einer Reise ins indonesische Erdbebengebiet nach Deutschland zurückgekehrt und äußert sich besorgt einer *»nachlassenden Aufmerksamkeit dieser humanitären Katastrophe«* gegenüber. (...)

Ein Zitat muss Inhalt transportieren. Hier tun sich vor allem Vorstandsvorsit-zende bzw. deren Referenten oft schwer. Aus Vorsicht werden bevorzugt all-gemeingültige Statements wie »das Unternehmen ist weiterhin auf einem stabilen Wachstumskurs« freigegeben. Solche Zitate braucht kein Journalist. Im optimalen Fall ist der inhaltliche Übergang zwischen Text, Zitat und indirekter Rede in sich schlüssig und fließend.

Hamburg soll Musikstadt von internationalem Rang werden

07.06.2006–10:12 Uhr, HAMBURG

Klaus Mustermann, designierter Chef der neuen Hamburger Konzerthalle Elb-philharmonie, will die Metropole zu einer Musikstadt von internationalem Rang machen. *»In zehn Jahren wird die Musik in Hamburg einen anderen Stellenwert haben«*, erklärt er in der ZEIT. Er wolle nicht nur klassische Musik in dem Konzertsaal am Hafen präsentieren. (...)

Eine übergroße Zahl an Zitaten einzusetzen, hieße dieses Stilmittel falsch zu benutzen. Es kommt auf die Zuspitzung, die Kürze, die Aussage an! Dies ist im folgenden Beispiel gründlich schief gegangen.

Industrie-Führer und Schlüssel-Politiker starten die »No Fuel« Strategie auf der jährlichen Wind-Konferenz

27.02.2006–18:32 Uhr, ATHEN

(...) »Winderzeugte Leistung hat eine einzigartige Charakteristik: Sie benötigt keinen Brennstoff. Deshalb gibt es kein Risiko mit dem Preis für Brennstoff, keine Brennstoff-Kosten, Energie-Abhängigkeit von anderen Ländern und extrem niedrige Betriebs- und Wartungskosten. Wind ist Leistung ohne Brennstoff. Wer kann dazu nein sagen?«, fragte Gerda Musterfrau, Konferenz-Vorsitzender/Managing Director, RES, Großbritannien, bei der Eröffnung der EWEC 2006 Konferenz.
(...) EG Kommissar für Umwelt, Klaus Mustermann, sagte: »Wind ist eine der am schnellsten wachsenden europäischen Technologien und bis zum heutigen Tag hat diese Technologie bereits 200.000 Arbeitsplätze geschaffen. Das Propagieren der erneuerbaren Energie ist notwendig für unsere Zukunft – um die nicht erneuerbaren Ressourcen der Erde für zukünftige Generationen zu bewahren, die Sicherheit unserer Energie-Lieferungen zu verbessern und um aktiv gegen die Klima-Veränderungen anzukämpfen. Wind-Energie kann positiv zu diesen Zielsetzungen beitragen«.

»Im Jahr 2010 werden 20,1% von Griechenlands Energie-Produktion aus sauberer Energie stammen. (...)

Eine Zitatensammlung wie im vorigen Beispiel ist keine Pressemitteilung. Es spricht überhaupt nichts dagegen, bei wirklich wichtigen Veranstaltungen wie der Jahreshauptversammlung eine Zitatensammlung zusätzlich zur Pressemitteilung anzubieten, das ist hilfreich für alle Journalisten, die sich nicht durch endlose Redemanuskripte wühlen möchten. Dann sollte dies aber auch genauso angekündigt sein, wie in dem Beispiel der Wind-Konferenz, hilft der Sache beziehungsweise dem Thema wirklich nicht.

Pressemitteilungen können sogar mit Zitaten beginnen.

Handlungsempfehlungen für Vogelgrippeeinsatz/ Feuerwehren sammeln in Amtshilfe bei Verdachtsfällen Tierkadaver ein

27.02.2006–17:34 Uhr, BERLIN

»Bundesweit sind die Feuerwehren seit dem ersten Vogelgrippe-Verdachtsfall bereit, um in Amtshilfe für die zuständigen Ämter Tierkadaver einzusammeln«, resümiert Klaus Mustermann, Vizepräsident des Deutschen Feuerwehrverbandes (DFV). Derzeit ist nicht nur in den Bundesländern mit bestätigtem Auftreten von H5N1-Fällen ein erhöhtes Aufkommen derartiger Einsätze zu verzeichnen. So wurden beispielsweise in Berlin bereits über 1.000 tote Vögel eingesammelt und der Untersuchungsstelle zugeführt.

»Besonnen und zielgerichtet« werden die Einsätze gemeinsam abgearbeitet: »Es freut mich, dass die Zusammenarbeit auf der operativen Ebene so gut klappt«, lobt der DFV-Vizepräsident. Hier helfe neben der Ausrüstung auch die fundierte Ausbildung der eingesetzten Kräfte. (...)

An sich ein guter Versuch eine lebendige, interessante Pressemitteilung abzufassen, bei der der Autor sich aber nicht ganz von seinem Amtsdeutsch hat lösen können, auch nicht in den Zitaten: der Begriff »Amtshilfe« ist überflüssig und abschreckend, genau wie die Zusammenarbeit »auf der operativen Ebene. Auf welcher Ebene sonst und für wen soll die behördliche Präzision wichtig sein?

Tickets für die Handball-WM 2007 exklusiv bei Ticketcorner

09.09.2005 – 18:20 Uhr, BAD HOMBURG

Ticketcorner erhält den Zuschlag für die exklusive Vermarktung aller Eintrittskarten für die Handball WM 2007. Ein entsprechender Vertrag wurde heute zwischen der Vermarktungsagentur GDM und der Ticketcorner GmbH mit Sitz in Bad Homburg abgeschlossen. (...)
»Wir freuen uns auf diese Herausforderung«, erklärt Klaus Mustermann, Geschäftsführer von Ticketcorner. *»Die Handball-WM ist eine erstklassige Plattform für den Einsatz unserer modernen Technologien wie RFID sowie für unsere integrierten Ticketing-/Zutrittslösungen. Für die Handball WM profitieren die Fans zudem von unserer leistungsfähigen Vertriebs-Struktur, die zu den bestausgebauten Europas gehört«.*

Ticketcorner wurde 1987 in der Schweiz gegründet und ...

Ein tolles Thema, eine schöne Nachricht und ein schwaches Zitat. Es fängt mit einer emotionalen und glaubwürdigen Äußerung an und stellt sich dann selbst ins Abseits. »RFID« ist einer der Begriffe, von denen Journalisten glauben, sie müssten inzwischen wissen, was es ist, weil diese Abkürzung wie in dieser Pressemitteilung so unglaublich selbstverständlich benutzt wird. Tatsache ist, dass RFID noch sehr weit davon entfernt ist, nicht mehr erklärt werden zu müssen, und zwar in jeder Pressemitteilung zu diesem Thema. »Ticketing-Lösungen« müssen wohl etwas mit dem hochmodernen Zeigen der Eintrittskarten an den Stadien zu tun haben oder ist Ticketing und Zutrittslösung dasselbe? Dass die Fans von der Vertriebsstruktur profitieren, ist vermutlich nicht so gemeint, denn die Vertriebsstruktur kann nur die des Unternehmens für die eigenen Produkte sein, nämlich Zutrittslösungen. Davon haben aber die Handball-Fans nichts.

Zitate werden nicht attraktiver wenn sie länger werden! Im Gegenteil:

> »Zum dritten Mal stehen wir in Europa auf einem Spitzenplatz als Arbeitgeber«, sagte E.ON Ruhrgas-Personalvorstand Klaus Mustermann »Die wiederholte Auszeichnung auf europäischer Ebene ist für uns ein Beleg dafür, dass E.ON Ruhrgas auch im internationalen Wettbewerb um die besten Köpfe konkurrenzfähig ist. Mein Dank gilt unseren Mitarbeiterinnen und Mitarbeitern, die diesen Erfolg möglich gemacht haben. Er ist uns Ansporn, auch in Zukunft weiter an der Attraktivität unseres Unternehmens zu arbeiten«, so Mustermann.

Für wen sind die beiden letzten Sätze des Personalvorstandes bestimmt? Sie sollten der Beginn einer Mitteilung für die interne Kommunikation sein, für die Medien sind sie verzichtbar. Auch Selbstverständlichkeiten sind keine Nachrichten, mithin gehören sie auch nicht in Pressemitteilungen.

> »Wir sind darauf eingestellt, unsere Partner sofort zu beliefern und erwarten eine hohe Nachfrage nach diesem innovativen Produkt ... «, betont Mustermann.

Eine News wäre es, wenn ein Unternehmen mitteilt, dass es davon ausgeht, seine Partner nicht sofort beliefern zu können. Dass eine hohe Nachfrage erwartet wird, sollte auch keinen Journalisten neugierig machen, genau dieser Grund dürfte nämlich für alle Produktentwicklungen zutreffen. Ein Zitat muss inhaltlich genauso stark sein wie jede andere Form oder aber Emotionen und authentische Eindrücke transportieren.

> »Wenn Autogas und Erdgas steuerlich nicht mehr gleich behandelt werden, ist dies ein schwerer Schlag gegen die vorwiegend mittelständisch geprägte Flüssiggasbranche und gegen das KfZ-Handwerk. Viele Arbeitsplätze wären in Gefahr und der Autofahrer könnte nicht mehr von einem fairen Wettbewerb profitieren«, erklärt Klaus Mustermann, Sprecher der Geschäftsführung der PROGAS GmbH & Co.KG mit Sitz in Dortmund.

»befürchtet« wäre präziser und spannender

Nebensatz zu lang

Diese These ließe sich auch einfach so niederschreiben, ohne das Mittel der wörtlichen Rede. Das Zitat transportiert den Inhalt aber genauso verständlich und macht es jedem Journalisten ganz nebenbei möglich, sich des ganzen oder eher eines Ausschnittes zu bedienen, ohne bei dem Sprecher anrufen und nach einem zitierfähigen Satz fragen zu müssen. Stilistisch noch schöner wäre es gewesen, den zweiten Teil der wörtlichen Rede als indirekte Rede fortzuführen.

Besser:

»Wenn Autogas und Erdgas steuerlich nicht mehr gleich behandelt werden, ist dies ein schwerer Schlag gegen die vorwiegend mittelständisch geprägte Flüssiggasbranche und gegen das KfZ-Handwerk.«, befürchtet Klaus Mustermann, Sprecher der Geschäftsführung der PROGAS GmbH & Co.KG (Dortmund). Viele Arbeitsplätze wären laut Mustermann in Gefahr und der Autofahrer könne nicht mehr von einem fairen Wettbewerb profitieren

Das folgende Zitat transportiert leider keinen Inhalt. Wenn von vornherein feststeht, dass auch nicht ein Auszug aus dem Zitat von den Medien verwendet wird, ist es von der Pressestelle falsch ausgewählt worden.

Opel GT ab 29.900 Euro

28.02.2006–16:20 Uhr RÜSSELSHEIM

Opel hat auf dem Genfer Automobilsalon (2. bis 12. März 2006) das Geheimnis um den Preis des GT gelüftet: Die Neuauflage des legendären Sportwagens wird ab 29.900 Euro angeboten. »*In der Kategorie leistungsstarker Roadster gibt es kein zweites Mal ein so günstiges Verhältnis von Preis zu Performance, vom beeindruckenden Auftritt einmal ganz abgesehen*«, so *Klaus Mustermann, Exekutiv-Direktor Europäisches Marketing Opel/Vauxhall. (...)*

Wenn ein Zitat so wenig Überraschendes zu bieten hat und auch keine Fakten transportiert, sollte man darauf verzichten. Ein Werbeslogan wird nicht dadurch besser, dass er als Zitat daherkommt.

28 Adjektive

Gegen den Gebrauch von Adjektiven spricht nichts, wenn sie tatsächlich objektiv beschreiben. Wenn der neue Porsche Cayenne in der Sonderedition nur in »senfgelb« zu bekommen ist, soll natürlich nicht auf das Adjektiv verzichtet werden. Aber Adjektive werten sehr oft und werden deswegen misstrauisch beäugt, nämlich zunächst von den Journalisten, die die Zuschreibung einer bestimmten Qualität nur glauben, wenn sie objektiv ist.

SEA CLOUD CRUISES präsentiert Programm 2007/8 der 5-Sterne-Segler SEA CLOUD und SEA CLOUD II

17.08.2006–11:00 Uhr, HAMBURG

(...) Sie verbindet *unvergessliche* Segel- und Strandtage mit Begegnungen des kolonialen Erbes der Spanier und der Kultur der Maya. Das neue Jahr beginnt mit einem Feuerwerk der Lebensfreude auf Kuba (Reisepreis p.P.ab/ bis Hafen ab EUR 5.800).
(...) An Bord verzaubert das *unvergleichliche* SEA CLOUD-Flair und an Land das Wechselspiel von Spuren einer großen Vergangenheit mit dem Spaß beim Baden und Bummeln. (...)

Auch hier wird die Grenze zwischen Werbung und Öffentlichkeitsarbeit zum Schaden des eigenen Themas verletzt. Der *Journalist* selbst soll doch nach dem Lesen der Fakten zu dem Schluss kommen, dass es sich hier offenbar um »unvergessliche Segel- und Strandtage an Bord eines unvergleichlichen Schiffes« handeln muss! Schildern Sie wie »grellbunte Papageien« über das »dunkelgrüne Amazonaswasser« fliegen, dass von dem »weißen Rumpf der Sea Cloud« geteilt wird dies am besten noch als Zitat eines Passagiers, dann sind Adjektive richtig eingesetzt. Die Wirkung eines (richtig eingesetzten) Adjektivs sollte nicht durch eine Anhäufung derselben ad absurdum führen.

Erneutes Stelldichein der Arbeitsrechts-Experten beim 10. Haufe-Personalkongress

17.08.2006–09:01 Uhr, FREIBURG

In kaum einem anderen Bereich der Personalarbeit ist es so wichtig wie im Arbeitsrecht, stets auf dem neuesten Stand zu sein. Werden arbeitsrechtliche Entscheidungen auf Basis *falscher, unvollständiger oder veralteter* Kenntnisse getroffen, entstehen schnell aufwändige Auseinandersetzungen und kostspielige Folgeschäden. Aktuelles (...)

Wenn Sie Ihren Produkten oder Dienstleistungen beziehungsweise gleich dem ganzen Unternehmen *hervorragende* oder sogar *einzigartige* Fähigkeiten zuschreiben, sollten Sie dies nur tun, wenn Sie dies belegen können. Durch *felsenfeste* Fakten sozusagen.

29 Abkürzungen

Es gibt Abkürzungen, die wirklich nicht mehr erklärt werden müssen: BMW und Audi sind längst feststehende Begriffe, der Unternehmens-Name in Langform ist für den Mitteilungs-Inhalt zweitrangig. Doch im Hintergrund zum Unternehmen muss diese Langform einmal ausgeschrieben werden. Auch bei Abkürzungen, die vielleicht nur einer größeren Minderheit durchschnittlich gebildeter Menschen nicht bekannt sind, muss einmal in der Mitteilung der vollständige Name des Unternehmens oder der Institution genannt werden. Dies kann Platz sparend und beiläufig passieren.

> Die Hauptversammlung der Deutschen Industrie- und Handelskammer (DIHK)hat heute beschlossen ...

Im weiteren Mitteilungstext kann dann von der DIHK gesprochen werden.

30 Zeitangaben

Pressemitteilungen sind aktuell – die Leser müssen es nur merken. Erstaunlich oft wird vergessen, beim Formulieren der Meldung den konkreten, aktuellen Anlass zu nennen. Kein Journalist wird mühsam recherchieren wollen, warum er genau diese Pressemitteilung heute auf seinem Schreibtisch oder auf dem Monitor findet.

> **Stammzellexport nach Übersee überflüssig**
> **Vita34 bietet seit 1997 Nabelschnurblut-Einlagerung in Deutschland**
>
> 28.02.2006–16:44 Uhr, LEIPZIG
>
> Im Gegensatz zu Spaniens Kronprinz Felipe und seiner Frau Letizia müssen deutsche Eltern das Nabelschnurblut ihrer neugeborenen Kinder nicht ins Ausland senden. Die Leipziger Blutbank Vita34 bietet werdenden Eltern seit

1997 die Möglichkeit zur Stammzellkonservierung an. Über 32.000 Eltern aus Deutschland haben diesen Service bisher genutzt. (...)

Vermutlich hat die Boulevardpresse gerade über das Nabelschnurblut-Problem der spanischen Monarchen berichtet, es gibt also tatsächlich möglicherweise eine gewisse Aktualität bei diesem Thema. Nur kann dieser Vorgang genauso gut Jahre her sein, man erfährt es schlicht nicht.

Gerade bei Mitteilungen, die im positiven oder negativen Sinne viel journalistischen Staub aufwirbeln werden, muss es zumindest ein »am Vormittag« oder »heute Mittag« als zeitliche Präzisierung sein.

Die Telekom AG will im Laufe der nächsten 12 Monate weitere 3.000 Stellen abbauen. Dies wurde heute bei der Bilanzpressekonferenz des Konzerns in Bonn erklärt.

Zu einem solchen Anlass gibt es eine Fülle von Meldungen der unterschiedlichen Nachrichtenagenturen wie Reuters, VWD oder ddp. Für den Redakteur ist auch die Pressemitteilung des Konzerns selbst nicht unbedingt die allererste Information zu diesem Thema, er wird also wissen wollen, ob die bisherigen Agenturmeldungen schon die offizielle Pressemitteilung des Konzerns berücksichtigt hatten oder nicht. Dies kann er nur, wenn zumindest ein »am Vormittag« als zeitliche Bestimmung mitgeliefert wird.

Die Überschrift der Pressemitteilung

31 Schlechte Überschriften sind das Aus

Sie wissen genauestens über Ihre Zielmedien Bescheid, kennen den Redaktionsschluss aller für Sie relevanten Zeitungen und haben den besten Medienverteiler? Sie sind der am besten informierte Mitarbeiter im Unternehmen und haben stets fantastische Themen? Dann sollten Sie dieser Wahrheit mutig ins Gesicht schauen: Eine unverständliche oder langweilige Überschrift ist trotz Ihrer exzellenten Vorbereitung das programmierte Aus. Da kann ein noch so spannendes Thema kommen, der Redakteur ist längst beim Durchblättern der nächsten Mitteilung. Was kann man tun?

An der Bekanntheit des Absenders kann man so schnell nichts ändern, aber journalistisch interessante Überschriften zu formulieren, lässt sich bei Seminaren lernen. Ein Trost: Auch Sprachpapst Wolf Schneider attestiert in »Die Überschrift«: »Die Überschrift ist der schwierigste Teil des journalistischen Handwerks. Nirgends sonst drängen sich so viele Probleme in so wenigen Wörtern zusammen: Was eigentlich ist die Kernaussage des Artikels? Manche Texte entlarven sich unter dem Aufprall dieser Frage – sie haben keine. Wie lässt sich die Aussage in 30 oder 40 Anschläge fassen, sprachlich sauber …, dennoch dem Inhalt angemessen und bei alldem auch noch interessant?« (Schneider 2002, S. 7)

Das Fazit lautet: Wenn Ihnen partout zur Pressemitteilung, die Sie geschrieben haben, keine Überschrift gelingen will, stellen Sie am besten gleich die ganze Mitteilung in Frage. Was sich in einem Satz nicht sagen lässt, hat es oft nicht verdient gesagt zu werden. Unbeeindruckt von allen handwerklichen Regeln gibt es minütlich neue Beweise für den heroischen Kampf von PR-Treibenden mit dem sperrigen Thema Überschrift:

An alle Männer und Frauen ...

Genau so und nicht anders wurde diese Überschrift als Betreffzeile in den ausgesandten Mails als auch per Fax verbreitet. Wer denkt, dass Journalisten an ihren Rechnern geradezu auf solche heiteren Ratespiele warten, hat sich geirrt.

Nur am Rande erwähnt seien die Überschriften beziehungsweise Betreffzeilen, die zwar nicht zum Lesen der Meldung animieren, aber immerhin zum Schmunzeln veranlassen: Die Betreffzeile »Pressemitteilung« (also wirklich nur: »Pressemitteilung«) ist keineswegs ausgestorben, die Langversion davon ist die immer noch im Umlauf befindliche »Information für die Presse«. Ebenfalls nur einen flüchtigen Blick wert sind kreative Leistungen wie »Es wird Frühling« von einem Blumenversandhaus oder »Autofahren im Schnee« von einem Reifenhersteller. Der Erkenntniswert solcher Überschriften hält sich für Journalisten in Grenzen.

Fiat Automobil AG – Personalmeldung

Auch und gerade schöne Themen verdienen eine Überschrift, die Appetit auf das Weiterlesen machen. Einfallslose Headlines können Themen ruinieren.

Gartenfestival Herrenhausen

Wie in den vergangenen 6 Jahren präsentiert sich auch in diesem Jahr zum Pfingstfest die Firma Meißner Gartengestaltung erneut mit einem Schaugarten auf dem Gartenfestival Herrenhausen im Georgengarten in Hannover. Über 75 Tonnen Naturstein, 13 große Zierapfelbäume und ein Meer aus Stauden und Rosen werden in 3 Tagen vom Team von Meißner Gartengestaltung für den Lounge-Garten bewegt.

Warum nicht das Überraschende, Spektakuläre in die Überschrift?

75 Tonnen Naturstein aus Meißen für Gartenfestival in Herrenhausen!

Dass ein Hersteller seine Produktpalette erweitert, sollte ein wichtiger Bestandteil des Marketings sein. Bei einigen Unternehmen handelt es sich offenbar um einen fast schon revolutionären Schritt.

Softwarehersteller Gandalan erweitert Angebot

Womit? Für welche Zielgruppe? Irgendein Unterschied zum Wettbewerb? Wenn nicht, ist das höchstens eine kurze Mitteilung für die Fachpresse und die Kunden des Unternehmens, aber niemals für Tages- oder Wirtschaftszeitungen.

Auch wenn ein Anbieter von Lifestyle-Produkten darauf aufmerksam machen will, dass sich ein bestimmtes Produkt besonders gut verkauft, sollte dies nicht mit einer allzu generalistischen Überschrift getan werden.

Man gönnt sich wieder was

Der einzige Absender, der nach journalistischen Kriterien eine solche allgemeingültige Aussage treffen könnte, wäre das Statistische Bundesamt. Oder glaubt dieser Anbieter eines recht unbekannten Online-Shops für Luxusprodukte, dass *ihm* diese Aussage von Redakteuren geglaubt wird? Wenn nicht – warum es dann nicht gleich lassen?

Oft wird verwechselt, dass eine Pressemitteilung niemals der Beginn einer Imagebroschüre sein kann. Poesie ist hier wirklich fehl am Platz.

Ein Traum aus Luft und Wasser

Sommergefühle mit den Raindance AIR-Brausen von Hansgrohe
Duschgenuss mit Sommergefühlen – das versprechen die neuen Raindance AIR-Brausen von Hansgrohe. Wie ein warmer Tropenschauer regnet das mit Luft verwirbelte Wasser auf die Haut und sorgt für ein sinnliches Duscherlebnis für Körper und Seele. Die Zeiten, in denen nur Wasser und Seife zum Duschen gehörten, sind mit Raindance AIR von Hansgrohe vorbei.

Für das neue, intensive Duschgefühl und das mit allen Sinnen erlebbare Duscherlebnis sorgt bei allen Raindance-Modellen die AIR-Technologie im Duschkopf. In den AIR-Brausen werden drei Liter Luft und ein Liter Wasser miteinander verwirbelt. Das Ergebnis: Statt nadelartiger, durchgehender »Spaghetti-Strahlen« regnet ein sanfter Schauer aus. (...)

Der Redakteur ist weder an Poesie noch an Ratespielen interessiert, wenn er den ersten Satz nach der Überschrift liest, weiß er leider auch noch nicht worum es eigentlich gehen soll. Schon sind die maximal zehn Sekunden um, die ein Journalist für das Erfassen einer Pressemitteilung aufwendet.

Warum nicht einfach und präzise:

Wenn sich Luft und Wasser beim Duschen vermischen

Eine neuartige Vermischung von Luft und Wasser im Brausekopf macht das neue Duscherlebnis möglich. Diese neue Air-Technology wird bei allen Raindance-Duschen der Firma Hansgrohe ...

Auf einen Blick erfassbar ist für jeden Journalisten beispielsweise diese Überschrift:

Jurex-Konzern stellt künftig Post der Hamburger Verwaltung zu

Wolf Schneider hat fünf Forderungen an Überschriften, die zu erfüllen nicht nur das Ziel von Journalisten, sondern vor allem auch von PR-Autoren sein sollte (Schneider 2002, S. 13 f.):

1. Die Überschrift muss eine klare Aussage haben.
2. Diese Aussage sollte die zentrale Aussage des Textes sein.
3. Sie darf den Text nicht verfälschen.
4. Sie muss korrekt, leicht fasslich und unmissverständlich formuliert sein.
5. Sie sollte Lese-Anreiz bieten.

32 Unverständliche Fachwörter

Es ist nachvollziehbar, dass alle Pressemitteilungen, die sich an Tageszeitungen, Wochenzeitungen und an die elektronischen Medien richten, keine Fachausdrücke in der Überschrift enthalten sollten. Im weiteren Verlauf der Mitteilung für diese Adressaten sind Fachausdrücke nur dann erlaubt, wenn sie erläutert werden. Aber wie sieht es bei Pressemitteilungen aus, die sich ausdrücklich an Fachmagazine richten? Wenn Sie wirklich sicherstellen können, dass Ihre Medienverteiler so gut gepflegt sind, dass nicht aus Versehen der Lokalredakteur mit Ihrer wissenschaftlich präzise geschriebenen Mitteilung zum Thema Nanotechnologie konfrontiert wird, dürfen Sie Fachausdrücke auch in Überschriften verwenden. Aber schon bei der Wahl der Überschrift wird deutlich, dass eine sehr gute Pressemitteilung nicht gleichermaßen die Tages- und die Fachpresse bedienen kann.

Doch selbst bei größeren Branchenmedien sollte berücksichtigt werden, dass Fachredakteur nicht gleich Fachredakteur ist. Gerade die IT-Unternehmen scheinen davon auszugehen, dass sich ein Redakteur, der sich hervorragend mit allen technischen Finessen der Internet-Technik auskennt, auch sofort etwas unter der »Microsoft-Innovation für SOCKS-Verantwortliche« vorstellen kann. Das möglicherweise vermutete Aufspürprogramm für verloren gegangene Männer-Socken wäre zwar innovativ, hat aber mit dem »Sabans-Ockley-Act« für ein verschärftes Controlling der Finanzströme in börsennotierten Unternehmen nichts zu tun. Fachchinesisch muss immer dort unterbleiben, wo es zum Verständnis der Pressemitteilung nicht unbedingt erforderlich ist.

Expedia.de startet Sommeraktion im Affiliate-Marketing

Unnötiger können Anglizismen nicht sein: Wäre diese Meldung für die Marketing-Fachpresse, dürfte der Anlass etwas dünn sein, für die allgemeine Presse ist sie unverständlich und ärgerlich. Hier hätte man nach Schneider anhand der Überschriften-Problematik prüfen sollen, ob es sich überhaupt um ein Thema handelt.

Dass Fachwörter in einer Pressemitteilung für die Computerfachmagazine wie c't oder Computerwoche stilistisch und inhaltlich völlig in Ordnung sind, während genau dieselbe Formulierung für die Wirtschaftsredaktion der F.A.Z. oder der Lübecker Nachrichten ein »Papierkorb-Kriterium« ist, macht eines deutlich: Es gibt kaum Pressemitteilungen, die für Fach- und General-Interest-Medien einschließlich der Wirtschaftspresse geeignet sind. Die nachfolgende wurde aber an beide Mediengattungen gesendet.

Synopsys stellt Pilot-Design-Environment vor

27.02.2006–15:12 Uhr, MÜNCHEN

Produktionsreife Umgebung integriert bewährten RTL-to-GDSII-Flow mit neuen Utilities zur Verbesserung der Entwurfsproduktivität und Tapeout-Vorhersagbarkeit.

Synopsys, weltweit führendes Unternehmen auf dem Gebiet der Software-Entwicklung für das Design hochkomplexer ICs, gibt die Verfügbarkeit des Synopsys(R)-Pilot-Design-Environments bekannt. Es handelt sich um ein komplettes RTL-to-GDSII-Entwurfssystem, das von Synopsys Professional Services entwickelt wurde. (...)

Es sind überwiegend Technologie-Unternehmen, die auch für Technik-Redakteure oft unverständlich bleiben.

SMC liefert zertifiziertes Wi-Fi Telefon für Skype aus/
WiFi-Telefon wurde speziell für den europäischen Markt entwickelt

Es ist fast unnötig zu sagen, dass in der gesamten Mitteilung nicht erläutert wurde, was ein »Wi-Fi-Telefon« ist.

33 Superlative und Tatsachenbehauptungen

Eines vorweg: Auch Nachrichtenagenturen verwenden abstruse Alleinstellungs-merkmale für Themen, um für Meldungen mehr Aufmerksamkeit zu bekommen. »Der bislang größte Rauschgift-Fund bei einer routinemäßig durchgeführten Straßenkontrolle in Süd-Kalifornien« ist eine Kreation der Deutschen Presse Agentur, die in den meisten Redaktionen zu einem ungläubigen Stirnrunzeln geführt haben wird. Denn der Sachverhalt an sich wurde durch diesen bemühten Superlativ nicht gehaltvoller.

Sollten Sie also Ihr Unternehmen als weltweiten oder europaweiten Marktfüh-rer oder noch besser Innovationsführer einführen, sollten Sie auf die Grenze ach-ten, an der dieses Stilmittel albern wird. Mit ausreichend Phantasie ist fast jedes Unternehmen in der Lage, irgendeine Führerschaft zu deklarieren.

Synopsys, Inc. (Nasdaq: SNPS), weltweit führendes Unternehmen auf dem Gebiet der Software-Entwicklung für das Design hochkomplexer ICs ...

Die Liste solcher Beispiele könnte endlos lang sein: »Superschnelle Prozessoren« ermöglichen »noch nie da gewesene Performance-Steigerungen« oder einen »un-einholbaren Sicherheits-Standard«, während sich Fondgesellschaften mitunter damit brüsten, von einem unbedeutenden Anlegermagazin »zum siebten Mal in Folge zur innovativsten und renditestärksten« Gesellschaft gekürt worden zu sein. In diesem Fall aber, das stand ziemlich weit unten in der Pressemitteilung, bei Rohstoff-Fonds mit Anlageschwerpunkt Afrika.

Wer mit Superlativen und nicht nachprüfbaren Qualitätsbehauptungen auf die Presse zugeht, verkauft die Journalisten für dumm.

Die nächste Überschrift ist für jeden Leser sofort zu begreifen – das ist das Ent-scheidende. Aber nach journalistischen Kriterien wird dann leider das, was in der Überschrift angekündigt wird, nicht eingelöst. Das sollte nicht passieren.

Auch in der Klinik ist die Homöopathie im Kommen

Krankenhäuser, in denen auch homöopathisch therapiert wird, sind im Kom-men. Langsam zwar, aber auf immer mehr Stationen hält die Homöopathie Einzug. Vor allem in Kinderkrankenhäusern entspricht dies dem Wunsch der Eltern. Diese Entwicklung ist in vielen europäischen Ländern zurzeit zu beob-achten. Durch die Verknüpfung von der ambulanten und der stationären The-rapie gewinnt die Homöopathie zusehends an Ansehen.

Für einen seriösen Journalisten hätte hier wenigstens ein Beleg für die Behauptung in der Überschrift kommen müssen: Eine Statistik, der Verweis auf eine Untersuchung oder wenigstens das Zitat einer medizinischen Koryphäe. Besonders problematisch ist dann, dass diese Meldung vom Verband der Homöopathen kommt, eine neutrale Stützung dieser recht interessanten Überschrift wäre also zwingend gewesen. So bleibt es eine Tatsachenbehauptung. Nur mit Glück wird ein Journalist nun beginnen, diese Behauptung nachzurecherchieren.

34 Überfrachtete Überschriften

Kurz, knapp und präzise soll die Überschrift sein, auf einen Blick erfassbar, was das Wesentliche des nachfolgenden Textes ist. Das Wesentliche ist wörtlich zu nehmen, es kann sich nur um genau einen Aspekt Ihres Themas, Ihrer Veranstaltung, Ihrer Hauptversammlung, Ihrer Jahrestagung handeln, nicht um zwei und schon gar nicht um noch mehr *wesentliche* Aspekte.

foodwatch gewinnt Prozess um Uran in Mineralwasser
Gericht verurteilt Gesundheitsministerium, foodwatch fordert
Kennzeichnung für Säuglingsnahrung

Kein Journalist wird sagen können, was die Organisation foodwatch selbst am wichtigsten findet: Den Prozessgewinn, das Uran im Wasser oder die offenbar nicht gekennzeichnete Säuglingsnahrung. Und hat die Säuglingsnahrung nun etwas mit dem uranhaltigen Mineralwasser zu tun oder nicht? Das ist auch egal, der Redakteur hat die Meldung längst beiseite gelegt. Wer dem Empfänger die Arbeit überlässt, vergibt Chancen.

Die nachfolgende Überschrift ist in dieser Hinsicht besser, aber nicht perfekt:

»Capital«-Sicherheitstest der Online-Banking-Angebote von
20 Instituten: Nur vier von 20 getesteten Banken bieten gute
Sicherheitsstandards beim Internet-Banking

Eigentlich wäre der letzte Teil der Überschrift völlig ausreichend gewesen. Zu Recht könnte man einwenden, dass aber »Capital« als zugkräftiger Markenname auftauchen muss.

»Capital«-Test: Nur vier von 20 getesteten Banken bieten gute Sicherheits-Standards beim Internet-Banking

Wortgleiche Wiederholungen sind in der Berichterstattung im Hörfunk zwingend. Wenn Sie sich aber klar machen, dass ein Journalist sich für Ihre Pressemitteilung kaum mehr Zeit nimmt, als das Hören des ersten Satzes einer Meldung im Rundfunk dauert, sollten Sie vorsichtig mit all zu vielen Bezeichnungen für ein und dieselbe Sache sein.

Schwimmbäder kein Luxus – Bürgerbäder immer beliebter – Städte-Netzwerk NRW unterstützt Zukunftssicherung öffentlicher Bäder

Kennen Sie den Unterschied zwischen Schwimmbädern, Bürgerbädern und öffentlichen Bädern?

Besser:

Nordrheinwestfalen will Zukunft der Schwimmbäder sichern

Eine Überschrift kann nicht nur zuspitzen, pointieren und verkürzen, sie muss es sogar. Noch einmal: In einem Satz den Kern Ihrer Pressemitteilung zusammenzufassen, ist die hohe Kunst des professionellen Textens von Pressemitteilungen, nicht das unentschiedene Aufzählen von Teilaspekten.

35 Werbeslogans

Auch das gibt es: Statt einer Überschrift ein Werbeslogan:

Jetzt bestellen: 10 Gigabyte nur noch 999,99 EUR!

Frühjahrscheck bei Autohaus Mümmel: Jeder dritte umsonst!

Traumdeutung à la Las Dunas Beach Hotel & Spa: Einweihung der neuen Suiten mit Spezial-Arrangement »Suite Dreams«

Diese Meldungen wurden zwar von seriösen Distributions-Dienstleistern abgelehnt, aber mit Sicherheit werden sie trotzdem den Weg in Redaktionen geschafft haben, zum Leidwesen der dortigen Journalisten. Nicht viel besser: Pressemitteilungen mit meist nur einem einzigen Einleitungssatz, der den oberflächlichen Anschein einer solchen erwecken soll. Danach kommen Auflistungen von Flatrate-Preisen und Produktbeschreibungen, die aus einer Aneinanderreihung von Superlativen bestehen.

36 Peinliche Überschriften

Überschriften auf niedrigstem Kalauer-Niveau, besonders witzige sprachliche Konstruktionen bis hin zum plattesten Stammtisch-Niveau: All diese Formen gibt es leider auch. Ein besonders gelungenes Beispiel vom Mai 2006 soll reichen, um diese Kategorie zu betrachten.

CIM holt neue Vertriebs-Biene in den Stock

Die CIM GmbH aus dem bayrischen Fürstenfeldbruck begrüßt pünktlich zur EuroCARGO in Köln ein neues Mitglied in ihrem Sales-Team. Klaus Mustermann zieht zukünftig die Fäden im Innendienst des führenden Herstellers von Warehouse-Management-Systemen. (...)

Wenn es zur Unternehmenskultur gehört, weibliche Kolleginnen als Bienen zu bezeichnen, ist das ja schon schlimm genug. Dies dann auch noch in Pressemitteilungen zu veröffentlichen, ist wirklich bemerkenswert.

37 Gelungene Überschriften

Das folgende Beispiel veranschaulicht, warum ein gut geschriebener, kurzer und prägnanter Text auch das Finden einer perfekten Überschrift erleichtert:

Erträge von Aktienfonds werden von vielen Deutschen unterschätzt

23.05.2006–11:00 Uhr, FRANKFURT

Die Erträge von Aktienfonds werden von vielen Deutschen unterschätzt. Das ist das Ergebnis einer repräsentativen Umfrage von AXA Investment Managers und dem Meinungsforschungsinstitut TNS Infratest. Auf die Frage, wie viel Geld man heute zur Verfügung hätte, wenn man vor 20 Jahren 10.000 Euro in einen europäischen Aktienfonds investiert hätte, sind 35 Prozent der Deutschen der Meinung, dass man weniger als 18.000 Euro hätte. Tatsächlich jedoch hätte man durchschnittlich fast das Doppelte bekommen, nämlich durchschnittlich 37.720 Euro. (...)

Diese Headline lässt keine Fragen offen, auf einen Blick kann der Journalist entscheiden, ob er an der ganzen Geschichte interessiert ist oder nicht. Besonders gelungen ist dies angesichts eines Themas, das geradezu dazu einlädt, mit Fakten überladen zu werden.

38   Der einfachste Weg, Überschriften zu kontrollieren

Wenn Sie einen Bekannten anrufen, um nur schnell eine Neuigkeit loszuwerden, gebrauchen Sie Formulierungen wie:»Stell Dir vor, bei der Tour de France sollen drei Fahrer keine Dopingmittel genommen haben!« Kein Zweifel, diese Aussage wird der Angerufene leicht verstehen. Genauso muss Ihre Überschrift funktionieren. Was natürlich auch für die gesamte Mitteilung gilt, gilt erst recht bei der Überschrift: Sie brauchen den Testfall! Suchen Sie sich Ihren ersten Leser, das kann ein Praktikant, ein Assistent, der Pförtner, der Geschäftsführer sein, aber entwickeln Sie Ihre Überschrift nicht alleine, mit der müssen Sie Ihre Meldung schließlich auf einem umkämpften Markt verkaufen. Wenn die Reaktion lautet »Kannst Du das bitte noch mal vorlesen?«, können Sie Ihr Werk gleich in den Papierkorb werfen. Heißt es dagegen »Verstehe ich, aber interessiert mich einfach nicht« sind Sie schon einen Schritt weiter. Ist Ihr Thema ohnehin für den Leserkreis einer ambitionierten Fachzeitschrift gedacht, kann diese Reaktion sogar die Freigabe Ihrer Überschrift sein. Die Kür wäre es aber, auch für die Fachzeitschrift interessanter zu texten.

Form und Layout einer Pressemitteilung

39 Umfang und Länge

In aller Regel sollte eine normal beschriebene A4-Seite ausreichen, um Ihr Thema mit dem wesentlichen Aspekt vorzustellen. Niemand hindert Sie daran, den Medien mehr Informationen *anzubieten*! Aber unverlangt gesendete, gefaxte oder gemailte Excel-Tabellen, Reden im Wortlaut oder einfach nur Pressetexte in epischer Länge von bis zu drei oder sogar vier Seiten werden nicht als Information, sondern als Angriff betrachtet. Angriff auf Arbeitszeit, Faxpapier, Schreibtischfläche und Konzentration des Journalisten. Eine in Stein gemeißelte Regel ist die der einen Seite nicht. Natürlich gibt es Themen, die so wichtig sind, dass es eine zweite Seite werden darf. Vorsicht: Je länger Ihre Pressemitteilung wird, desto sorgfältiger müssen Sie arbeiten. Wer jetzt nicht klar strukturiert, verspielt die Aufmerksamkeit für sein wichtiges Thema!

Die Länge und die Aufteilung der Seite sind genau richtig. Vermissen werden die Tageszeitungen und Agenturen allerdings einen Hinweis auf Bildmaterial, das bei diesem Thema zwingend ist. Die Telefon-Nummern der Pressesprecher sind im Original selbstverständlich abgedruckt gewesen.

Das nächste Beispiel ist ein sehr guter Beleg dafür, dass selbst komplizierte Themen auf eine A4-Seite passen. Selbst wenn es um komplexe juristische Sachverhalte geht.

Wenn ein Journalist sich nach einer A4-Seite immer noch für Ihr Thema interessiert, wird er Sie ohnehin anrufen, um mehr zu erfahren. Dann ist der Zeitpunkt gekommen, ganz lässig – weil sie natürlich bereits von Ihnen vorbereitet auf dem Server liegen – Tabellen, Grafiken, Bilder oder Redetexte hinterherzuschicken. Aber nie umgekehrt!

40 E-Mails mit Dateianhängen

Abgesehen von den vielen Redaktionen, wo das Sicherheits-System ohnehin Mails mit Anhängen nicht durchlässt, werden nur sehr wenige Redakteure einen solchen Anhang öffnen. Auch hier gilt: Wenn Sie im nackten, schlichten Text der Mail Ihren Inhalt nicht vermitteln konnten, haben Sie diesen Journalisten ohne-

Mobility Networks Logistics

Presse-Information ——————————————— 123/2006

S-Bahn Berlin wirbt für Toleranz

50 S-Bahner mit eigenem Wagen am CSD dabei

(Berlin, 20. Juli 2006) Auch dieses Jahr ist die S-Bahn Berlin GmbH am Christopher Street Day dabei. Mit einem eigenen Wagen werben die Jugendlichen der Ausbildungswerkstatt Schöneweide für mehr Toleranz in der Gesellschaft.

„Wir befördern täglich 1,2 Millionen Fahrgäste unterschiedlichsten Geschlechts, Hautfarbe, Religion oder sexueller Neigung", betont die Personalchefin der S-Bahn Berlin GmbH, Sabine Hamperl. „Für unsere Mitarbeiterinnen und Mitarbeiter ist es selbstverständlich, diese Toleranz im Alltag zu leben." Bereits vor fünf Jahren wurde innerhalb des Unternehmens dazu eine Betriebsvereinbarung abgeschlossen.

Der von der Firma Schenker (Stinnes Logistik) zur Verfügung gestellte Paradewagen Nr. 33 wurde in der Hauptwerkstatt des Unternehmens mit S-Bahn- und Stadtmotiven gestaltet. Eine leistungsfähige Musikanlage wird für den entsprechenden Sound sorgen.

S-Bahn Berlin GmbH
Gisbert Gahler
Pressesprecher
www.db.de

Deutsche Bahn AG
Grit Jakubowsky
Kommunikation Berlin/Brandenburg/Mecklenburg- Vorpommern
www.db.de

1 / 1

Herausgeber: Deutsche Bahn AG
Kommunikation, Pulsdämer Platz 2, 10785 Berlin
Verantwortlich für den Inhalt: Oliver Schumacher

Abb. 3: Pressemitteilung der Deutschen Bahn AG

Presse
Information

BEITEN BURKHARDT
RECHTSANWALTSGESELLSCHAFT MBH

**BEITEN BURKHARDT BERÄT SÜD-CHEMIE BEI VERKAUF DES BEREICHS
HEIMTIERPRODUKTE AN CAPITON**

München, 18. Juli 2006 – Beiten Burkhardt hat die börsennotierte Süd-Chemie AG beim Verkauf ihres Geschäftsbereichs Heimtierprodukte an den deutschen Finanzinvestor capiton AG umfassend rechtlich beraten. Die am 20. Juni veräußerte Sparte des Spezialchemie-Konzerns umfasst die H. von Gimborn GmbH sowie deren Tochtergesellschaften in Italien, Russland, Tschechien und Ungarn mit einem Umsatz von 55 Millionen Euro im Geschäftsjahr 2005.

Der Verkaufspreis für die Gimborn-Gruppe beträgt vor Abzug der Finanzverbindlichkeiten 28 Millionen Euro.

Bei Süd-Chemie steuerte General Counsel und Head of Legal Affairs Dr. Ulrich Müller die Transaktion. Extern wurde die Süd-Chemie AG von Beiten Burkhardt unter Führung der Partner Dr. Jürgen Burkhardt und Angelika Kapfer, beide aus dem Münchener Büro der Kanzlei, beraten.

Zusätzlich hat Rechtsanwalt Dr. Peter Waltl aus München die Süd-Chemie AG beim Abschluss verschiedener Liefer- und Pachtverträge mit der H. von Gimborn GmbH vertreten.

Die capiton AG hatte Lovells mandatiert. Federführend war Partner Jan-Peter Heyer zusammen mit seiner Kollegin Dr. Andrea Reichert-Clauß aus dem Berliner Büro der internationalen Kanzlei.

Bei Rückfragen wenden Sie sich bitte an:

Dr. Jürgen Burkhardt

Rechtsanwalt, Partner

Tel.: +49-89-3 50 65-1221

E-Mail: Juergen.Burkhardt@bblaw.com

Beijing Berlin Brüssel Düsseldorf Frankfurt a.M. Hong Kong Kiew Köln Leipzig Moskau München
Nürnberg Shanghai St. Petersburg Warschau

www.bblaw.com

Abb. 4: Pressemitteilung einer internationalen Rechtsanwaltskanzlei

hin verloren. Nur in der Hoffnung nun vielleicht doch noch etwas Interessantes im angehängten Dokument zu finden, wird sich kein Journalist die Mühe des Öffnens und eventuellen Speicherns machen. Wenn Sie schon mit der ersten Mail ausführliche Informationen anbieten wollen, dann immer als Link zum Downloadbereich Ihrer Presse-Seite oder die eines Dienstleisters. Dies gilt aufgrund der Dateigröße ganz besonders für Fotos.

Erträge von Aktienfonds werden von vielen Deutschen unterschätzt

23.05.2006–11:00 Uhr, FRANKFURT

Die Erträge von Aktienfonds werden von vielen Deutschen unterschätzt. Das ist das Ergebnis einer repräsentativen Umfrage von AXA Investment Managers und dem Meinungsforschungsinstitut TNS Infratest. (...)

Eine Infografik ist auf Anfrage erhältlich.

Pressekontakt:
(...)

41 Pressemitteilungen mit verborgener Absicht

Wenig Sympathie haben Pressemitteilungen, die nur *scheinbar* objektiv und ohne jedes kommerzielle Interesse des Absenders verbreitet werden. Solche Mogelpackungen können nicht funktionieren, weil kein ernstzunehmender Journalist ohne Quellenprüfung eine solche Geschichte übernehmen würde. Macht er sich aber die Mühe, den wahren Beweggrund des Verfassers zu recherchieren, ist die Verärgerung groß, die Chance auf Veröffentlichung in seriösen Medien gleich Null. Trotzdem hält sich diese Unsitte.

VitaVea AG: Vitamin C für gesundes Zahnfleisch

31.07.2006–13:48 Uhr, NEUKIRCHEN-VLUYN

Zahnfleischerkrankungen sind heute weit verbreitet. Aber nicht nur die richtige Pflege, sondern auch eine zahngesunde Ernährung sowie Vitamin C können das Zahnfleisch gesund halten, so die VitaVea AG.

Schätzungsweise 70 Prozent der Deutschen leiden unter Zahnfleischentzündungen. Zahnfleischentzündungen sind aber nicht nur unangenehm und schmerzhaft, sie können auch schwerwiegende Folgen für die Gesundheit haben. Ist das Zahnfleisch nämlich chronisch entzündet, können sich Zähne lockern und der Kieferknochen kann angegriffen werden. Auch können die Bakterien aus der Mundhöhle in die Blutbahn gelangen und Organe und Gewebe schädigen. So zeigten Untersuchungen, dass mit einer Parodontitis (entzündliche Erkrankung des Zahnbetts) das Risiko einer Herz-Kreislauferkrankung steigt.

Jeder kann aber einer Entzündung des Zahnfleischs vorbeugen. An erster Stelle steht eine sorgfältige Mundhygiene. Bedenken Sie: Zähne sind Pflegefälle. Sie wollen mindestens zweimal täglich rund drei Minuten lang sorgsam gereinigt werden. Wichtig: Putzen Sie von rot (Zahnfleisch) nach weiß (Zahn) und verwenden Sie keine zu harte Zahnbürste.

Gründliches Putzen per Bürste ist aber nur die halbe Miete. Denn in die Zahnzwischenräume gelangt die normale Zahnbürste nicht. Diese Stellen müssen deshalb mit Zahnseide oder einer speziellen Zahnzwischenraumbürste (Interdentalbürste) gesäubert werden. Wer seinem Zahnfleisch noch etwas Gutes tun möchte, der massiert es mit einer weichen Bürste und spült mit einer Mundspülung nach.

Zahnpflege allein genügt aber nicht, um das Zahnfleisch gesund zu halten. Auch die Ernährung sollte zahngerecht sein. Viel Obst, Gemüse, Vollkornbrot müssen die Zähne zum Beißen haben. Besonders wichtig ist eine ausreichende Versorgung des Körpers mit Vitamin C. (...)

Kein Journalist hätte sich daran gestört, wenn gleich zu Beginn, gesagt worden wäre, dass der Absender Hersteller von Vitamin-C Präparaten ist. Das erfährt man allerdings erst, wenn man auf den Link zur Homepage des Absenders klickt. Dann spätestens allerdings hat auch die Wissenschaftlichkeit der Pressemitteilung ausgedient, nun bleibt bei dem Journalisten nur noch das Gefühl, dass man ihn für dumm verkaufen wollte.

42 Wie sollte eine Pressemitteilung aussehen?

Unnötige Anschreiben und Floskeln

Sie kennen die allgemeinen Floskeln – und höflich will man ja auch sein: Ein nettes Anschreiben stimmt den Journalisten vielleicht gnädig und veranlasst ihn eher, Ihre Pressemitteilung zu lesen? Falsch gerechnet. Eine durchschnittliche deutsche Tageszeitung erhält am Tag mehrere hundert bis tausend Pressemitteilungen. Als erstes landen die Anschreiben im Papierkorb. Und Sie wollen doch die Journalisten nicht mit unnötig viel Papier verärgern.

Sparen Sie sich bitte auch am Ende der Pressemitteilung Floskeln wie »Abdruck frei« oder »Mit der Bitte um Veröffentlichung«. Der Abdruck einer Pressemitteilung muss immer frei sein (sonst wäre es ja bezahlte Werbung) und ein Journalist weiß, dass hinter der Pressemitteilung, die Sie im schicken die Bitte um Veröffentlichung steht. Wenn Sie möchten, können Sie am Ende um ein Belegexemplar bitten. Dieses werden Ihnen, wenn Sie Glück haben, die Fachzeitungen zukommen lassen – die Tageszeitungen eher nicht. In einer tagesaktuell arbeitenden Redaktion fehlt hierzu meist die Zeit bzw. das Personal.

Datum, Ort und Sperrfristen

Vergessen Sie nie an den Anfang einer Pressemitteilung das Datum und den Ort des Geschehens zu setzen, also beispielsweise: Frankfurt, 10. Mai 2006. Damit haben Sie schon einmal den ersten beiden journalistischen Ws Genüge getan: Ort und Zeit! Achten Sie darauf, dass das Datum auch dem Datum des Versandes der Pressemitteilung entspricht.

Verzichten Sie auf Sperrfristen. Es gibt keinen journalistischen Codex, der besagt, dass man Sperrfristen einhalten muss. Sie müssen also im Zweifelsfall auf die Kooperationsbereitschaft der Journalisten zählen. Aber im täglichen Kampf: »Wer bringt welche Meldung zuerst?«, werden solche »Kooperationen« schnell vergessen. Wenn Sie zu einigen Journalisten gute Kontakte haben, macht es durchaus Sinn, eine wichtige Pressemitteilung ohne Nennung des Themas telefonisch anzukündigen. Der Journalist kann dann noch etwas Platz in seiner Zeitung für Sie reservieren und kommt kurz vor Redaktionsschluss nicht in Platznot, wenn Ihre Meldung aufschlägt.

Lesbare Schrift

Im Zeitalter der Computertechnik können Schreiberlinge auf mehrere hundert verschiedene Schriftarten zurückgreifen. Manche darunter sind sicherlich von hohem künstlerischen Wert. Aber was nützt das, wenn beispielsweise beim E-Mail-Versand der Empfänger-PC Ihre Schriftart gar nicht kennt? Der Text kommt mit unkenntlichen verzerrten Zeichen an und der Journalist wird ihn alsbald in seinem elektronischen »Papierkorb« entsorgen. Wählen Sie eine einfache Schrift, die gut leserlich ist und die garantiert jeder PC kennt, beispielsweise Arial oder Times New Roman.

Für gedruckte Pressemitteilungen empfiehlt sich die Schriftgröße 12pt und ein eineinhalbfacher Zeilenabstand mit linksbündigem Flatterrand. Dies erleichtert die Lesbarkeit.

Teilen Sie die einzelnen Themenabschnitte in Ihrem Text auch sichtbar durch neue Absätze ein. Halten Sie sich an den Grundsatz, das Wichtigste an den Anfang, dann können Sie sich auch Fett- oder Kursivschrift oder Unterstreichungen im Text sparen. In einem Zeitungstext werden Sie diese auch nicht finden.

Papier ist geduldig, aber…

Falls Sie Ihre Pressemitteilung in Papierform versenden oder diese Teil einer Pressemappe ist, so verwenden Sie einfaches, weißes Papier. Verzichten Sie auf Hochglanz oder Farbe – diese lassen beim Journalisten sofort die Alarmglocke »Vorsicht Werbung« läuten – und Ihre Pressemitteilung hat eine erhöhte Chance, im Papierkorb zu landen.

Anhänge und Beilagen

Verzichten Sie auf unnötiges Begleitmaterial und unzählige Anhänge beim E-Mail-Versand. Damit blockieren Sie im schlimmsten Fall das Posteingangsfach des Journalisten und werden in Zukunft auf die Spam-Liste gesetzt. Verweisen Sie lieber am Ende Ihrer Pressemitteilung auf einen Ansprechpartner, der jederzeit gerne weitere Informationen liefert – und: halten Sie diese auch schon bereit.

Verzichten Sie außerdem auf Angaben zur Erreichbarkeit des Ansprechpartners. Seien Sie erreichbar – zumindest zu den normalen Bürozeiten von Journalisten, nämlich zwischen 9.00 und 18.00 Uhr. Wenn der Journalist Sie einmal für Rückfragen nicht erreicht, legt er eventuell das Thema beiseite und wählt ein anderes. Im Zeitalter des Mobilfunks kann man tagsüber erreichbar sein – oder man hat einen Kollegen/Kollegin, die Gespräche entgegennimmt und dafür sorgt, dass Sie den Journalisten umgehend zurückrufen.

Wenn Sie ein wirklich gutes Pressefoto zum Thema haben, so senden Sie diese mit. Ein gutes Foto, das zum Thema passt, erhöht die Chancen auf Veröffentlichung. Aber vergessen Sie nie die Bildunterschrift: bei Papierbildern immer in Form eines Aufklebers auf die Rückseite, damit der Inhalt des Fotos auch später identifiziert werden kann, bei elektronisch versandten Dateien, bitte immer die Bildunterschrift unter die Pressemitteilung schreiben und einen Dateinamen wählen, der zumindest den Urheber des Fotos erkennen lässt.

Checkliste

Das sollte Ihre Pressemitteilung haben:
- max. ein bis zwei DIN-A4-Seiten Text
- Flatterrand
- lesbare Schrift (z. B. Arial oder Times New Roman)
- 1,5-er Zeilenabstand
- Datums- und Ortsangabe
- Absätze
- Ansprechpartner
- aussagekräftige Pressefotos zum Thema

Das sollten Sie bei Ihrer Pressemitteilung vermeiden:
- zusätzliche Anschreiben
- Floskeln wie »Abdruck Frei« oder »mit der Bitte um Veröffentlichung«
- Sperrfristen
- Glanzpapier
- Uhrzeit der Erreichbarkeit
- Fett- Kursivschriften und Unterstreichungen im Text
- unzählige Beilagen und Hintergrundmaterialien

Dieter Herbst

Fotos in der Pressearbeit

43   Bedeutung von Bildern

Die Bedeutung des Lesens hat in den vergangenen Jahren dramatisch nachgelassen. Hier drei Beispiele: Nur noch 20 Prozent der Leser einer Zeitung lesen einen Artikel über den ersten Absatz hinaus. Die Hälfte der Jungen in Deutschland und ein Viertel der Mädchen lesen überhaupt nichts mehr (Stern 2004). Ein Drittel jener Deutschen, die noch lesen, liest grundsätzlich keine Texte mit langen Sätzen (Geo 2003). Stattdessen werden Bilder in allen Bereichen des täglichen Lebens immer wichtiger:

Zeitungen und Zeitschriften: Die New York Times und der Focus haben schon früh Bilder und Infografiken umfangreich und erfolgreich genutzt, um Informationen leserfreundlich aufzubereiten. Mittlerweile haben viele Zeitungen und Zeitschriften nachgezogen, wie Die Zeit, das Wallstreet Journal und Der Spiegel. Elke Grittmann, Doktorandin über Pressefotografie, schreibt: »Wer im neuen Jahrtausend durch die bundesdeutschen Tages- und Wochenzeitungen blättert, erhält … den Eindruck, der Fotojournalismus befinde sich in einem Aufschwung. Noch nie wurden so viele Bilder gedruckt, noch nie so viel Platz für die visuelle Berichterstattung eingeräumt.« (Grittmann 2003, 131). Die Praxis zeigt, dass für den Verkauf von Zeitungen und Zeitschriften besonders stark das Titelbild verantwortlich ist.

    Fernsehnachrichten: Ein Vergleich der Nachrichtensendungen der letzten Jahre zeigt deutlich, wie Bildkommunikation die Sprachkommunikation ergänzt: Mittlerweile sind sämtliche Meldungen in Tagesschau und heute-journal mit Filmbeiträgen bebildert, mindestens aber durch ein Foto, das neben dem Nachrichtensprecher zu sehen ist und das den gesprochenen Text lebendiger und interessanter machen soll. Bilder sind zentral für die Nachrichtenauswahl – sie erhöhen die Chance, dass die Nachricht gesendet wird. Die Moderatoren verankern als Anchorman und Anchorwoman den Sender auch visuell bei den Zuschauern. Die Studios sind durch den belebten Hintergrund attraktiver geworden – das so genannte »On-Air-Design« des Senders wird zu seinem visuellen Unterscheidungsmerkmal. Thomas Schierl erklärt dies so: »Medien müssen sich und ihre Programme – gerade in einem Bereich hohen Wettbewerbs – gegen Konkurrenten mit einem mehr oder weniger austauschbaren Angebot differenzieren. Eine

Möglichkeit der Differenzierung besteht beispielsweise in einer spezifischen Ästhetisierung von Medienangeboten bzw. Bildern innerhalb eines vorgegebenen Corporate Designs.« (Schierl 2003, S. 161).

Internet: Das Internet ist stark optisch geprägt durch Fotos, Grafiken, Banner, Icons, Logos, grafische Navigation. Ein Grund ist, dass das Lesen von Texten im Internet um 25 Prozent schwerer fällt: Die optische Aufbereitung ermöglicht Orientierung in der Informationsflut und erleichtert die Textaufnahme. Die visuelle Ausrichtung des Internets zeigt sich auch in seiner Multimedialität, also dem Verknüpfen von Text, Bild und Ton. Massenmedien im Internet sind visuell geprägt, zum Beispiel NBC News (http://msnbc.msn.com).

Politik: Die Politik ist in den vergangenen Jahren wesentlich visueller geworden. Beispiele sind die TV-Duelle in Wahlkämpfen sowie der erste und der zweite Irak-Krieg, deren Berichterstattung durch gezielte Bildauswahl den Eindruck eines »sauberen« Krieges erwecken sollte. Die Studie »Kampa – Meinungsklima und Medienwirkung im Bundestagswahlkampf 1998« kommt überspitzt gesagt zum Ergebnis, dass die Massenmedien Gerhard Schröder zum Kanzler gemacht haben.

Aufgrund dieser stark zunehmenden visuellen Ausrichtung als allgemeiner Gesellschaftstrend sprechen Experten von der »visuellen Zeitwende« (Iconic Turn), die auf das Zeitalter der gesprochenen und der geschriebenen Sprache folgt.

Ein Grund für die zunehmende Bedeutung von Bildern ist, dass wir sie im Vergleich mit Texten wesentlich leichter wahrnehmen, verarbeiten und speichern.

Wahrnehmung: Schon der Bruchteil einer Sekunde reicht aus, damit wir uns eine grobe Vorstellung von einem Bild machen können, genau gesagt 300 Millisekunden – dies entspricht einem Augenzwinkern. Zu Recht bezeichnet deshalb Marketingexperte Werner Kroeber-Riel Bilder als »schnelle Schüsse ins Gehirn!« (Kroeber-Riel 1996, S. 53).

Aktivierung: Bilder aktivieren uns stärker als Texte – deshalb beachten wir Bilder vor Texten (Bilddominanz). Einige Zahlen: Von der Betrachtungszeit einer Anzeige entfallen 76 Prozent auf das Bild, 16 Prozent auf die Überschrift und nur 8 Prozent auf den Text.

Verarbeitung: Bilder verarbeiten wir automatisch und mit geringer gedanklicher Beteiligung: Um ein Bild mittlerer Komplexität so aufzunehmen, dass wir uns später daran erinnern, sind etwa 2 Sekunden erforderlich. In dieser Zeit nehmen wir nur etwa 6 bis 7 Wörter auf.

Speicherung: Bilder erinnern wir besser als Texte, denn die höhere Aktivierung des Gehirns stimuliert unser langfristiges Erinnern. Studien zeigen, dass wir noch nach Tagen Hunderte von Bildern wieder erkennen können.

Erlebnis: Bilder können wesentlich besser emotionale Erlebnisse vermitteln als Texte. Ein Bild einer Raucherlunge neben einer gesunden Lunge aktiviert und wirkt deutlich stärker als die Textaussage »Rauchen gefährdet Ihre Gesundheit«.

Die Werbung hat die enorme Wirkung von Bildern schon lange erkannt – sie hat starke und klare Bilder von ihren Marken in den Köpfen der Konsumenten aufgebaut und langfristig verankert: Wer an Milka denkt, dem fällt die lila Kuh und die Alpenwelt ein, wer an Marlboro denkt, dem erscheint die Wildwest-Romantik vor seinem inneren Auge, beim Gedanken an Becks Bier erscheint das grüne Segelschiff. Anhand solcher inneren Bilder, in der Fachsprache Imageries genannt, lassen sich die Marken schnell erkennen, von anderen Marken deutlich unterscheiden und gut finden.

44 Fotos in der PR-Praxis

Bilder spielen auch in den PR eine große Rolle: Ist das PR-Foto interessant und professionell gemacht, wird es von den Journalisten eher gedruckt und von den Lesern eher beachtet als ein Text. Als Grund für das Veröffentlichen einer Meldung nannten Journalisten das attraktive Foto an zweiter Stelle, so das Ergebnis einer Befragung. Ein gutes Foto kann selbst eine Meldung hervorheben, die ansonsten in den Bergen von täglichen Meldungen untergegangen wäre. Gute Fotos können über den Umfang der Berichterstattung entscheiden, denn oft werden ursprünglich dreiseitige Stories zu fünfseitigen, wenn das Bildmaterial attraktiv ist. Gute Fotos erleichtern dem Redakteur die Arbeit – das Tagesgeschäft lässt oft aufwendige Bildrecherche nicht zu.

Besonders in der Kommunikation über Innovationen und Geschichten aus Forschung und Entwicklung setzen die Redakteure gern PR-Material der Unternehmen ein – wohl auch, weil in den eigenen Datenbanken keine passenden Motive verfügbar sind. In der Studie von Herbst und der Medienbeobachtungsgesellschaft Ausschnitt im Jahr 2005 waren PR-Fotos aus Forschung und Entwicklung jene, die von den Zeitungen am häufigsten gedruckt wurden. In der Trendstudie von Mast und Zerfass aus dem Jahr 2004 bezeichneten rund 60 Prozent der befragten Kommunikationsfachleute und Journalisten die Verwendung aussagekräftiger Bilder als Erfolgsfaktor bei der Vermittlung von Innovationen. »Das ist ökonomisch gut nachvollziehbar. Viele Medien verfügen nämlich weder über umfangreiche Bildarchive noch über die personellen Ressourcen zur Beschaffung und Bearbeitung aktueller Fotos – wer gute Bilder und Grafiken liefern kann, erhöht demnach die Chance, mit der Innovationskommunikation zunächst die Journalisten und dann auch möglichst viele Stakeholder zu erreichen.« (Mast und Zerfass 2004, S. 28) Welche Motive empfiehlt sie aufgrund ihrer Studie? »Aussagekräftige Bilder oder Videos ... Überdimensionale Vergrößerungen von

Strukturen oder Computeranimationen können helfen, wenn das menschliche Auge an seine Grenzen stößt.« (Mast und Zerfass 2004, S. 46)

Angesichts dieser Bedeutung von PR-Fotos überrascht ein Blick in die Praxis: Zwar setzen Unternehmen in ihrer Kommunikation mit Journalisten schon lange Fotos ein; jedoch sind die Fotos oft nur schmückendes Beiwerk, für das die Verantwortlichen nicht viel Zeit, Geld und Zuwendung investieren. Zudem gibt es in den PR kaum Wissen über die Wirkung von Bildern auf die wichtigen internen und externen Bezugsgruppen. Dementsprechend sind die Fotos oft gering in ihrer Wirkung. Experten schätzen, dass nur ein PR-Foto von hundert angebotenen genutzt wird, weil die Qualität der Fotos zu schlecht ist.

Wie sind diese Defizite zu erklären? Zu oft noch gilt die Überzeugung, dass es in den PR vor allem um das Vermitteln von Informationen durch Texte geht, dagegen die Werbung durch Bilder emotionalisiert. Dieser angebliche Gegensatz ist falsch und unsinnig:

• Falsch deshalb, weil auch Texte emotionalisieren können, wie das Beispiel eines Romans und einer gut geschriebenen Broschüre zeigen.
• Falsch deshalb, weil auch Bilder informieren können, indem die Motive die Eigenschaften eines Unternehmens zeigen können, wie das soziale Engagement im Fall Body Shop.
• Unsinnig ist die Annahme, weil die sinnvolle Kombination von Text und Bild die Wirkung von Instrumenten verstärken kann, zum Beispiel indem das Bild anschaulich und überzeugend darstellt, was der Text beschreibt.
• Unsinnig ist die Trennung auch deshalb, weil es auch in den PR immer wichtiger werden wird, dass ein Unternehmen nicht nur den Kopf, sondern auch das Herz seiner Bezugsgruppen anspricht, um deren Wünschen und Erwartungen an stabilen Beziehungen zu genügen.

Dass Information und Emotion nicht voneinander zu trennen sind, unterstreicht auch Thomas Knieper: »Auch wenn man Botschaften hundertmal wiederholt, werden sie nicht beachtet, sofern sie nicht in der Lage sind, einen emotionalen Eindruck zu hinterlassen. Dies gilt für alle Vorschriften, Hinweise, Lustquellen, Nachrichten – sie werden so lange ohne Wirkung bleiben, solange sie nicht gleichzeitig mit einem ›affektiven Stempel‹ oder ›Imprint‹ versehen werden. Ebenso verhält es sich mit Emotionen. Auch diese können nicht alleine eine Botschaft bilden. Denn selbst die heftigsten Emotionen, beispielsweise bei Unglücksfällen oder Katastrophen, sind in irgendeiner Weise an Kognitionen gebunden, zumindest an Raum- und Zeitstrukturen, die dem Affekt zugeordnet werden.« (Knieper 2001, S. 119)

Doch entgegen solcher Erkenntnisse, die zum Beispiel auch die moderne Hirnforschung bestätigt, konzentrieren sich die PR vor allem auf die sachliche Informationsvermittlung. Fazit: Unternehmen schöpfen die Potenziale von PR-Fotos bislang nicht aus. Dies ist ein großes und kostspieliges Versäumnis: Künftig werden vor allem die PR-Fotos die Unternehmensbotschaften vermitteln, da Texte immer weniger gelesen werden. Mehr noch: Bilder werden künftig den Kommunikationserfolg in den PR bestimmen.

45 Anforderungen an gute Fotos

Was macht PR-Fotos nützlich für Journalisten? Erste grundsätzliche Antwort: Die Bilder müssen neu und interessant sein. Neu deshalb, weil sie dann Nachrichtenwert für die Journalisten haben – was deren Leser schon kennen, interessiert sie weniger als Neues. Auch beachten sie aus der Fülle der Reize aus den Massenmedien nur jene, die für sie interessant sind – 99 Prozent der Reize aus den Massenmedien filtern sie aus, weil sie es nicht sind.

Gibt es ein Prinzip, das Fotos interessant macht? Ja, übergreifend könnte man sagen, dass das gute PR-Foto das zeigt, was wir so noch nicht gesehen haben. Dieses Prinzip wird »Abweichung von der Norm« genannt und ist die Superdimension für die Wirkung von PR-Fotos. Die Abweichung löst Aufmerksamkeit aus und fördert die intensivere Beschäftigung mit dem Foto.

Inhaltlich können die Fotos informierend sein, wie im Fall von Motiven neuer Technologie; das Foto kann auch dadurch interessant sein, weil es eine besondere, außergewöhnliche Stimmung darstellt, wie im Fall eines Gebäudes, das in interessanten Perspektiven und in atmosphärischem Licht zu sehen ist.

Inhalt des PR-Fotos:
- Was ist die kreative Idee des Fotos?
- Ist das Foto neu und interessant?
- Worin weicht es von Bekanntem ab?
- Was macht den Inhalt interessant?
- Ist der Inhalt spannend, lustig, verblüffend?
- Erzählt das Foto eine Geschichte?
- Erzeugt es eine spezifische Stimmung?
- Hat es eine einzigartige Ästhetik?
- Entspricht es dem Zeitgeist?

Weitere, entscheidende Grundanforderungen an wirkungsvolle PR-Fotos ergeben sich aus den Unterschieden in den Gattungen der Printmedien: In der Fachpresse steht das Produkt im Vordergrund, oft freigestellt. Die Tagespresse zieht authentische Fotos vor, die nicht gestellt und inszeniert wirken, wie zum Beispiel Milieufotos der täglichen Arbeit. Werbelastigen Bildinhalt lehnen die Journalisten ab. Was sind weitere wichtige Anforderungen an PR-Fotos? Wichtig für die Journalisten ist, ob die Nutzung ohne Honorar möglich ist, die schnelle und einfache Verfügbarkeit der Fotos, die technische Qualität und die Recherchierbarkeit in Datenbanken. PR-Fotos sollten digital vorliegen – mitunter lässt sich das Interesse eines Bildjournalisten auch dann gewinnen, wenn er zusätzlich einen guten Abzug sieht, zum Beispiel auf dem Pressetisch zu einer Pressekonferenz. Die Fotos sollten eine Auflösung von mindestens 300 dpi (dots per inch) haben. Fotos für die Vorauswahl im Internet haben 72 dpi.

Elektronische Fotos stehen in mehreren Dateiformaten bereit: Mittlerweile sind JPG-Dateien auf dem Vormarsch, weil sie das Foto komprimieren und weil alle Bildprogramme sie lesen können; jedoch nimmt die Bildqualität durch das Komprimieren ab. Gestaltungsprofis nutzen meist die Formate EPS und TIFF; für das Mailen sind diese aber oft zu groß. Ohnehin sollten Fotos nie unaufgefordert als Anhang von E-Mails verschickt werden: Zum einen verstopft dies die Leitungen, wenn man bedenkt, dass Zeitungen wie BILD einige Tausend Fotos täglich erhalten; zum anderen sortieren die Firewalls oft schon Mails mit einer Größe ab 2 MB aus.

Informationen über das Foto sind als Metadaten im IPTC-Format (International Press Telecommunications Council) gespeichert, ein internationaler Standard für die digitale Bildbeschriftung. Alle gängigen Bildbearbeitungsprogramme berücksichtigen dieses Format, IPTC-Reader sind auch kostenlos aus dem Internet downloadbar. Die entsprechende Maske enthält Felder, in denen die Bildunterschrift (BU) angegeben ist. Sie besteht aus wenigen Worten. Die ausführliche Bildbeschreibung (Caption) umfasst etwa 40 Worte. Sie beschreibt das Bild nennt den Ansprechpartner für Rückfragen den Fotografen und macht Angaben über Honorarfragen und die Bildrechte. Viele Bildredaktionen berücksichtigen von vornherein keine Fotos, bei denen die Rechtsfrage nicht eindeutig geklärt ist. Durch die Bildbeschreibung ist auch das Auffinden in umfangreichen Bildkatalogen vereinfacht.

Die Beschreibung könnte zum Beispiel angeben,

- dass das Foto nur im Zusammenhang mit der Berichterstattung über das Unternehmen verwendet werden sollte;
- dass das Foto nur innerhalb von 24 Monaten aktuell ist, weil es einen Vorstand zeigt, der sicher nach zwei Jahren andere Fotos von sich zeigen möchte;

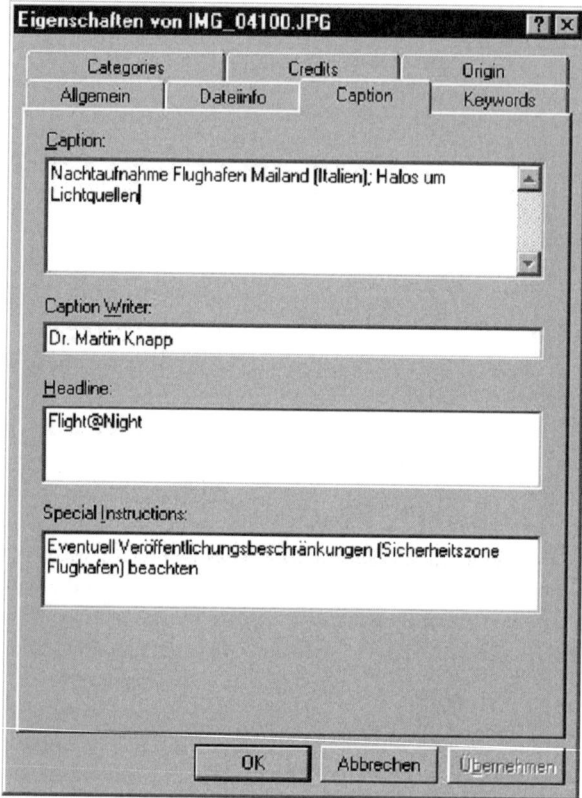

Abb. 5: Bildeigenschaften

• dass das Foto nur in Europa verwendet werden sollte, weil es die Farbe weiß für Kleidung, Blumen und Möbel zeigt, was in China als Zeichen des Todes bewertet werden würde.

Wie sich das Fehlen solcher Informationen negativ auswirken kann, zeigt das Beispiel eines großen Nachrichtenmagazins, das zur Bebilderung seiner Geschichte über »Deutschlands dümmste Kinder« in seinen Bildkatalogen stöberte und ein attraktives Schüler-Lehrerfoto fand – doch wurde dies seinerzeit in einem völlig anderen Zusammenhang aufgenommen.

Die Journalisten sollten aus Foto-Alternativen wählen können, aber nicht aus 30 Abbildungen von einem Motiv. Fotos sowohl im Hochformat als auch im Querformat erleichtern das Layouten. Art und Zahl der Motive können vorher mit dem Journalisten abgesprochen werden (Sachaufnahmen, Porträts, Imageaufnahmen). Unternehmen können ihre PR-Fotos auch ohne direkten Bezug zu einer Presseinformation den Bilddatenbanken der Nachrichtenagenturen anbieten. Fotos sollten sorgfältig erstellt und ausgewählt sein, am besten von Profifotografen. Die meisten entwickeln selbst und liefern schnell. Sie beraten bei der Motivwahl, da sie oft auch für Zeitungen und Zeitschriften arbeiten und deren Auswahlkriterien kennen. Das Unternehmen kann auch Fototermine veranstalten, zu denen es Bildjournalisten einlädt.

46 Wirkungsvolle Motive

Welche Motive eignen sich besonders für PR-Fotos?

Menschen: Die Auswertung der Berichterstattung über Dax-Unternehmen durch Herbst und Ausschnitt Medienbeobachtung aus dem Jahr 2005 zeigt, dass Unternehmensangehörige das beliebteste Motiv auf PR-Fotos von Unternehmen sind: Fast die Hälfte der ausgewerteten bebilderten Beiträge (genau gesagt 43,51 Prozent) ist mit dem Bild eines Unternehmensangehörigen – vornehmlich des CEO – versehen. Wie wirkungsvoll Menschen als Motiv sind, zeigen andere Studien: Demnach wirkt auf einem Foto – nach dessen Größe – am stärksten, wenn das Foto einen Menschen abbildet. Menschen ziehen unsere Aufmerksamkeit auf sich, wir orientieren uns an ihnen. Personalisierung ist einer der Nachrichtenfaktoren für Journalisten: Je stärker ein Ereignis personalisiert ist, sich im Handeln oder Schicksal von Personen darstellt, desto eher wird es zur Nachricht. Augen und Mund werden bei Menschen als erstes beachtet, daher sollten sie deutlich auf Fotos zu sehen sein. Lächeln Menschen auf Fotos, dann reagieren automatisch unsere Gesichtsmuskeln und lächeln ein wenig mit. Umgekehrt: Der grimmige Blick eines Menschen löst eine ebensolche Reaktion im Betrachter aus. Wichtig zu wissen: Menschen wirken besonders sympathisch mit leicht geneigtem Kopf und aus leichter Untersicht fotografiert.

Handlungen: Fotos ohne Handlung sind meist langweilig. Eine kunstlichterhellte Maschine eignet sich ebenso wenig wie statische Hostessen vor einer blitzenden Apparatur. Stattdessen sollten Sie Situationen aus dem Betriebsalltag zeigen, in denen Mitarbeiter zu sehen sind. Fotos sollten keine bewegungslosen, nichts sagenden Menschengruppen zeigen. Stattdessen sollten ein oder zwei Menschen bei einer Handlung zu sehen sein. Besonders gut wäre es, wenn das Foto ein Schema anspricht, zum Beispiel die Einweihung eines Gebäudes oder das Zerschneiden eines Bandes, weil es die Betrachter dann leichter deuten können. Das Bild fällt stärker auf, wenn die gezeigte Handlung leicht von der Norm abweicht,

Abb. 6: Menschen wirken als Motiv immer. Hier: Mädchen auf einem »Girlsday« (Siemens-Pressebild)

zum Beispiel indem der Auszubildende und nicht der Firmenchef das Band durchschneidet.

Architektur: Journalisten verwenden gern Fotos von Gebäuden und anderen Elementen der Firmenarchitektur (z. B. Messebau, Eingangshallen). Möglichst sollten die gezeigten Motive aus PR-Sicht dem Unternehmen eindeutig zuzuordnen sein (siehe unten).

Ungewöhnliches: Journalisten bevorzugen Fotos, die von der Norm abweichen. Hilfreich ist daher eine Liste, die die Norm und die Abweichung aufzeigt, zum Beispiel wie Führungskräfte normalerweise fotografiert werden (leerer Schreibtisch, Wirtschaftszeitung unter dem Arm, Gruppenfotos mit anderen Führungskräften etc.) oder durch eine Abweichung: Ihr Schreibtisch könnte (geordnet) mit Unterlagen bedeckt sein, Sie sind mit Auszubildenden zu sehen oder arbeiten in einer Werkhalle, um Nähe zu den Mitarbeitern und Tatkraft auszudrücken. Zum Beispiel hat sich der Vorstand von Logitech in einem Meer aus Computermäusen ablichten lassen. Dieses ungewöhnliche Motiv wurde oft von den Printmedien gedruckt.

Abb. 7: Foto des Unternehmens

Norm	Abweichung
Einzelpersonen	Manager als Team
Manager unter sich	Manager mit Auszubildenden
Manager im Anzug	Manager mit hoch gekrempelten Armen
Steif stehende Manager	Manager beim Handeln
Manager im Büro	Manager in der Natur
Manager am Schreibtisch	Manager in der Produktion
...	...

Kontraste: Die Bildwirkung fördern Kontraste: Groß und klein, alt und jung, weiß und schwarz. Versuchen Sie, solche Kontraste für Ihre Bilder zu nutzen, um die Erinnerung daran zu stärken.

Das Spannungsfeld von PR-Fotos zeigt sich darin, dass die Journalisten oft an allgemeinen Fotos interessiert sind, um ein Thema interessanter zu machen; jedoch sind die Unternehmen daran interessiert, vor allem jene deutlich erkennbaren Merkmale ihrer Unternehmen zu zeigen, damit die Betrachter die Fotos eindeutig den Unternehmen zuordnen. Dieses Spannungsfeld zeigt sich auch darin, dass einige Journalisten grundsätzlich jene PR-Fotos ablehnen, in denen das Firmenlogo zu sehen ist; andere Journalisten, wie zum Beispiel vom Handelsblatt und vom Focus, bevorzugen solche Fotos gerade deshalb, weil sie schnell und eindeutig den Unternehmen zugeordnet werden können. Ein Unternehmen sollte daher sowohl Fotos mit und ohne Logo anbieten.

Umstritten ist auch die Bildbearbeitung: Die elektronische Bildtechnik ermöglicht das Bearbeiten von Fotos bis hin zu komplexen Montagen (Composing), die vom Betrachter nicht zu erkennen sind. Aus diesem Grund haben sich die wichtigsten Interessenverbände im Bereich der Fotografie und des Journalismus in einem Memorandum vom 15. Oktober 1997 auf eine Kennzeichnung [M] für Bildmanipulationen geeinigt. Diese soll bei der Veröffentlichung von modifizierten Bildern vorgenommen werden, um für den Leser eine Erkennbarkeit zu erreichen und den Wert dokumentarisch-publizistischer Fotos zu sichern. Eine Kennzeichnung muss demnach stets erfolgen, wenn:

• Personen und/oder Gegenstände hinzugefügt und/oder entfernt werden,
• verschiedene Bildelemente oder Bilder zu einem neuen Bild zusammengefügt werden,
• maßstäbliche und farbliche, inhaltsbezogene Veränderungen durchgeführt werden.

Unter anderem sind in folgenden Printmedien diese Kennzeichnungen zu finden: Stern, Süddeutsche Zeitung, Brigitte, Handelsblatt, taz, Amica, Fit for Fun, Der TagesSpiegel.

Auch die Unternehmen sollten durch einen deutlichen Hinweis erkennen lassen, wenn ihre PR-Fotos im obigen Sinn bearbeitet sind. Und auch hier gilt: Möglichst immer eine Alternative für jene Journalisten anbieten, die bearbeitete Fotos ablehnen.

Fehlerquellen:
• Bilder lenken ab: Die Fotos sehen zwar schön aus, aber sie dienen lediglich als Blickfang, der von der eigentlichen Kommunikationsbotschaft ablenkt. In diesem Fall könnte sich die Bezugsgruppe an das Motiv erinnern, aber nicht an das Unternehmen. Oder die Betrachter übertragen die allgemeine positive Anmutung des Fotos auf das Unternehmen; aber die Fotos wirken nicht so stark, wie sie eigentlich könnten, weil sie keine spezifischen Aussagen vermitteln.
• Fotos transportieren nicht die Unternehmenspersönlichkeit: Die Fotos sehen zwar schön aus; jedoch haben sie keinen direkten Bezug zum Unternehmen und seinen Leistungen, was deren Wirkungspotenzial einschränkt.
• Keine Abstimmung mit dem Text: Das Fotomotiv ist nicht auf die Textbotschaften abgestimmt. Dies ist dann sehr problematisch, wenn Fotos und Text

widersprüchliche Botschaften vermitteln, zum Beispiel dann, wenn das Unternehmen als innovativ gelten will, aber die Bilder eher traditionell wirken.

- Keine positiven Assoziationen: Die Fotos transportieren zwar die Unternehmensbotschaft, doch der Stil der Fotos wird von den Zeitungslesern nicht als attraktiv wahrgenommen.
- Stereotype und austauschbare Fotos: Die Fotos sind nicht eigenständig genug. Dies könnte beim Betrachter so wirken: Wenn das Unternehmen austauschbare Bilder zeigt, dann wird es auch eine austauschbare Persönlichkeit bzw. austauschbare Leistungen haben.
- Fotomotive haben unklare Bedeutung: Bilder sind vieldeutig (Polysemie), deren Bedeutung lässt sich nicht im Wörterbuch nachschlagen, wie es der italienische Filmemacher Pier Paolo Pasolini sagte. Ein Text muss daher meist das Foto erklären.

47 Fotos als Teil der Bilderwelt des Unternehmens

PR-Fotos sollten als Teil der gesamten Bilderwelt des Unternehmens (Corporate Imagery) verstanden werden. Die Bilderwelt besteht aus jenen Motiven, die in den wichtigen internen und externen Bezugsgruppen des Unternehmens spontan innere Bilder vor deren geistigem Auge entstehen lassen. Solche inneren Bilder sind für die Orientierung des Menschen sehr wichtig, wir haben etwa 30–40 Prozent unserer Wachzeit solche inneren Bilder vor Augen, zum Beispiel als Lageplan unseres Supermarktes oder als Erinnerungen an Produkte und Unternehmen.

Die Werbung hat die Bedeutung langfristig angelegter Bilderwelten schon lang erkannt, wie die Beispiele von Jägermeister, Raffaello und Haribo zeigen. Doch welche inneren Bilder entstehen in uns, wenn wir an die Allianz denken, an den Springer oder den Bertelsmann Verlag? Fast keinem Unternehmen ist es gelungen, starke und lebendige innere Bilder von seiner Unternehmenspersönlichkeit entstehen zu lassen.

Welche Potenziale hierdurch ungenutzt bleiben, zeigen viele Studien, die zeigen, wie stark klare Bilder unser Verhalten beeinflussen – sei es den Markenkauf, den Aktienkauf, die Wahl des idealen Arbeitgebers und sogar die Wahl der Einkaufsstätte.

PR-Fotos wirken daher stärker, wenn sie auch einen Beitrag zur Corporate Imagery leisten. Hierzu greifen die Fotos die Vorgaben der Bilderwelt des Unternehmens auf und setzen sie in Form und Inhalt um. Form meint die Nutzung von Leitfarben und anderen Gestaltungskonstanten. Inhalt meint, jene Motive zu zeigen, die die Merkmale der Unternehmenspersönlichkeit transportieren, wie im

Abb. 8: Corporate Imagery bei O_2

Fall der Fotos von Sozialprojekten bei Bodyshop und der Aktionen von Green-peace, die oft nach dem David-gegen-Goliath-Schema angelegt sind (kleines Schlauchboot kämpft gegen großen Öltanker). Eine der klarsten und wirkungs-vollsten Bilderwelten ist zum Beispiel jene von O_2, die sich auch in den PR-Fotos wieder findet.

48 Erfolgskontrolle

Wie lässt sich der Erfolg der PR-Fotos bewerten? Der einfachste und oft ausrei-chende Weg zur Wirkungsmessung ist die Befragung. Sie kann zeigen, wie schnell und eindeutig das Motiv erkannt und dem Unternehmen zugeordnet wird. Wei-tere Fragen können prüfen, wie glaubwürdig die Fotos sind, wie sympathisch, wie emotional und wie sie gefallen.

Der Großteil der Bildwirkung läuft jedoch unbewusst ab: In weniger als einer halben Sekunde registriert unser Gehirn die Atmosphäre und die Stimmung eines Bildes. Bewusst nehmen wir dies aber erst später wahr – wenn überhaupt. Um die unbewusste Wirkung von Bildern zu messen, führen Fachleute Experimente durch und nutzen hierin Hilfsgeräte wie die Augenkamera: Sie hält die Bewegungen des Auges beim Betrachten eines Bildes fest. Dieses Verfahren wird auch »Eye-Tracking« genannt. Die Augenkamera misst, wie Fotos betrachtet werden, was zuerst gesehen und was übersehen wird. Dieses Verfahren dürfte aber für die meisten Unternehmen zu teuer für einmal eingesetzte Fotos sein.

Eine andere Möglichkeit der Wirkungskontrolle besteht darin, die abgedruckten Fotos zu beobachten und nach bestimmten Kriterien auswerten zu lassen:

- **Verhältnis:** Wie ist das Verhältnis von Darstellung im Text und Darstellung in Bildern auf Basis der erreichten Fläche? Wie hoch ist die Reichweite des Fotos? Wie hoch ist dessen Werbeäquivalenz?
- **Exklusivität:** Ist das eigene Firmenlogo exklusiv im Bild zu sehen oder ist es neben anderen dargestellt?
- **Erreichte Aufmerksamkeit:** Ist das Thema im Vordergrund/Mittelgrund/ Hintergrund des Bildes abgebildet?
- **Prägnanz:** Ist das Unternehmen klar als Absender erkennbar?

Darüber hinaus sind folgende Analysen möglich:
- **Imageanalyse:** Ist der Bezug zur Überschrift positiv oder negativ?
- **Issues-Analyse:** In welchem Umfeld ist das Thema dargestellt?
- **Input-Output-Analyse:** Ist der Bildnachweis konkret abgedruckt oder fehlt er? Wie hoch ist der Anteil eigener Bilder und unternehmensfremder Bilder in der Berichterstattung über das Unternehmen bzw. dessen Branche?

Solche Auswertungen können die klassische Beobachtung und Bewertung der Berichterstattung (Medienresonanzanalyse) sinnvoll ergänzen.

49 Fazit

PR-Fotos sind ein wichtiger Teil der Medienarbeit, der künftig noch wichtiger wird. PR-Fotos sind keine Anhängsel an Presseinformationen, sondern leistungsfähige Informationsträger: Sie können über das Unternehmen informieren, und sie können die mit dem Unternehmen verbundenen Gefühle transportieren. Als Teil der übergreifenden Bilderwelt des Unternehmens (Corporate Imagery) tragen sie wesentlich dazu bei, dass die internen und externen Bezugsgruppen das Unternehmen erkennen, von anderen unterscheiden und diesen vorziehen, weil sie deren einzigartige Persönlichkeit kennen. Das Ergebnis von PR-Fotos und der Corporate Imagery sind innere Bilder, die spontan in den Bezugsgruppen des Unternehmens entstehen und die stark verhaltenswirksam sind. Die Potenziale wirkungsvoller PR-Fotos sind noch längst nicht ausgeschöpft. Vor allem kommt es in den kommenden Jahren darauf an, Wissen über Bildwirkung aufzubauen und kraftvoll zu nutzen.

Die vertonte Pressemitteilung: Hörfunk-PR

Gerade bei wichtigen, überregionalen PR-Themen kann aus dem erfreulich großen Medieninteresse ein Problem werden. Und zwar dann, wenn zusätzlich zu den Print-Medien auch noch elektronische Medien auf Interviews mit den beteiligten Personen, also dem Geschäftsführer, Vorstandsvorsitzenden oder Verbandspräsidenten drängen. Dasselbe Problem ist Bestandteil einer, ebenfalls überregional relevanten, Krisen-PR-Thematik, auch hier kann eine Pressestelle überfordert sein. Außerdem birgt eine Reihe schnell aufeinander folgender Interviews ein erhebliches Risiko, überraschende Fragen werden möglicherweise nicht perfekt beantwortet, im Fall einer Krise kann eine falsche Antwort oder sogar eine vorschnelle Bestätigung den Schaden für das Unternehmen vergrößern.

Der Ausweg kann mit Hilfe von PR-Dienstleistern das Instrument Hörfunk-PR sein, nur die wenigsten -und dann sehr große Unternehmen – leisten sich eigene Hörfunk-PR Bereiche (Siemens, ADAC, Stiftung Warentest beispielsweise). Der Ablauf solcher Hörfunk-PR-Maßnahmen sieht bei allen Anbietern ähnlich aus.

Ablauf der Hörfunk-PR:

* Der Dienstleister zeichnet ein Telefon-Interview mit einem Unternehmens- oder Verbandsvertreter auf, die Antworten werden transkribiert und zur Freigabe zurück gemailt.
* Mit der Freigabe wird das Thema als »Original-Ton-Service« in enger Anlehnung an die Pressemitteilung für die Printmedien bis zu 300 Radiosendern angekündigt.
* Mit der Themenankündigung wird das sendefertige Original-Ton-Material zum Download bereitgestellt, dort finden sich auch ein Vorschlag zur Moderation und die transkribierten Antworten, zusätzlich Vorschläge für Fragen und Überleitungen zwischen den einzelnen Antworten.

Es gibt in Deutschland zwei Anbieter, die diese schnellste Form der Hörfunk-PR als Standard in ihrem Repertoire haben: news aktuell (Hamburg) und directnews (Leipzig). Beide Anbieter betreiben seit Jahren in der Radiobranche eingeführte Portale mit PR-Inhalten für den Hörfunk, http://www.presseportal.de (news aktuell) und http://www.directradio.de (directnews). Von zahlreichen anderen Anbietern unterscheiden sich beide dadurch, dass sie für die Themenankündigung ganze Netzwerke von Nachrichtenagenturen nutzen und eine in der Radiobranche bekannte Downloadplattform für aktuelle Beiträge haben.

Der Umgang mit Journalisten

50 Wie Journalisten über Themen entscheiden

Das wissenschaftlich korrekte Zauberwort heißt Nachrichtenfaktoren. Vereinfacht gesagt, je mehr journalistische Nachrichtenfaktoren ihre Pressemitteilung
liefert, desto größer wird die Abdruckwahrscheinlichkeit. Der Journalist fungiert
der allgemeinen journalistisch wissenschaftlichen Auffassung nach als Gatekeeper,
der mit seiner Selektion die inhaltlichen Bälle entweder ins Tor, sprich ins Medium, befördert oder sie aber ignoriert. Was der US-Wissenschaftler David Man-
ning White bereits Ende der 40er Jahre machte, ließe sich leicht mit einem nur
eintägigen Praktikum bei einer Zeitung oder einer Zeitschrift nachvollziehen:
White beobachtete längere Zeit das Auswahlverhalten bei eingehenden Agentur-
Meldungen eines Chefs vom Dienst. White notierte am Ende seiner Beobachtun-
gen in dieser Tageszeitung zwei verschiedene Entscheidungsgründe des Chefs
vom Dienst, also seines Gatekeepers, Meldungen zu verwenden oder wegzuwer-
fen (White: »The Gatekeeper«, London 1964):

Subjektive Auswahlkriterien
Meldung schlecht geschrieben
Meldung uninteressant
propagandistische Tendenz der Meldung

Objektive Auswahlkriterien
Länge der Meldung
Zeitpunkt des Eintreffens der Meldung
Entfernung des Ereignisorts

Noch sind es sehr leicht nachvollziehbare Ablehnungsgründe: Die zu lange Meldung würde zu viel Zeit erfordern, eine geografische oder inhaltliche Distanz zum
Geschehen ließe den Leserbezug außer Acht und wenn die Meldung nach Redaktionsschluss kommt, ist es eben zu spät.
   Das Gatekeeper-Modell von White wurde immer weiter verfeinert, seine Ur-
sprungsthesen sind aber bis heute fester Bestandteil eines jeden journalistischen
Studienganges. Gerade für Quereinsteiger in die Public Relations ist es lohnend,
sich auch mit den wissenschaftlichen Ansätzen der Nachrichtenauswahl zu be-

schäftigen. Ein weiteres wichtiges Modell zur Selektion von Nachrichten ist das von Galtung und Ruge aus dem Jahr 1965. Die beiden Wissenschaftler bestimmten zwölf Nachrichtenfaktoren als die entscheidenden. Die nachfolgende Aufstellung ist unendliche Male modifiziert, angepasst oder aktualisiert worden. Nach wie vor aber ist sie so zutreffend für die journalistischen Kriterien der Nachrichtenauswahl, dass jeder PR-Profi sich mit ihr auseinandergesetzt haben sollte, um das Selbstverständnis der anderen Seite besser zu verstehen.

Tab. 3: Nachrichtenfaktoren (nach Galtung/Ruge)

Nachrichtenfaktoren	Bedeutung für Pressemitteilungen
Frequenz: Je mehr der zeitliche Ablauf eines Ereignisses der Erscheinungsperiodik der Medien entspricht, desto wahrscheinlicher wird das Ereignis zur Nachricht.	Alle wichtigen redaktionellen Abläufe in den Zielredaktionen müssen bekannt sein, vor allem Redaktionsschluss, auch für einzelne Seiten.
Schwellenfaktor: Es gibt einen bestimmten Schwellenwert der Auffälligkeit, den ein Ereignis überschreiten muss, damit es registriert wird.	Spricht für die These, sich auf wirklich wichtige Themen zu konzentrieren und diese perfekt aufzubereiten, dafür weniger Spannendes nicht zu kommunizieren.
Eindeutigkeit: Je eindeutiger und überschaubarer ein Ereignis ist, desto eher wird es zur Nachricht.	Glasklare, präzise Schilderung des Inhaltes einschließlich einer prägnanten Überschrift ist zwingend.
Bedeutsamkeit: Je größer die Tragweite eines Ereignisses, je mehr persönliche Betroffenheit es auslöst, desto eher wird es zur Nachricht.	Dies können positive Entwicklungen wie neue Arbeitsplätze, hilfreiche Medikamente oder die Suche nach regionalen Aspekten eines Themas sein.
Konsonanz: Je mehr ein Ereignis mit vorhandenen Vorstellungen und Erwartungen übereinstimmt, desto eher wird es zur Nachricht.	Ohne große Relevanz für die PR.
Überraschung: Überraschendes hat die größte Chance zur Nachricht zu werden.	Der unerwartete Etatgewinn für das Marketing-Fachblatt, der Meilenstein in der Pharmaforschung für das Medizinportal, der Zuschlag für den Werksneubau für die Regionalzeitung beispielsweise.

Nachrichtenfaktoren	Bedeutung für Pressemitteilungen
Kontinuität: Ein Ereignis, das bereits als Nachricht definiert ist, hat eine hohe Chance von den Medien auch weiterhin beachtet zu werden.	Erlaubt das Anhängen an große Themen auch durch weniger wichtige Absender.
Variation: Der Schwellenwert für die Bedeutung eines Ereignisses ist niedriger, wenn es zur Ausbalancierung und Variation des gesamten Nachrichtenbildes beiträgt.	Das kann die Meinung Ihres Verbandes zu einem bekannten Konflikt sein, ebenso wie die Äußerung Ihres Vorstandes zur Mehrwertsteuer-Erhöhung, auch wenn das Thema an sich schon länger auf dem Markt ist.
Bezug auf Elite-Nationen: Ereignisse, die Elite-Nationen betreffen (wirtschaftlich oder militärisch mächtige Nationen) haben einen überproportional hohen Nachrichtenwert.	Eine Produkt-PR-Meldung eines marokanischen IT-Unternehmens hat gegen die Mitteilung eines US-IT-Unternehmens kaum eine Chance, auch nicht bei objektiv gleicher Relevanz.
Bezug auf Elite-Personen: Entsprechend gilt dies auch für Personen, das heißt prominente oder mächtige Persönlichkeiten.	Ersetzen Sie einfach Elite-Personen durch bekannte Marken: Der Bekanntheitsgrad eines Absenders hat Einfluss auf die Nachrichtenauswahl.
Personalisierung: Je stärker ein Ereignis personalisiert ist, sich im Handeln oder Schicksal von Personen darstellt, desto eher wird es zur Nachricht.	Sträflich vernachlässigt in der PR: Human-Interest-Geschichten sind der Auszubildende, der Deutscher Meister im Speerwurf wird ebenso wie das Porträt eines wichtigen neuen Geschäftsführers.
Negativismus: Je negativer ein Ereignis, je mehr es auf Konflikt, Kontroverse, Aggression, Zerstörung oder Tod bezogen ist, desto stärker wird es von den Medien beachtet.	Ihre Gegenposition zu Vorwürfen von Umweltschützern oder Gewerkschaften wird durchaus wahrgenommen, die anderen negativen Faktoren sind nicht relevant.

Müssen sich Autoren von Pressemitteilungen so sklavisch an journalistische Handwerksregeln halten? Mit zunehmender Entfernung verringern sich meistens automatisch die Chancen auf Medienresonanz. Ausnahmen bestätigen die Regel: Würde Volkswagen die Produktion des Golfs überraschend einstellen, könnte diese Pressemitteilung noch so schlecht geschrieben sein, es wäre die Aufmacher-Meldung des nächsten Tages. Aber dass eine Pressemitteilung auf weniger Resonanz stieß, weil der Autor ein hervorragender Journalist ist, kam sicher noch nie vor.

Beruhigend ist auch, dass es ein weiteres wichtiges Kriterium bei der Nachrichtenauswahl gibt, dass vor allem bei Fachmedien eine erhebliche Rolle spielt: die so genannte Chronistenpflicht. Genauso wie eine seriöse Tageszeitung den Fortgang wichtiger Ereignisse auch dann aufgreift, wenn es keine sehr spektakulären neuen Geschehnisse gibt, müssen Fachzeitschriften auch über Nuancen von Markt- und Produktentwicklungen berichten. *Chronistenpflicht* heißt also, nicht immer nur auf den überraschenden Durchbruch, die revolutionäre Entscheidung zu warten. Dokumentiert werden auch die schrittweisen Entwicklungen, die möglicherweise irgendwann in einem wirklich spektakulären Ereignis münden.

51 PR-Fachleute als Dienstleister der Medien

Es gibt Pressesprecher, die Journalisten lieber nicht anrufen. Unvergessen ist vielen Hamburger Journalisten der Sprecher eines großen Verkehrsbetriebes, der unterhalb der Chefredakteur-Ebene keinen Wert auf Journalisten legte. Man rief selbst bei Ereignissen in Hamburg lieber den Pressesprecher des gleichen Unternehmens in Hannover an, der nach besten Kräften um kollegiale Hilfe bei der Informationsgewinnung bemüht war. Es gibt Pressesprecher, die haben keine Assistentin, sondern »Vorzimmerdrachen«, die, wenn überhaupt, nur den Chefredakteur der New York Times mit seinem Interview-Wunsch durchstellen. Und es gibt zahllose Pressesprecher, die auf Mails gar nicht oder erst nach Wochen antworten (lassen). Fazit: In einigen Pressestellen ist der Dienstleistungsgedanke noch nicht angekommen. Wer für ein Unternehmen, eine Institution oder einen Verband spricht, der wird dann erfolgreich sein, wenn er sich als Person zurücknimmt und seine Aufgabe darin sieht, den Medien seine Themen auf einem silbernen Tablett anzubieten.

Das heißt: genaues Wissen um redaktionelle Strukturen, Abläufe, Kompetenzen. Wissen um geplante Sonderausgaben, Schwerpunkt-Titel, Großereignisse, aber auch um den geplanten oder befürchteten Stellenabbau in wichtigen Redaktionen, Formatänderungen oder Veränderungen bei Regionalausgaben.

52 Der Arbeitsalltag eines Redakteurs

Der ganz normale Arbeitsalltag fängt bei Journalisten in aller Regel am selben Ort an, an dem auch viele Pressesprecher starten: In der Teeküche, an der Kaffeemaschine oder am Getränkeautomaten. Zurück an seinem Schreibtisch, wird kurz der Tag durchgeplant: Gibt es schon feststehende Termine? Was ist aus den drei laufenden Recherchen geworden? Sind die zwei längst fertigen Artikel überhaupt noch aktuell (und wann sind sie endlich im Blatt)? Und muss man wirklich zu zwei Pressekonferenzen (zu einer könnte doch der Volontär)? Und: Was ist mein Thema für die Redaktionskonferenz, die in zehn Minuten beginnt?

Rufen Sie diesen Journalisten jetzt an, fragen Sie ihn – oder noch besser Sie lassen einen nervösen Trainee fragen, ob er denn gestern die Pressemitteilung bekommen hat oder zur Pressekonferenz kommt oder die zwanzigseitige Pressemappe zur CEBIT schon gesichtet hat. Oder seien Sie Profi und lassen den Kollegen einfach in Ruhe, bis er aus der Redaktionskonferenz zurück ist, seinen zweiten Kaffee geholt hat und langsam richtig wach ist. Und vor allem wenn er vielleicht wirklich noch auf der Suche nach einem Thema ist. Das setzt auch wieder voraus, dass Sie sehr genau wissen, worüber dieser Medienkollege schreibt.

53 Telefonisches Nachfassen

Dieses Nachfassen ist einer der ständigen Konfliktpunkte an der Schnittstelle zwischen Journalisten und PR-Leuten: Die Sprecher und Agenturen wollen sicher gehen, dass ihre Meldung oder die des Kunden wenigstens gesehen worden ist, der Journalist dagegen arbeitet ständig gegen den Redaktionsschluss an und hat eigentlich keine Zeit.

Wann sollten Sie wirklich nicht anrufen? Als Faustregel: Nicht vor 10 Uhr und nicht nach 16 Uhr (es sei denn, Sie möchten ihm mitteilen, dass VW überraschend die Produktion des Golf einstellt. Dann dürfen Sie auch noch um 19 Uhr anrufen). Nicht, wenn gerade ein Länderspiel nachmittags läuft (auch Journalisten haben TV-Karten in ihren Rechnern) oder wenn gerade die Mehrwertsteuer-Erhöhung im Bundestag gescheitert ist. Ohne journalistische Zusammenhänge zu kennen, ist die Gefahr groß, zum falschen Zeitpunkt anzurufen. Je mehr Ihnen über das Aufgabengebiet und individuelle Zuständigkeiten bekannt ist, desto passender wird Ihr Anruf sein.

»Wir haben Ihnen gestern eine Pressemitteilung zum neuen Beratungskonzept für den Mittelstand geschickt. Konnten Sie das schon lesen?« Diese Anrufe sind Standard und jeder Journalist ohne funktionierende Telefonzentrale ist Ihnen mehr oder weniger ausgeliefert. Trotzdem ist diese Frage völlig in Ordnung und ein Journalist muss damit leben, denn auf Pressemitteilungen verzichten können die Medien nicht. Wahrscheinliche Antwort: »Tut mir leid, habe ich noch nicht gesehen. Ich schreibe aber auch aktuell nichts darüber ...«

Zu selten werden Anrufe in Redaktionen gründlich vorbereitet. »Fass' da doch mal nach« lautet die Aufforderung in der Pressestelle oder der PR-Agentur an denjenigen, der sich nicht schnell genug ducken konnte. Jedes Telefonat ist eine Störung des Arbeitsablaufs und der Konzentration eines Journalisten. Es gibt 64.000 Pressesprecher in Deutschland! Also muss ein Telefonat gründlich vorbereitet sein, wenn es erfolgreich sein soll: »Sie haben doch vor drei Wochen diesen längeren Artikel über Beratungsunternehmen geschrieben, die sich jetzt auf den Mittelstand konzentrieren. Was Sie dort als Defizit beschrieben hatten, haben wir ganz gut gelöst – glauben wir zumindest. Falls Sie an dem Thema dranbleiben, würden wir uns freuen, wenn Sie sich unsere Pressemitteilung von gestern zur Seite legen.«

Wahrscheinliche Antwort: »Was war denn das für eine Pressemitteilung? Von wo aus rufen Sie an? Also, kann schon sein, dass ich noch mal was darüber schreibe. Schicken Sie mir das einfach erneut, wenn es nicht zu lang ist. Die Rückrufnummer wird ja wohl draufstehen …«

Medienarbeit muss immer ein kurz- und ein langfristiges Ziel verfolgen: Intern erwarten Entscheider, Vorstände und Geschäftsführer bei den wichtigen Themen einen schnellen Erfolg in den Medien. Ohne Zweifel kann man sich dieser Vorstellung nicht verweigern. Die Gratwanderung zeichnet sich dadurch aus, dass Sie durch diesen kurzfristigen Erwartungsdruck nicht den Aufbau belastbarer, andauernder und direkter Kontakte zu den Medien gefährden dürfen.

54 Produkt-PR oder Werbung?

Journalisten sind gegenüber werbenden Inhalten puristisch eingestellt. In einer ersten groben Einordnung sortieren viele Redakteure Pressemitteilungen nach Unternehmensmeldungen und gesellschaftlichen, politischen Meldungen. Unternehmensmeldungen haben es ungleich schwerer, überhaupt berücksichtigt zu werden, umso besser formuliert und umso genauer müssen sie adressiert sein. Jeder Journalist weiß, dass Public Relations zum klassischen Marketing-Mix eines Unternehmens gehört und vor allem die Aufgabe hat, das Image von Unternehmen und Produkten verkaufs- und absatzfördernd darzustellen. Kein Journalist glaubt an rein altruistische Motive, wenn ein großer Konzern die Basketballliga fördert und dies gerne in den Medien als netten Bericht wiederfinden möchte.

Ein Ausrutscher passiert bei diesem sensiblen Thema auch den Großen der Branche gelegentlich. Gut gemeint, aber mit der Überschrift im nachfolgenden Beispiel werden alle Journalisten, die sich nicht explizit für das Thema interessieren, eher an Werbung erinnert. Nur eine sehr kleine Mediengruppe wird dieses Thema als wichtig ansehen.

Opel GT ab 29.900 Euro

28.02.2006–16:20 Uhr Rüsselsheim

Opel hat auf dem Genfer Automobilsalon (2. bis 12. März 2006) das Geheimnis um den Preis des GT gelüftet: Die Neuauflage des legendären Sportwagens wird ab 29.900 Euro angeboten. »In der Kategorie leistungsstarker Roadster gibt es kein zweites Mal ein so günstiges Verhältnis von Preis zu Performance, vom beeindruckenden Auftritt einmal ganz abgesehen«, so Klaus Mustermann, Exekutiv-Direktor Europäisches Marketing Opel/Vauxhall. Ausgeliefert wird der Roadster mit klassischem Heckantrieb und voll versenkbarem Stoffverdeck ab dem Frühjahr 2007. »Für Interessenten, die unter den ersten GT-Fahrern sein wollen, nehmen unsere Händler aber bereits jetzt Reservierungen entgegen.« Unter der Haube des Sportwagens arbeitet ein bärenstarker ECOTEC-Turbomotor mit Benzin-Direkteinspritzung, der aus zwei Litern Hubraum 260 PS mobilisiert und den Spurt von 0 auf Tempo 100 in weniger als sechs Sekunden ermöglicht. Die Höchstgeschwindigkeit des neuen Opel GT liegt bei über 230 km/h.

Warum ist diese Meldung weder für die allgemeine Tagespresse noch für die Fachpresse hundertprozentig perfekt abgefasst? Weil es schlicht nicht vorstellbar ist, dass irgendein Tageszeitungs-, Radio- oder TV-Redakteur den Inhalt dieser Überschrift für wichtig hält. Oder können Sie sich vorstellen, wie der Moderator Ihres Lieblings-Senders atemlos berichtet, dass »der neue GT ab 29.900 EUR zu haben ist«? Im Werbeblock ja – aber genau dort will Öffentlichkeitsarbeit nicht hin.

Der Redakteur einer beliebigen Tages- oder Wochenzeitung würde eine solche Preisnennung in der Überschrift noch akzeptieren, wenn es heißt: »Ferrari für 5 Millionen Euro teuerster Wagen aller Zeiten«. Nachvollziehbar war es vielleicht auch noch im Fall des 2005 auf den Markt gekommenen Dacia Logan, der damals preiswerteste Wagen überhaupt in der unteren Mittelklasse – »Mittelklasse-Limousine für 6.999 EUR: 50% preiswerter als alle Konkurrenten«. So aber wird das Thema Opel GT nach journalistischen Handwerksregeln überschätzt und künstlich aufgebauscht.

Die Überschrift »Opel GT ab 29.900 Euro« wäre die richtige für Automobiljournalisten gewesen, die auf diese Information gewartet haben, nur setzt sich diese Meldung für Fachjournalisten dann viel zu allgemein fort. Dann hätte man das Thema logisch fortführen müssen: Durch welche Produktionsweise kann dieser Preis erreicht werden? Welche Design-Elemente des »Ur-GT« sind erhalten geblieben? Wie fällt der Motorenvergleich mit dem Vorgänger aus?

Unabhängig vom Tatsachengehalt sollte keine Pressemitteilung mit einer sehr allgemeinen und lobenden Bemerkung über das absendende Unternehmen beginnen. Diese Erfolgs-Story will ein Redakteur höchstens als Hintergrund ganz zum Schluss erfahren, aber nicht im ersten Absatz. Fangen Sie nie mit solchen Sätzen Ihre Pressemitteilung an. Die journalistisch inhaltliche Relevanz Ihrer Meldung muss sich dem Journalisten sofort erschließen. Jede Werbung verbietet sich! Während die Meldung von Opel durchaus trotz inhaltlicher und stilistischer Mängel einen Nachrichtenwert hat, kommt das nächste Beispiel ohne jeden journalistischen Fakt aus: Werbung pur!

Rain-X®: Sicheres Fahren durch bessere Sicht

23.05.2006–12:11 Uhr, HAMBURG

Rain-X, ein führender Anbieter von Autoglasreinigungsprodukten, sorgt seit über 25 Jahren für eine erhöhte Verkehrssicherheit durch verbesserte Sicht durch Auto-Windschutzscheiben bei widrigem Wetter. Seit seiner Markteinführung hat sich Rain-X von einem einzigen Produkt zu einer Marke mit einer umfassenden Produktpalette entwickelt. Unter anderen sind folgende Rain-X-Produkte in Deutschland, Österreich und in der Schweiz erhältlich:

Rain-X Regen-Abweiser: Rain-X versieht die Scheibe mit einer hauchdünnen unsichtbaren Schutzschicht, die extrem glatt ist. Ziel ist es, Regen, Schneematsch und Schnee abzuweisen und Regentropfen durch den Fahrtwind wegzublasen.

Rain-X Anti-Beschlag: Rain-X Anti-Beschlag wurde speziell entwickelt, um das Anlaufen und Beschlagen von Innenglas wie Fenstern und Spiegeln zu verhindern.

Rain-X Reinigerzusatz für Windschutzscheiben: Rain-X Scheibenwascher-Zusatz unterstützt in jeder Jahreszeit ein klares Sichtfeld ohne Streifen oder Verschmieren.

Alle Autoglasreinigungsprodukte von Rain-X helfen, den Fahrkomfort und die Sicherheit des Fahrers bei allen Witterungsbedingungen zu erhöhen. Tests haben ergeben, dass ein Autofahrer mit wasserabweisenden Mitteln eine 26 Prozent bessere Sicht hat. Besonders nachts sind die Reaktionszeiten der Fahrer mit unbehandelten Scheiben signifikant höher als die Reaktionszeiten der Fahrer mit den wasserabweisenden Mitteln auf den Scheiben.

Informationen über Rain-X (...)

Hier wurde offenkundig direkt aus einem Werbeflyer abgeschrieben.

55 PR von Nonprofit-Organisationen

Mit Unvoreingenommenheit und prinzipieller Bereitschaft sich mit ihrem PR-Thema auseinander zu setzen, können gesellschaftliche Gruppierungen, wissenschaftliche Institutionen und politische Organisationen rechnen. Von den Parteien einmal abgesehen, weiß jeder Journalist, dass hier keine millionenschweren Kommunikations-Etats zur Verfügung stehen, dass die Kollegen in diesen Pressestellen (wenn es überhaupt eine ganze Pressestelle gibt) sich mit ähnlichen Schwierigkeiten im Berufsalltag herumschlagen wie er und vor allem keine Produkte verkaufen wollen, auch nicht indirekt. Nun kann man zu Recht argumentieren, dass auch die Öffentlichkeitsarbeit von Greenpeace, den Rotariern, der Welthungerhilfe oder bundesweit agierender sozialer Vereinigungen längst professionalisiert und im Fall Greenpeace mit hoch dotierten Kommunikationsexperten besetzt ist. Nur ändert das nichts daran, dass eine Pressemitteilung über die drohende Ozonbelastung im nahenden Sommer oder eine Untersuchung zur Auswirkung der Arbeitslosengeld-Reform die Identifikation mit dem Thema leichter macht als die Pressemitteilung, in der die Schönheit eines neuen Linux-Servers oder des x-ten »Sport Utility Vans« geschildert wird.

Dieser unbestreitbare Startvorteil wird oft von den Absendern, beispielsweise humanitären Organisationen, durch mangelnde Professionalität wieder verspielt. Das ist besonders schade, da die an sich größere Bereitschaft der Journalisten, aus solchen sozialen Themen etwas zu machen, nicht effektiv genutzt wird. Auch hier gilt, dass kleinere, unbekanntere Einrichtungen und Verbände eigentlich besonders perfekt arbeiten müssten, um die maximale Chance auf Medienresonanz zu nutzen. Eine Quadratur des Kreises? Nein, das simple, also leicht verständliche Schreiben von Pressemitteilungen, kann sich auch der Sprecher eines kleinen Verbandes aneignen, ein mehrjähriges Studium ist wirklich nicht erforderlich. Noch akzeptabel ist im folgenden Beispiel die Überschrift, dann geht die Meldung viel zu sehr ins (unverständliche) Detail und wird auch zu lang.

Indien: Patente gefährden Zugang zu lebenswichtigen Aidsmedikamenten – Ärzte ohne Grenzen unterstützt Widerstand von Bürgerrechtsgruppen

10.05.2006 – NEU DELHI/GENF/BERLIN

Die internationale Hilfsorganisation Ärzte ohne Grenzen unterstützt indische Bürgerrechtsgruppen im Kampf gegen die Patentierung unentbehrlicher Aidsmedikamente. In dem führenden Herstellerland für erschwingliche Nachahmerpräparate (Generika) drohen erste Patente auf Aidspräparate. Diese würden die dortige Produk- | Lead noch in Ordnung

131

tion von Generika künftig einschränken und den Zugang zu bezahlbaren Aidsmedikamenten weltweit erschweren. Am Dienstag legte das Indian Network for People Living with HIV/AIDS in Delhi Einspruch gegen den Patentantrag des Herstellers des Aidsmedikaments Tenofovir®, Gilead Sciences, ein. Ende März hatte ein lokales Bündnis (1) bereits Einspruch gegen den Patentantrag des Herstellers von Combivir® erhoben.

> Zu viele Details

Tenofovir® (Tenofovir Disoproxil Fumarat – TDF) ist seit 2005 als Generikum in Indien erhältlich. Das Aidsmedikament hat weniger Nebenwirkungen als andere häufig benutzte Medikamente und eignet sich auch für die Behandlung von Patienten, die schon seit mehreren Jahren Therapie erhalten. Eine Patentierung würde die weitere generische Herstellung des Medikaments in Indien bis 2018 verhindern. Auch die generische Herstellung von Kombinationspräparaten, die Tenofovir® enthalten, würde unterbunden. Solche Kombinationspräparate machen die Einnahme der Medikamente deutlich einfacher und verbessern so die Behandlungsmöglichkeiten von HIV/Aids wesentlich.

»Dem Patentantrag von Gilead Science stattzugeben, würde einen gefährlichen Präzedenzfall schaffen«, warnt Gerda Musterfrau von der Medikamentenkampagne von Ärzte ohne Grenzen. »Wenn die Herstellung von Tenofovir® und anderer essentieller Medikamente auf einen einzigen Hersteller begrenzt wird, verhindert man den Wettbewerb mit Generika und hält so die Preise hoch.«

Die Verfügbarkeit von Tenofovir® in schwach entwickelten Gebieten ist bereits heute sehr begrenzt. Trotz der Bekanntgabe von Gilead Science, das Medikament mit Preisnachlass in 97 Entwicklungsländern anzubieten, hat der Arzneimittelhersteller es in diesen Ländern bisher nur zögerlich erhältlich gemacht. Im HIV/Aids-Programm von Ärzte ohne Grenzen in Khayelitsha, Südafrika, beispielsweise erhalten rund 4.000 Patienten lebensverlängernde antiretrovirale Medikamente. Weil nicht ausreichend Tenofovir® verfügbar ist, können derzeit jedoch nur 40 Patienten mit diesem Medikament behandelt werden. »Unser Projekt ist ein Beispiel dafür, was auch anderswo passieren wird«, warnt Klaus Mustermann von Ärzte ohne Grenzen in Südafrika. »Es ist klar, dass die Welt dringend mehr Quellen dieses lebenswichtigen Medikaments braucht.«

> Passt nicht mehr in die Pressemitteilung, das wäre eine weiterführende Information für bereits interessierte Journalisten.

Indien hat sein Patentrecht im vergangenen Jahr an die Regeln der Welthandelsorganisation (WTO) angepasst. Anfang März 2006 wurde als erstes ein Patent für ein Hepatitis C-Medikament erlassen. Das Indian Network for People Living with HIV/AIDS argumentiert gegen den Antrag von Gilead Science, Tenofovir® sei keine Innovation, da es aus einem bereits bekannten Wirkstoff (Tenofovir Disoproxil) bestehe.

Auch hier hat Betriebsblindheit dazu geführt, dass zuviel auf einmal versucht wurde. Mögen die einzelnen Fakten noch so wichtig sein, der gesamte, komplexe Sachverhalt lässt sich nicht in einer einzigen Meldung wiedergeben, weniger wäre mehr gewesen.

56 Marken haben es leichter

Bekannte Marken haben es leichter: Porsche, VW, Adidas, BMW, Roland Berger, Citibank, Dresdner Bank – solche Absender helfen, die erste große Klippe zu umschiffen. Zumindest wird kaum ein Journalist eine Pressemitteilung von Porsche gleich wegwerfen. Der Kollege in der Redaktion erwartet von einem solchen Absender aber auch eine absolut professionelle Ansprache. Medienmacher gehen davon aus, dass die großen »Brands« nicht nur handwerklich perfekt formulieren, sondern auch eine Zielgenauigkeit in der Adressierung leisten. Würde hier aus Überheblichkeit schlampig gearbeitet werden, ist dies genauso ein Managementfehler wie der Konstruktionsfehler bei einer neuen Produktlinie. Trotzdem kommt es auch bei Global Brands zu kaum verständlichen Kommunikations-GAUs: Wiederum ein Automobilhersteller wollte einen 60-seitigen Abschlussbericht an alle deutschsprachigen Wirtschaftsjournalisten – ausdrücklich nur per Fax, versenden. Er konnte davon gerade noch abgehalten werden und damit davor bewahrt werden, zu Recht dutzende wütende Anrufe von Redakteuren zu bekommen. Kurz, knapp, faktenreich und adressiert – so sollte es sein.

Porsche bleibt in Nordamerika auf Wachstumskurs
Im April Rekord bei den Verkaufszahlen

02.05.2006 – STUTTGART

Die Dr. Ing. h.c. F. Porsche AG, Stuttgart, hat im April 2006 in Nordamerika 3.614 Fahrzeuge verkauft; gegenüber dem Vorjahresmonat mit 3.307 Einheiten ist das ein Zuwachs von 9,3 Prozent. Damit erreichten die Auslieferungen in den USA und Kanada im April den höchsten Monatswert in der Geschichte des Unternehmens. Schon von Januar bis März 2006 erzielte Porsche auf seinem wichtigsten Absatzmarkt Rekord-Verkaufszahlen für die jeweiligen Monate.

Der Wachstumskurs wird weiterhin von den Sportwagen-Baureihen bestimmt. Die Verkäufe des 911 legten um 22 Prozent auf 1.328 Fahrzeuge zu. Auch dieser Wert markiert einen Rekord: Nie zuvor wurden in einem Monat in Nordamerika so viele Elfer verkauft. Noch stärker beschleunigte die Boxster-Baureihe mit einem Zuwachs von 26 Prozent auf 1.288 Einheiten; davon entfielen 699 Fahrzeuge auf den neuen Cayman S.

Der Cayenne blieb auf hohem Niveau stabil. Die Verkäufe des sportlichen Geländewagens, die sich seit Jahresbeginn um die 1.000er-Marke einpendelten, erreichten im April 983 Fahrzeuge. Das entspricht im Vorjahresvergleich einem leichten Rückgang um 14 Prozent. Vom Hochleistungs-Sportwagen Carrera GT wurden 15 Fahrzeuge ausgeliefert.

Für Zulieferer oder Kooperationspartner ist es immer wieder lohnend (wenn auch manchmal langwierig), den großen Kunden um gemeinsame Pressemitteilungen zu bitten, oder zumindest um die Genehmigung für die offensive Verwendung des Namens in der eigenen Pressemitteilung zu fragen. Es ist nur ein Mosaikstein, aber wenn der erste Satz einer Pressemitteilung nicht lautet »Der Autositzhersteller FGC aus Stuttgart... » sondern »Der Porsche-Zulieferer FGC aus Stuttgart ...« ist das schon interessanter. Und gerade bei der Verwechselungsanfälligkeit bei den Namen von IT-Beratungsunternehmen ist der Verweis »exklusiver Partner von SAP für den Mittelstand« ausnahmsweise nicht nur für den Hintergrund hilfreich, sondern auch als Reizwort im ersten Absatz.

M+W Zander erhält 130-Mio-Euro-Auftrag von Infineon Technologies

Sicher ist M+W Zander unter Fachjournalisten nicht unbekannt, aber Infineon hat einen ungleich höheren Bekanntheitsgrad. Übrigens wäre es in dieser Überschrift völlig legitim, nur von einem Auftrag von Infineon zu sprechen, die Präzisierung von welchem Unternehmen des Konzerns genau der Auftrag ist, kann durchaus in der Mitteilung nachgereicht werden.

Eine ganz ähnliche Wirkung hat diese Überschrift:

Fidelity: Fondsgesellschaften besitzen ein Drittel der DAX-Unternehmen

Sicher ist Fidelity als weltweites Investment-Unternehmen recht bekannt, aber mit dieser Überschrift und der Verbindung zur Marke Dax werden auch Journalisten angesprochen, die nicht in der Wirtschafts- oder Finanzberichterstattung zuhause sind. Und die Grundlage dieser Meldung, eine Untersuchung von Fidelity, dürfte eben auch andere Journalisten interessieren, da sie einen tiefen Blick auf die Veränderung des Wirtschaftssystems insgesamt erlauben könnte. Denn die Marke Dax ist dank Tagesschau und Tagesthemen ungefähr so bekannt wie die Bundeskanzlerin.

Garantiert unbeliebt macht man sich dagegen, wenn man als Kommunikator den Zusammenhang zu einer bekannten Marke kreiert, den es gar nicht gibt. Sich so mit fremden Federn schmücken zu wollen, ist einfach nur peinlich, wird von Journalisten verärgert als unprofessionell zur Kenntnis genommen und schadet damit dem eigenen Unternehmen.

BigMove AG – 15% Umsatzsteigerung in 2005

26.05.2006 – 16:30 Uhr, MÜNCHEN

»Wer alleine arbeitet addiert, wer intelligent kooperiert der multipliziert.« Dieses moderne Zitat von BMW-Aufsichtsrat Klaus Mustermann erklärt auch die positive Jahresbilanz der BigMove-Gruppe. Von 2004 auf 2005 konnte der Gesamtumsatz der beteiligten Schwertransport-Kooperateure um 15 % gesteigert werden.

Erfolgskurs 2005: Flächendeckung, effiziente Kommunikation in der Gruppe und Einsatz optimaler Gerätschaften – das sind die Gründe des Erfolgs der firmenübergreifenden Projekte für die Kooperationsgemeinschaft BigMove AG. Um auf Erfolgskurs zu bleiben, wird auf Know-How-Transfer in den entsprechenden Fachabteilungen innerhalb der Gruppe gesetzt. Denn die Erkenntnis, dass Gruppenmitglieder aus ›anderen‹ BigMove-Firmen keine Wettbewerber, sondern Partner zum gemeinsamen Vorteil sind, ist das Lebenselixier von BigMove. Nur so entsteht das für den Kooperationserfolg so wichtige Grundvertrauen zwischen Beteiligten aus unterschiedlichen Einzelfirmen. Die Folge ist ein gelebtes Netzwerk, kein künstliches. Das Resultat sind effiziente Kompetenzteams nach Bedarf, die intern funktionieren und extern echte Kundenvorteile bringen.

Um die menschliche Komponente dieses lebhaften Netzwerks weiter zu fördern und darzustellen, wurde nun für 2006 der BigMove-Fotowettbewerb aus-
gerufen. Mitmachen kann jeder, zu gewinnen gibt es ›Hoch-Spannendes‹.
Betreut wird der Wettbewerb von der neuen BigMove-Mitarbeiterin Frau Musterfrau. Näheres findet man auch unter (...).

Sollte man sich dieses Zitats eines Dax-Aufsichtsrates für die eigene Pressemitteilung ohne dessen Genehmigung bedient haben, ist dies mehr als peinlich. Auch
seriöse Journalisten zitieren nicht ungefragt und auch nicht ohne Ort und Zeit des
Ausspruches zu nennen. Dass mit dem »modernen« Zitat vermutlich ein »aktuelles« gemeint sein sollte, spielt da schon keine Rolle mehr. Herr Milberg steht für
das völlig bezugslose Aufpeppen fremder PR-Inhalte sicher nicht zur Verfügung.

57 Redaktionsabläufe bei den wichtigsten deutschen Tageszeitungen

BILD

Die Bild-Zeitung fängt früher an: Die großen Ressorts beschließen schon am Vor-
abend, welche Geschichten sie angehen wollen. Eine Reihe von Konferenzen, in
denen die Themen diskutiert werden, bestimmt den Tagesablauf: zunächst die
Ressortkonferenz um 10:30 Uhr mit Ressortleitern und Chefredaktion und die
große Konferenz mit Blattkritik um 11 Uhr, an der auch die Redakteure teilnehmen. Ganz wichtig ist die Optikkonferenz um zwölf: Ohne Bilder ist eine
Geschichte am Ende. In der Schlagzeilenkonferenz um 12:30 Uhr entwerfen
Chefredaktion und Art Direction das Blatt. Am Nachmittag wird layoutet, recherchiert und geschrieben. Gegen 19:30 Uhr wird gedruckt. Geschoben – also Aktuelles nachgelegt – wird bis 2 Uhr in der Früh. Die Abläufe gelten für die Hamburger Zentrale, die Gestaltung der 34 Regionalausgaben liegt zum Großteil bei den
jeweiligen Redaktionsleitern. Für die telefonische Ansprache von Redakteuren
gilt: »Journalisten wissen am besten, welche Geschichten und Nachrichten für ihr
Medium geeignet sind«, sagt Nicolaus Fest, stellvertretender Chefredakteur.
»Wenn das der Fall ist, nehmen sie selbst Kontakt auf.« Daher seien Anrufe von
Seiten der Presseabteilungen meistens unergiebig oder sogar kontraproduktiv.

Frankfurter Allgemeine Zeitung

Einen Newsdesk hat die Frankfurter Allgemeine Zeitung nicht. Ressortübergreifende Konferenzen finden jeden Mittag und zusätzlich Dienstag vormittags statt. Pressemitteilungen sollten die Redaktionen deswegen entweder vor elf Uhr vormittags oder nach halb zwei nachmittags erreichen. Redaktionsschluss für die erste Ausgabe ist 17:30, freitags um 16:30 Uhr. Bei Exklusivmeldungen oder Meldungen mit großem Neuigkeitswert ist zwar auch ein Anruf gewünscht, ansonsten sollten Pressemitteilungen jedoch per Fax oder E-Mail an die Redaktionen geschickt werden.

»Das hat ganz praktische Gründe: E-Mails oder Faxe kann man zur Hand nehmen, wenn's passt; an zuständige Kollegen weiterreichen, aufheben für übergreifende Geschichten und Ähnliches«, sagt Elena Geus. Sie ist Chefin vom Dienst der Frankfurter Allgemeinen Zeitung. Telefonische Nachrichten sind nur erwünscht, wenn der Neuigkeitswert oder die Exklusivität eine Chance haben, die FAZ-Redakteure zu überzeugen.

Grundsätzlich ist die FAZ weniger an Geschichten als an Fakten interessiert. »Erst die Eigenrecherche ergibt, ob daraus eine große, eine kleine oder manchmal eben auch gar keine Geschichte wird«, so Geus.

Handelsblatt

Das Handelsblatt war die erste deutsche Zeitung, die das angelsächsische Newsdesk-System einführte. In dem in Grün- und Orangetönen eingerichteten Newsroom laufen die Fäden aus den Ressorts zusammen. Hier bauen Redakteure an den jeweiligen Desks – Wirtschaftspolitik, Unternehmen und Märkte, Finanz- und Anlegerzeitung und Seite 1 – die Zeitung. Stefan Menzel ist der Desk-Chef für das Ressort Unternehmen und Märkte (UM). Sein Arbeitstag beginnt um 8:30 Uhr mit Zeitungs- und Agenturlektüre, gleichzeitig sichtet er die Angebote der Redakteure und Korrespondenten. In der kleinen UM-Konferenz um 9:40 Uhr stellen die schreibenden Redakteure ihre Themen genauer vor, das Ressort plant, wie seine Seiten aussehen könnten. Mit diesen Informationen geht es um 10 Uhr in die große Konferenz, an der Redakteure aller Ressorts teilnehmen können. Dabei steckt die Chefredaktion im Austausch mit Desk- und Ressort-Chefs den groben Rahmen für die Zeitung ab. Zwischen 11:30 und 12:30 Uhr fangen die Layouter nach Absprache mit den Desk-Redakteuren an, die Seiten anzulegen, Menzel und seine Kollegen halten Rücksprache mit Foto- und Grafikredakteuren, die ebenfalls im Newsroom sitzen. Nach der Mittagspause ist Zeit für eine erneute, schnelle Sichtung der Agenturen. Es gehört zu Menzels Aufgaben, die

Kollegen in den Ressorts über neue Entwicklungen zu informieren und Artikel anzuregen. In der Mittagskonferenz um 13:30 Uhr treffen Ressort- und Desk-Verantwortliche wieder zusammen. Danach laufen langsam die Texte ein, im Newsroom wird gekürzt und redigiert. Ab 17 Uhr werden die Seiten zugemacht, die Seite 1 geht um 18 Uhr. Zwei Mal wird aktualisiert: um 20 und um 22 Uhr.

Financial Times Deutschland

Das Ressort Unternehmen ist unterteilt in zwei Teams, »Industrie und Dienstleistungen« unter Teamleiter Claus Gorgs und »IT und Telekommunikation« unter Matthias Lambrecht. Neben dem Ressortleiter Guido Warlimont und seinem Stellvertreter Jörn Paterak hat das Ressort zwei Blattmacher, Christian Lucas und seinen Stellvertreter.

In der morgendlichen Teamkonferenz um zehn Uhr werden gemeinsam Themen für den kommenden Tag bestimmt. Diese präsentiert der Ressort- oder Teamleiter auf der großen Elf-Uhr-Konferenz. Er gibt den Themenplan dem Blattmacher, der rein organisatorische Aufgaben hat: Gemeinsam mit den Layoutern plant er die Struktur der Seiten, legt fest, wie groß welches Thema wird, und gibt – sobald fertig – Rückmeldung an die Redakteure. Redigiert wird in den einzelnen Ressorts selbst – für den so genannten Redigierdienst werden reihum jeweils drei Redakteure eingeteilt.

Vor der Belichtung der Seiten müssen sie inhaltlich noch vom Chef vom Dienst und vom Chefredakteur freigegeben werden. Zum Druckschluss gibt es keine einheitliche Aussage: Die ersten Seiten – etwa die Wirtschaftsbuch-Seiten – der ersten Ausgabe gehen um 16:30 Uhr, die letzten um 21:15 Uhr in Druck. Für die Spätausgabe der FTD haben die Redaktionen jeweils noch eine Stunde oder länger Zeit.

Das zentrale E-Mail-Fach für Pressemitteilungen hat das Unternehmensressort abgeschafft. Die Redakteure bekommen die Pressemitteilungen über den eigenen E-Mail-Account – allerdings nur solche, die richtig adressiert sind. Die Firmen sollen sich erkundigen, wer für ihren Bereich zuständig ist – entweder indem die Presseverantwortlichen sich im Impressum informieren oder im Sekretariat anrufen.

Die Welt

Im Wirtschaftsressort der Welt gibt es seit zwei Jahren eine strikte Trennung zwischen Blattmachern und Reportern. Die Blattmacher in Berlin entscheiden, welche Themen in welcher Größe ins Blatt kommen. »Die Trennung hat sich bewährt, denn wenn man nur Blatt macht, kann man die Aufgaben routinierter und schneller erledigen«, sagt Blattmacher Steffen Rang. Andruck für die erste Ausgabe, die hauptsächlich das Ausland erreicht, ist um 17 Uhr. Nachgeschoben werden kann bis 19 Uhr für die großen deutschen Städte, bis 21 Uhr für die Berlin-Ausgabe. Bis zu vier Wirtschafts-Seiten können für die zweite Form noch einmal aufgemacht werden. Der Finanzteil wird häufig fast komplett aktualisiert. Vormittags um 9:20 Uhr findet die erste ressortinterne Konferenz statt. Zusammen mit dem Verantwortlichen der Finanzseite entscheiden die Blattmacher über die Aufmacher des nächsten Tages und treffen eine Vorauswahl der Meldungen. Außerdem anwesend ist der Ressortleiter – in Berlin ist das Thomas Exner, in Frankfurt leitet Jörg Eigendorf das Ressort – oder sein Stellvertreter. Um 10 Uhr folgt die große Konferenz, in der Chefredakteur Roger Köppel die Seiten für den nächsten Tag vorgestellt werden.

Vor allem die kleinen Meldungen werden später noch einmal ausgetauscht, denn die meisten Neuigkeiten erreichen die Redaktion erst zwischen 9 und 14 Uhr. Absender sind die Nachrichtenagenturen, die Korrespondenten aus deutschen oder ausländischen Städten oder auch Unternehmen. »Wenn es um eine wichtige Nachricht geht, freue ich mich natürlich über eine E-Mail. So erfahre ich davon, bevor es über die Agenturen läuft«, sagt Blattmacher Christian Gaertner. Die Blattmacher der Welt sind gleichzeitig auch für die Welt Kompakt zuständig. Das handlichere Format wird noch bis Mitternacht aktualisiert. Für diesen Dienst wechseln die Blattmacher sich ab, so dass jeder alle vier bis fünf Wochen bis spät in die Nacht bleiben muss.

Süddeutsche Zeitung

Die Wirtschaftsredaktion der Süddeutschen Zeitung hat eine feste Chefin vom Dienst, Alexandra Borchardt. Sie ist in ihrer Funktion als Blattmacherin für die Produktion der Seiten im Ressort verantwortlich und entscheidet gemeinsam mit dem Ressortleiter Nikolaus Piper und dessen Stellvertreter Marc Beise, wie groß welche Nachrichten im Blatt erscheinen. Wechselnde Redakteure unterstützen die Produktion, die meist jeweils eine Seite aus dem Ressort verantworten. Sie redigieren, texten Überschriften, organisieren Fotos und kümmern sich darum, dass jeder einzelne Text pünktlich im Blatt ist.

Die Themen werden um 10:30 Uhr in der ersten großen Konferenz vorgestellt. Die letzte Entscheidungshoheit hat zwar der Chefredakteur oder dessen Stellvertreter, vor zwei Jahren aber hat die SZ eine Zwischenebene zwischen Chefredaktion und Ressortleitern installiert: den Newsdesk. An ihm sitzen zwei Redakteure, Wolfgang Krach und Susanne Höll, und der CvD Christian Krügel oder sein Stellvertreter, die sich hauptsächlich um die erste Lage und die Themen-verteilung im Blatt kümmern, also entscheiden, welches Thema in welchem Ressort erscheint.

Um Pressemitteilungen unterzubringen, eignet sich vor allem die Zeit zwischen 9 und 10 Uhr – also die Zeit vor den ersten Themenkonferenzen in den Ressorts. Zugemacht wird die Fernausgabe um 17 Uhr, Drucktermin für die Deutschlandausgabe ist um 18 Uhr, für die Bayernausgabe um 21 Uhr und die aktuelle Ausgabe für München und Umgebung um 23 Uhr. Wie auch bei vielen anderen Zeitungen gilt natürlich auch hier: Krisenzeiten sind Ausnahmezeiten, und da wird der Termin auch schon mal nach hinten verschoben.

taz – die Tageszeitung

Klaus Hillenbrand ist Chef vom Dienst der taz. Die erste Planungsrunde trifft sich um 9 Uhr. CvD, Ressortleiter und Chefredaktion besprechen in dieser kleinen Konferenz die Themen des Tages. Die große Konferenz um 9:30 Uhr ist dann für alle Redakteure offen. Um 13:30 Uhr trifft sich die kleine Runde von morgens noch mal für eine Seite 1-Konferenz. Nachmittags redigiert Hillenbrand mit seinem Team und textet die berüchtigten Seite 1-Überschriften. Erster Korrekturschluss ist – je nach Seite – zwischen 16 und 17:30 Uhr. Zwischen 18 und 19 Uhr wird die Zeitung noch mal aktualisiert.

Carolyn Braun und Sandra Middendorf

Der journalistische Blick auf Pressemitteilungen

Blattmacher wachen über das knappste Gut der Zeitung: den Platz. Wie sie arbeiten, nach welchen Kriterien sie entscheiden, was sie nervt:

Sie waren die ersten. 2002 führte das Handelsblatt in Düsseldorf einen Newsroom nach angelsächsischem Vorbild ein und trennt seitdem zwischen »News« und »Editing« – Reportern und Blattmachern. Das entlastet die recherchierenden und schreibenden Redakteure von Organisier- und Redigierarbeiten, während im Newsroom die planerischen Fäden zusammenlaufen.

Eine solche Umstellung wirkt sich nicht nur intern aus. Eine Zeitung ist keine Black Box, in der Presseinformationen verschwinden und sich mit Glück in der gedruckten Fassung wieder finden. Mit Nachfassanrufen – das dürfte mittlerweile bekannt sein – macht man sich Journalisten nicht zu Freunden. Viel besser ist es, sich die Zeit zu nehmen, sich mit der Struktur und den Personen vertraut zu machen und zielgenau die Bedürfnisse der Angesprochenen zu bedienen.

58 Knappes Gut

Jede Zeitung organisiert sich anders. Wie sie sich auch nennen – Planer, Gestalter oder Blattmacher, Chef vom Dienst, Seitenverantwortliche oder Desk-Redakteure – selten setzen sie bloß um, was ihnen leitende Redakteure vorgeben. Sie sichten die Angebote der Fachredakteure, haben Nachrichtenagenturen, E-Mail- und Faxeingänge im Auge, planen längerfristige Themen für nachrichtenschwächere Tage. Ihre Meinung hat großes Gewicht, wenn es darum geht, welches Thema wie viel Raum bekommt.

Sie sind die Herren über das knappste Gut der Zeitung: den Platz. Und sie wissen, was eine Nachricht ist und was nicht. Damit sind sie für Presseverantwortliche neben den Fachredakteuren zentrale Gatekeeper. Während die Chefredakteure das erste und letzte Wort haben, wie sie ihre Zeitung gestalten, und Ressortleiter und Redakteure in den Konferenzen für ihre Themen werben, entscheiden die Blattmacher operativ, wie die Zeitung von morgen aussehen wird.

Viele von ihnen klagen darüber, dass unter den vielen Faxen und E-Mails, die sie erhalten, kaum Berichtenswertes ist. Bettina Urbanski, CvD der Berliner Zeitung, sagt: »Wir werden mit E-Mails und Faxen zugeschüttet, den größten Teil verwenden wir gar nicht.« Lieber setzt die Berliner Zeitung auf persönliche Kontakte. Wer sich die Mühe macht, den richtigen Ansprechpartner zu recherchieren, wird auf offenere Ohren stoßen. Möglichkeiten dazu: der Blick ins Impressum, die Suche in Journalistendatenbanken, der Anruf im Sekretariat oder, wenn sich partout kein direkt zuständiger Fachredakteur finden lässt, auch beim CvD oder Blattmacher. Wichtige Regel bei Pressemitteilungen: Auf keinen Fall Bilder oder Grafiken mitsenden, sonst verstopft die E-Mail das Postfach oder wird direkt von der Firewall abgewiesen. Fotos sind in Zeiten knapperer Budgets nicht unwillkommen – Voraussetzung: Sie müssen auf der Unternehmens-Homepage bereit stehen, und sie dürfen nicht nach PR aussehen.

59 An den Leser denken

Wichtig ist, darüber nachzudenken, was Journalisten und deren Leser interessieren könnte, nicht unüberlegt das anzubieten, was das Unternehmen gern veröffentlicht sähe. »Wer Entscheider über die Medien erreichen will, muss die Leser der Medien im Auge haben, nicht die Entscheider«, sagt Nicolaus Fest, stellvertretender Bild-Chefredakteur. »Das machen viele falsch. Aber auch hier muss der Wurm dem Fisch schmecken, nicht dem Angler.« 99 Prozent aller Pressemitteilungen seien aus Sicht der Journalisten, speziell des Boulevards, nicht für eine Übernahme geeignet: »Entweder muss die Information Nutzwert für unsere Leser bieten – oder das Thema muss ungewöhnlich, anrührend, verblüffend oder emotional irritierend sein.«

Effektiv ist es, sich über die Bedürfnisse des Zielmediums und -publikums Gedanken zu machen, sich über die Perspektive des Zeitungslesers klar zu werden – auch wenn einige Kriterien für alle Medien gelten: »Wir reagieren auf Größe«, sagt Stefan Menzel, Desk-Chef für das Ressort Unternehmen und Märkte beim Handelsblatt. Auch exklusive Nachrichten haben es leichter, ins Blatt zu kommen. Es kann sich also lohnen, interessante Daten tatsächlich nur einem Medium zu überlassen. Aber: Wer hier ein falsches Spiel spielt und mehreren Medien gleichzeitig Exklusivität verspricht, die er nicht halten kann, hinterlässt verbrannte Erde.

Ein sexy Markenname oder eine bewegte Vergangenheit verhelfen ebenfalls zu mehr medialer Präsenz: Hat das Unternehmen bereits für Schlagzeilen gesorgt, beispielsweise durch eine Krise, ist die Aufmerksamkeit automatisch höher.

Aber was tun, wenn das eigene Unternehmen eben nicht zu den Dax30 gehört oder mit einer starken Marke Aufmerksamkeit generiert? Hier sollte sich die Presseabteilung Gedanken machen, was das Besondere an ihrer Geschichte ist. »Es ist immer spannender, wenn Firmen nicht nur die aktuellen Zahlen mitteilen«, sagt Frank Wiebe, Handelsblatt-Desk-Chef für das Ressort Finanzen. »Äußert sich der Unternehmenschef gleichzeitig zur Strategie, hat das mehr Gewicht.«

60 Gute Nachrichten

Auch gute Nachrichten lassen sich verkaufen. In Zeiten, in denen allerorten von Arbeitsplatzabbau die Rede ist, ist es eine ungewöhnliche und damit interessante Nachricht, wenn ein Unternehmen Arbeitsplätze schafft oder sich gegen einen Produktionsstandort in Osteuropa entscheidet.

Auch kann es sich lohnen, seine Informationen in Zusammenhang mit einem solchen Reizthema, beispielsweise zur Globalisierung zu setzen. »Ein Mittelständler, der angesichts des China-Hypes von schlechten Erfahrungen dort berichten kann, kann für uns interessant sein«, sagt Wiebe.

Außerdem sollten Unternehmenssprecher überlegen, ob sich an ihrer Geschichte ein Branchentrend festmachen lässt und sie so den Journalisten zu einem größeren Bericht inspirieren. Immer gilt: Die eigenen Informationen in einen möglichst großen Kontext setzen. So bietet man Anregungen für ein größeres Spektrum an Geschichten. Ist ein unbekannterer Betrieb beispielsweise Zulieferer für ein Unternehmen mit einem großen Namen, kann es sich lohnen, darauf hinzuweisen.

Dabei aber nicht zu langatmig werden! »Alles, was über eine halbe Seite hinausgeht, ist die Vorstufe zum Roman«, sagt Fest von Bild. Ein informativer Vorspann sollte die Adressaten in den Text ziehen.

»Gerade Mittelständler müssen lernen, etwas von sich preiszugeben«, sagt Menzel vom Handelsblatt. »Wir verlangen nicht nur Angaben zum Umsatz, der Gewinn ist Bedingung.« Regionalzeitungen sehen das etwas entspannter, aber eine wenigstens qualitative Einordnung des Gewinns sei auch hier ratsam, sagt Michael Heller, Ressortleiter Wirtschaft der Stuttgarter Zeitung.

Die Informationen müssen stimmen, das ist das eine. Daneben punkten Pressesprecher, die auf Organisation und Arbeitsabläufe in den Redaktionen Rücksicht nehmen. Bei Tageszeitungen wird häufig konferiert: Es gibt meist mehrere Runden in verschiedener Zusammensetzung am Vormittag und am frühen Nachmittag. Wochenkonferenzen für die langfristige Planung finden meist ressortintern montags statt. Gerade abseitige Themen haben hier eine Chance, auf die

Liste der Vorhaben gesetzt zu werden. Bei den überregionalen Zeitungen ist oft schon gegen 16 oder 17 Uhr Redaktionsschluss, weil der Vertrieb der ersten, nationalen Ausgabe länger dauert. Anrufe und Informationen sind also am Vormittag weitaus willkommener als spätnachmittags. Bei Regionalzeitungen, die später drucken können, verschiebt sich das ein wenig. Wer aber seine Informationen nach Redaktionsschluss bringt, dessen News sind am übernächsten Tag ein viel zu alter Hut, um gedruckt zu werden.

Ina Lockhart

Wie ein Finanzjournalist Pressemitteilungen liest

61 Grundsätzliches

Auch wenn der Pressesprecher eines Unternehmens und der Journalist auf der jeweils anderen Seite des Tisches sitzen, verfolgen sie doch dasselbe Ziel: Beide wollen ihre Top-Geschichte möglichst prominent und groß veröffentlicht sehen. Während der Pressesprecher um die Aufmerksamkeit des Journalisten kämpft, muss sich der Journalist mit seiner Geschichte in der Konkurrenz um Platz beziehungsweise Sendezeit regelmäßig gegen seine Kollegen durchsetzen.

Natürlich ist die Größe des Unternehmens ein wichtiges Kriterium, das darüber entscheiden wird, ob beide ihr Ziel erreichen. Der Pressemitteilung eines Dax-Konzerns wird der Journalist in seinem meist hektischen Alltag per se mehr Aufmerksamkeit widmen als der Mitteilung eines kleineren, bisher unbekannten Unternehmens.

Bei einem wichtigen Konzern wird die Leidensfähigkeit des Journalisten auch größer sein, d.h. er wird sich nicht gleich durch eine schlecht formulierte oder präsentierte Pressemitteilung abschrecken lassen. Dennoch ist das Kriterium Größe kein Selbstläufer. Eine originelle, gut verkaufte Geschichte eines kleineren Unternehmens, das vielleicht eine wichtige Nische erfolgreich besetzt, kann durchaus auf Resonanz in den Medien stoßen.

Von der geschickten Gestaltung von Verpackung und Inhalt hängt es ab, ob eine Pressemitteilung auf den ersten Blick den Journalisten anspricht. Im ersten Moment ist er nichts anderes als ein Leser – zugegeben, ein sehr kritischer Leser. Deswegen spielt leserfreundliches Layout eine entscheidende Rolle, angefangen bei Schrifttypen und Schriftgröße bis zur Verwendung von Grafiken oder Tabellen.

Im Idealfall sollte das Layout dem Journalisten die Information ansprechend aufbereitet offerieren. Funktionalität und Ästhetik sind hier also gefragt – eine Gratwanderung, die nur wenige Unternehmen souverän meistern. Beispielsweise bieten sich bei zahlenlastigen Pressemitteilungen Tabellen an, die für mehr Übersichtlichkeit und Vergleichbarkeit sorgen. Komplexe Änderungen in Führungsstrukturen können durch ein Organigramm gut dargestellt werden. Durch die

Verwendung dieser Layouthilfen wird der Text entlastet und für den Leser leichter zugänglich.

Allerdings kann ein perfektes Layout nicht über schlechte Inhalte hinwegtäuschen. Mogelpackungen durchschauen erfahrene Journalisten meist schnell und machen sie misstrauisch. Die Pressemitteilung wird dann oft weggelegt, es sei denn, die Wichtigkeit des Unternehmens zwingt den Journalisten, trotz belangloser Aussagen in der Pressemitteilung beim Unternehmen direkt zu recherchieren. Zwar kommt es so dazu, dass der Journalist sich mit dem Unternehmen auseinandersetzt, doch die Startvoraussetzungen sind denkbar ungünstig. Wenn er in der Pressestelle des Unternehmens anruft, ist er bereits verärgert und misstrauisch.

Inhaltlich kann eine Pressemitteilung nur dann die gewünschte Wirkung haben, wenn sie auf die Zielgruppe zugeschnitten ist. Das kann bedeuten, dass zur Verbreitung ein und derselben Unternehmensnachricht unterschiedliche Pressemitteilungen verschickt werden – beispielsweise die erste für die Wirtschaftspresse, die zweite für die Regionalpresse, die dritte für die Fachmedien und die vierte für Radio- und Fernsehsender. Werden mit einer Pressemitteilung alle Adressaten angesprochen, ist meist – abhängig von der Sperrigkeit des Themas – ein Rausschmeißer programmiert.

Unabhängig von der Zielgruppe gibt es jedoch einige grundsätzliche Erwartungen eines Adressaten, die eine Pressemitteilung idealerweise erfüllen sollte. Sie sollte vor allem konsistent sein. Diese Regel lässt sich am besten am Beispiel der regelmäßigen Berichterstattung von Geschäftszahlen verdeutlichen. Hier sollte die Pressemitteilung so verfasst sein, dass sich beim Adressaten ein Wiedererkennungseffekt einstellt.

Nicht nur formale Dinge wie Layout und inhaltliche Gliederung tragen zu diesem Wiedererkennungseffekt bei, sondern auch die dargestellten Kennzahlen oder die Namen der Geschäftsbereiche eines Konzerns. Die Kennzahlen sollten jedes Mal gleich definiert und vor allem auch genannt sein. Fällt plötzlich eine wichtige Zahl stillschweigend weg oder wird der Gewinn plötzlich währungsbereinigt ausgewiesen, wird oft der gegenteilige Effekt erzielt: Der Journalist wird erst recht auf etwas gestoßen, was das Unternehmen eigentlich dezent verschweigen wollte. Natürlich heißt das nicht, dass die einmal gewählte Präsentation der Geschäftszahlen und der Konzernsegmente bis auf Weiteres in Stein gemeißelt ist – zumal nicht der Leiter der Unternehmenskommunikation über Änderungen in der Konzernstruktur und bei Renditezielen entscheidet, sondern der Vorstand. Diese Änderungen sollten nur nicht zu häufig vorgenommen werden, dann aber gut überlegt und gut kommuniziert sein.

Zu einer konsistent verfassten Pressemitteilung gehört aber auch, dass dem Adressaten immer dieselbe Vergleichbarkeit geboten wird. Eine wichtige Kennziffer verliert an Aussagekraft, wenn dem Leser der Mitteilung nur der Vergleich zum

Vorquartal, nicht aber zum Vorjahreszeitraum gegeben wird. Idealerweise sollten die Vergleichswerte absolute Zahlen sein. Die prozentuale Veränderung mitzuliefern ist ein Service, aber kein Muss. Fehlen die absoluten Zahlen, kann der Journalist die prozentuale Entwicklung nicht nachvollziehen. Eigentlich sollte es auch im Interesse eines Unternehmens sein, möglichst viele Daten schwarz auf weiß zu liefern. Auf diese Weise können mögliche Fehlerquellen ausgeschaltet werden.

Eine gute Pressemitteilung sollte verhältnismäßig sein. Setzt ein Unternehmen Veröffentlichungen inflationär ein, untergräbt es damit seine eigene Glaubwürdigkeit. Pressemitteilungen werden für den Adressaten dann leicht zum Nervfaktor, er stumpft ab. Verhältnismäßig heißt nicht nur, dass der nachrichtliche Anlass wichtig genug sein soll. Es heißt auch, dass Wichtigkeit bzw. Komplexität der Nachricht im gesunden Verhältnis zur Länge der Mitteilung stehen sollen. Kurz genug kann eine Pressemitteilung eigentlich nie sein – vorausgesetzt sie enthält alle wesentlichen Informationen. Gefährlich wird es, wenn sich der Journalist durch mehrere Seiten kämpfen muss. Dann sollten sich die Kommunikationsexperten eines Unternehmens nochmals kritisch fragen, ob das Kürzungspotenzial des Textes wirklich ausgereizt ist. Natürlich können Fusionen, umfassende Umstrukturierungen und die Bilanzpressekonferenz eines Dax-Konzerns Anlässe sein, die eine ausführliche Pressemitteilung rechtfertigen.

Gerade bei langen Texten sind Zitate als Auflockerung wichtig. Gleichzeitig sollen sie dem Journalisten auch Mehrwert bieten. Der zitierte Vorstandsvorsitzende sollte mit seinen Worten nicht die bereits gelieferte Information wiederholen. Sein O-Ton wird eingesetzt, um den Inhalt der Pressemitteilung authentischer zu machen, eine neue Perspektive zu eröffnen oder um dem Journalisten weitere Informationen zu liefern. Hier ist es wieder besonders wichtig, die Zielgruppe im Auge zu haben. Ein Fachredakteur wird beispielsweise Interesse an einem Zitat zum neuen Produkt haben, der Wirtschaftsjournalist an einer strategischen Aussage zur Gewinnentwicklung und der Radio- oder Fernsehredakteur vielleicht eher an einer griffigen Erklärung zur Produktstrategie. Generell sollte ein Zitat nicht zu lang sein. Denn je länger es ist, desto höher die Wahrscheinlichkeit, dass die Medien es nicht oder nur bruchstückhaft aufgreifen. Das Zitat sollte in seiner Wortwahl und Grammatik natürlich wirken. Es sollte nicht den Anschein haben, als ob es dem Vorstandsvorsitzenden von seiner Presseabteilung in den Mund gelegt wurde – auch wenn es in der Realität oft so ist. Unnatürlich lange, verschachtelte Sätze, gespickt mit technischen oder wirtschaftlichen Fachbegriffen lockern den Text nicht auf und bieten auch keinen Mehrwert. Erinnern die Worte des Vorstandsvorsitzenden eher an einen Phrasenbaukasten, dann steigt der Adressat der Pressemitteilung, oder, falls der Journalist das Zitat komplett übernehmen würde, der Leser des Artikels aus – und speichert dabei ab, dass der Chef des Unternehmens X sich leider nicht verständlich ausdrücken kann.

147

62 Beispiele

Aus Fehlern lernt man einfach am besten. In diesem Falle aus den Fehlern der anderen. Die Auswahl der Unternehmen, die die Pressemitteilungen herausgegeben haben, ist willkürlich und hat sich aus der täglichen Redaktionsarbeit der Financial Times Deutschland ergeben.

Das PR-Eigentor – wenn Pressemitteilungen inflationär eingesetzt werden

Japanische Nationalelf fährt heute mit dem ICE
Mit 300 Stundenkilometern von Essen zum Flughafen Frankfurt

28.02.2006 – BERLIN

Die japanische Fußballnationalmannschaft trifft heute Nachmittag in Dortmund bei einem Testspiel für die FIFA WM 2006™ auf das Team von Bosnien-Herzegowina. Gleich nach Spielende machen sich die Kicker aus Nippon mit dem ICE auf die Heimreise. Der Hochgeschwindigkeitszug der Deutschen Bahn bringt die Mannschaft mit Spitzengeschwindigkeiten von bis zu 300 Stundenkilometern in knapp zwei Stunden von Essen über die Neubaustrecke Köln–Rhein/Main zum Flughafenbahnhof nach Frankfurt/Main. Von dort geht es mit dem Flugzeug zurück nach Japan. Die Fahrt im ICE ist ein aktiver Beitrag für Green Goal™, ...
(...)
Hinweis für die Redaktionen: Fotos zum Thema finden Sie unter
(...)

Klaus Mustermann
Konzernsprecher

Wichtige Informationen für Redaktionen zur Presse-Information »Japanische Nationalelf«

28.02.2006 – BERLIN

Die japanische Fußballnationalmannschaft musste leider aus organisatorischen Gründen ihre für heute geplante Fahrt mit dem ICE von Essen nach Frankfurt/Main absagen.

Klaus Mustermann
Konzernsprecher

Mit dieser Pressemitteilung schoss sich die Unternehmenskommunikation der Deutschen Bahn ein PR-Eigentor: Die Unbillen des Wetters Ende Februar zwang die Presseabteilung zu einer dreizeiligen Folge-Mitteilung. Was eigentlich als Werbung für den 300 Stundenkilometer schnellen ICE gedacht war, wurde eher zur Antiwerbung, zumal die Gründe für die plötzliche ICE-Enthaltsamkeit der japanischen Nationalelf nicht weiter erläutert wurden, sondern nur mit »aus organisatorischen Gründen« umschrieben wurden. Dahinter versteckte sich keine Megapanne eines ICE, sondern schlichtweg Schnee und Eis. Beides machte einen pünktlichen Transfer zum Zug unmöglich. Deswegen fuhr die japanische Nationalelf direkt in ihrem Bus zum Flughafen Frankfurt. Vermutlich machte diese kurze Absage-Pressemitteilung die Adressaten neugieriger als die eigentliche Ankündigung, die in der ursprünglichen Mitteilung stand.

OB sieht positives Signal aus Hannover
Bewegung in Sachen »Sparkasse«

28.04.2006 – BRAUNSCHWEIG

Das Niedersächsische Finanzministerium hat jetzt gegenüber der Stadt Braunschweig auf das Rechtsgutachten von Prof. Klaus Mustermann in Sachen »Sparkasse Braunschweig« geantwortet. Die städtischen Anwälte hatten das Rechtsgutachten nach Hannover mit der Bitte um Stellungnahme bis spätestens Mitte Mai gesandt, um für den weiteren Verfahrensfortgang sicherzustellen, dass die Landesregierung nicht weiterhin rechtlich eine Sparkasse – vor allem unter dem Gesichtspunkt des Regionalprinzips – als unzulässig ansieht. In diesem Fall wären gerichtliche Auseinandersetzungen unvermeidbar gewesen.

Nunmehr hat der zuständige Abteilungsleiter des Finanzministeriums mitgeteilt, man habe das Gutachten »mit Interesse gelesen und zu den Akten genommen«. Es würde »in das weitere Verfahren mit einfließen können«. Oberbürgermeister Dr. Franz Mustermann sieht darin ein positives Signal der Landesregierung. Man werde sich ganz offensichtlich nicht in dieser Frage rechtlich und vor dem Verwaltungsgericht auseinandersetzen müssen. Dies habe sich auch schon vor Ostern in öffentlichen Stellungnahmen des Niedersächsischen Ministerpräsidenten Christian Wulff abgezeichnet. Das Klima zwischen Stadt und Land sei auch dadurch noch besser geworden. Das Rechtsgutachten war notwendig geworden, nachdem das Finanzministerium in einer ersten Reaktion auf die Braunschweiger Pläne in einer vorläufigen juristischen Stellungnahme das Vorhaben »als nicht genehmigungsfähig« angesehen hatte, weil bereits eine »Sparkasse« (Nord/LB) vor Ort vorhanden sei. Dies ließe das sparkassenrechtliche Regionalprinzip nicht zu.

In seinem umfangreichen Gutachten hat Prof. Mustermann im Einklang mit der Rechtssprechung und mit der ganz überwiegenden Auffassung der Rechtswissenschaft festgestellt, dass das Regionalprinzip nur im Verhältnis kommunaler Sparkassen zueinander gelte. Dieser Begutachtung stelle sich offenbar nunmehr das Finanzministerium nicht entgegen, »sonst hätte man uns das sicher auch auf unseren Wunsch hin jetzt klipp und klar mitgeteilt«, meinte Mustermann gegenüber der Presse.

Der Oberbürgermeister teilte ferner mit, das von der Stadt beauftragte Beratungsunternehmen KPMG erarbeite bis Mitte Mai zügig einen ersten Business-Plan, der belegen werde, ob und in welchem Maße die Gründung einer eigenen Sparkasse für das Institut selbst und für die Stadt wirtschaftlich vorteilhaft sei. Dies auch unter Berücksichtigung schon starker Präsenz von Privat- und Landesbanken vor Ort. Wie Mustermann mitteilte, ergeben bereits erste aussagekräftige Tendenzen, dass eine solche Sparkassengründung sehr schnell zu erheblicheren Verbesserungen für die städtischen Finanzen führen könnte. Hinzu kämen andere, schon früher ausgeführte positive Folgewirkungen für Sponsoring und Mittelstandsförderung. Mustermann hofft, dass bei Vorlage eines schlüssigen Unternehmenskonzeptes für die neue Sparkasse auch die Norddeutsche Landesbank selbst ihren Widerstand aufgibt und die Landesregierung nicht noch zu rechtlichen Behinderungen drängen wird. Schließlich sei man dann gewissermaßen in einer »Familie«, da auch die Sparkasse Braunschweig am Ende des Verfahrens zum großen niedersächsischen Finanzverbund von Landesbank und Sparkassen gehöre. Dies gäbe dann auch die Möglichkeit, auf gemeinsame Interessen Rücksicht zu nehmen, kollegial zusammenzuarbeiten und gemeinsam das Sparkassengeschäft in der Region Braunschweig zu optimieren. »Auch anderswo stehen bekanntlich Sparkassen im Miteinander mit ihrer Landesbank, die im Rahmen eines größeren Verbundes stetig mehr zusammenwachsen. Deshalb sollte es nach meinem Wunsch auch in Braunschweig dann nicht länger ein Gegeneinander bei diesen Plänen geben,« erklärte der Oberbürgermeister abschließend.

Stadt Braunschweig
Pressestelle
(...)
Pressesprecher:
Herr Mustermann
Telefon (...)
Telefax (...)
Internet: (...)
E-Mail: (...)

Hintergrund dieser Pressemitteilung war der schwelende Streit zwischen dem Oberbürgermeister der Stadt Braunschweig, Gert Hoffmann, und der niedersächsischen Landesregierung bzw. dem Finanzminister des Bundeslandes, Hartmut Möllring. Hoffmann wollte eine eigene Sparkasse gründen und damit der Landesbank NordLB Kunden streitig machen. Um sein Vorhaben voranzutreiben, hatte Hoffmann ein Rechtsgutachten erstellen lassen. Im Prinzip vermeldet die Pressemitteilung nur die Eingangsbestätigung eines Gutachtens seitens des niedersächsischen Finanzministeriums. Diese eher bürokratisch anmutende Tatsache zusammen mit den oft banalen Teilzitaten wie »man habe das Gutachten mit Interesse gelesen und zu den Akten genommen« lässt den Empfänger eher über die Mitteilung schmunzeln. Vom Absender ungewollt, offenbart sie viel über die persönliche Fehde, die sich Hoffmann und Möllring in dem Streit liefern. Der Satz »Das Klima zwischen Stadt und Land sei auch dadurch noch besser geworden« – die Betonung liegt hier auf dem kleinen Wörtchen noch – spätestens dann weiß der Leser der Mitteilung, dass sich hier eher etwas verschlechtert als verbessert hat.

Der inflationäre Einsatz von Pressemitteilungen kann aber auch als geschickte PR-Taktik eingesetzt werden, um zum einen zu unterstreichen, wie wichtig etwas ist und zum anderen um schnell und breit gestreut mit einer einheitlich formulierten Aussage Stellung zu einem aktuellen Ereignis zu nehmen. Als Beispiel ist hier die Deutsche Börse anzuführen, die sonst eher für eine zurückhaltende Kommunikation bekannt ist. In ihrem wochenlangen Werben um die Mehrländerbörse Euronext im Mai und Juni 2006 parierte sie jeden Schachzug des Rivalen, der US-Börse New York Stock Exchange, mit einer kurzen Pressemitteilung. Die kurzen Statements unterschieden sich nur minimal, die Kernaussage war dieselbe. Doch wurde dem Empfänger klar, dass die Deutsche Börse als ernstzunehmender Bieter für die Euronext weiter im Spiel war.

Heimlich, still und leise – wenn inkonsistent verfasste Pressemitteilungen misstrauisch machen

Deutsche Post World Net auf starkem Wachstumskurs
Gewinnerwartung für 2009: 5 Milliarden Euro

15.02.2006 – BONN

• Konzern-EBIT 2005 übertrifft Prognose mit 3,76 Milliarden Euro
• Ergebnis je Aktie steigt 2005 um 38 Prozent auf 1,99 Euro

Der Boom in der globalen Logistik hält unvermindert an: Weltmarktführer Deutsche Post World Net hat seine EBIT-Prognose 2005 übertroffen und erwartet für 2009 eine beträchtliche Gewinnsteigerung. Dann soll das operative Ergebnis mindestens 5 Milliarden Euro betragen. Das entspricht einer Erhöhung um ein Drittel gegenüber 2005. Dazu werden die Unternehmensbereiche EXPRESS, LOGISTIK und FINANZDIENSTLEISTUNGEN je mindestens 1 Milliarde Euro beitragen. Im Unternehmensbereich BRIEF erwartet das Unternehmen ein stabiles Ergebnis von rund 2 Milliarden Euro bis 2007, in den Jahren danach trotz wachsenden Wettbewerbs im deutschen Briefmarkt lediglich einen Ergebnisrückgang von maximal 10 bis 20 Prozent. »Jetzt wird sehr deutlich, dass unsere Konzernstrategie der vergangenen Jahre wirklich Früchte trägt«, sagte Vorstandsvorsitzender Dr. Klaus Zumwinkel. »Die breite und stabile Aufstellung des Konzerns, die rasche Integration des Wachstumstreibers Exel und die verstärkte Finanzvertriebskraft durch BHW – das alles verschafft uns deutliche Vorteile im Wettbewerb.« Zumwinkel zeigte sich für die Zukunft des Unternehmens sehr zuversichtlich und bestätigte die Absicht, die Dividende für das Geschäftsjahr 2005 um mindestens ein Drittel zu erhöhen. Gleichzeitig kündigte er ein konzernweites Kundengewinnungs- und Qualitätsprogramm an, das deutlich zum wirtschaftlichen Erfolg in der nächsten Phase der Konzernentwicklung beitragen soll. Nach einer Phase starker Fokussierung auf Synergien und Kosten mit dem STAR-Programm richte das Unternehmen seinen Blick nunmehr verstärkt auf weltweite Kundensegmente und Kundenbedürfnisse. Einzelheiten zu dem neuen Programm werden bei der Bilanzpressekonferenz Mitte März vorgestellt.

Geschäftsjahr 2005

Im Geschäftsjahr 2005 stieg das Ergebnis der betrieblichen Tätigkeit auf vergleichbarer EBIT-Basis um 25,1 Prozent von 3 Milliarden Euro auf 3,76 Milliarden Euro und hat somit die im Dezember veröffentlichte Erwartung leicht übertroffen. Im Jahr 2004 hatte der Konzern noch auf EBITA-Basis berichtet. Verglichen mit dem EBITA-Vorjahreswert von 3,37 Milliarden Euro betrug die Steigerungsrate 11,4 Prozent. Das zeigen die Zahlen für das Geschäftsjahr, die heute erstmals vorlagen. Der Konzerngewinn ist um 39,9 Prozent auf 2,24 Milliarden Euro gestiegen. Deutsche Post World Net verbesserte das Ergebnis je Aktie im abgelaufenen Geschäftsjahr um 38 Prozent auf 1,99 Euro; im Vorjahr lag der Wert bei 1,44 Euro. Der Konzernumsatz wuchs im Jahr 2005 um 3,3 Prozent auf 44,6 Milliarden Euro. Diese Zahlen enthalten noch nicht die Ergebnisse der im Dezember übernommenen Logistikfirma Exel. »Besonders die Finanzdienstleistungssparte und der bisherige Logistikbereich des Konzerns haben uns im letzten Jahr mit guten zweistelligen Wachstumsraten viel Freude bereitet,« sagte Finanzvorstand Prof. Klaus Mustermann. Im Unternehmensbereich Express hat der Konzern eine Abschreibung auf den Firmenwert der Region »Americas« in Höhe von 434 Millionen Euro vorgenommen. »Wir haben hohe außerordentliche Erträge im Zusammenhang mit geänderten gesetzlichen Regelungen bei der Postbeamtenkrankenkasse genutzt und in den USA bilanziell und operativ reinen Tisch gemacht. Jetzt sind wir gut aufgestellt und werden die sich bietenden Marktchancen konsequent nutzen,« sagte Mustermann. Ohne die Abschreibung hätte das Ergebnis leicht unter den Erwartungen von rund 500 Millionen gelegen. Nun erzielte der Unternehmensbereich EXPRESS ein EBIT von 11 Millionen Euro. Der Unternehmensbereich BRIEF konnte das EBIT für 2005 mit 2,03 Milliarden Euro auf dem hohen Vorjahresniveau stabil halten. In der Sparte LOGISTIK setzte sich die positive Entwicklung fort. Das EBIT stieg auf 315 Millionen Euro, was einem Anstieg von 73,1 Prozent gegenüber dem Vorjahr entspricht. Auch der Unternehmensbereich FINANZDIENSTLEISTUNGEN wird mindestens die Erwartung eines 10-prozentigen EBIT-Anstiegs erfüllen. Der Geschäftsbericht 2005 mit den vollständigen Geschäftsergebnissen wird im Rahmen der Bilanzpressekonferenz am 14. März 2006 veröffentlicht.

Kontakt für Presseanfragen:
Deutsche Post World Net
Pressestelle
Prof. Klaus Mustermann
Dr. Franz Mustermann
Gerda Musterfrau
Tel.: (...)
E-Mail: (...)

Deutsche Post World Net ist die weltweit führende Logistik-Gruppe. Mit der gebündelten Logistik-Kompetenz ihrer Marken Deutsche Post, DHL und Postbank bietet die Gruppe integrierte Dienstleistungen und maßgeschneiderte, kundenbezogene Lösungen für das Management und den Transport von Waren, Informationen und Zahlungsströmen durch ihr multinationales und multilokales Know How und Netzwerk. Deutsche Post World Net ist zugleich führender Anbieter für Dialog Marketing sowie effiziente Outsourcing- und Systemlösungen für das Briefgeschäft. In 2005 wurde ein Konzernumsatz von 45 Milliarden Euro ohne Exel erwirtschaftet. Deutsche Post World Net beschäftigt rund 500.000 Mitarbeiter in über 220 Ländern und Territorien und ist damit einer der größten Arbeitgeber weltweit.

Eigentlich wollte die Deutsche Post das Sorgenkind Express USA verschweigen. In der Vergangenheit waren die Zahlen für diese Sparte eben gerade wegen der problematischen Geschäftsentwicklung immer getrennt ausgewiesen worden. Das hat die Post mit dieser Mitteilung dann stillschweigend eingestellt. Dennoch kam sie nicht umhin, durch die Abschreibung auf den Firmenwert der Region »Americas« das Augenmerk direkt auf die USA zu lenken. Folglich ging die Taktik des Verschweigens nach hinten los: Der unprofessionelle Umgang mit dem Thema löste eine Reihe von Nachfragen aus. Die Aktie gab an dem Tag um 3,6 Prozent nach. Wie schlecht diese Taktik funktioniert hat, zeigt beispielsweise die Berichterstattung in den Printmedien am Folgetag. Die Financial Times Deutschland machte am nächsten Tag mit den Post-Zahlen die Zeitung auf und titelte: »Post kippt Gewinnziel für die USA«. Der erste Absatz las sich: »Die Deutsche Post wird in ihrem schwächelnden US-Geschäft noch jahrelang Verluste anhäufen. Der Versand von Paketen und Eilsendungen in der Region solle sich erst in den kommenden Jahren Richtung Gewinnzone entwickeln, räumte gestern ein Konzernsprecher ein. Bislang wollte das Unternehmen dort ab Ende dieses Jahres schwarze Zahlen schreiben.« Die Neue Zürcher Zeitung überschrieb ihren Artikel mit »Die USA als Sorgenkind der Deutschen Post«, die Frankfurter Allgemeine Zeitung »Post verfehlt Ziele in Amerika«.

Ein Positivbeispiel für konsistente Quartalsberichterstattung ist der Chemiekonzern BASF. Das Dax-Mitglied verwendet eine wiederkehrende inhaltliche Systematik für die Tabellen. Beispielsweise werden immer dieselben vier Faktoren als Umsatzeinflüsse ausgewiesen. Zudem bleiben die Kennziffern gleich. Dieser Wiedererkennungseffekt schafft beim Adressaten Vertrauen.

Vermeintlicher Klartext – Wenn Zitate zu Phrasenbaukästen werden oder erste Sätze zu Rausschmeißern

DEWB beteiligt sich an der SensorDynamics AG.
Das österreichische Unternehmen entwickelt innovative
Sensorsysteme für die Automobilindustrie.

03.09.2004 – JENA

Die DEWB AG (Deutsche Effecten- und Wechsel- Beteiligungsgesellschaft AG, ISIN DE0008041005) hat ihr Portfolio weiter ausgebaut und sich mit 8,0 Prozent an der SensorDynamics AG, Lebring bei Graz (Österreich), beteiligt. Neben der DEWB haben u.a. auch Global Equity Partners als Leadinvestor und die Steirische Beteiligungsfinanzierungsgesellschaft an dieser Frühphasenfinanzierung teilgenommen.

SensorDynamics fasst wesentliche elektronische Komponenten für das Kfz in einem Bauteil zusammen. Die SensorDynamics entwickelt Systemlösungen vor allem für die Automobilindustrie und spezialisiert sich auf die Integration moderner Sensorsysteme. Der stark wachsende Einsatz von Elektronikkomponenten im Kfz und die technischen Innovationen bedingen eine zunehmende Miniaturisierung der Sensorensysteme. Eine Folge dieser elektronischen Aufrüstung ist die Zunahme von technischen Defekten durch nicht optimal abgestimmte Baugruppen. Automobilhersteller verlangen daher von ihren Zulieferfirmen zukünftig verstärkt komplette Sensorsysteme. Diese müssen immer mehr Systemfunktionen, wie z. B. Messen, Signalverarbeitung, Kalibrierung, Selbsttests, Datenübertragung und Schnittstellensteuerung übernehmen. Gleichzeitig sollen aber Größe, Gewicht und Preis der Sensorsysteme deutlich reduziert werden. Diesen Herausforderungen wird die SensorDynamics mit neuen Sensorstrukturen, einer vertikalen Systemintegration und innovativem Schaltungsdesign gerecht. Alle wesentlichen Komponenten sind in den Sensorsystemen zu einem Bauteil zusammengefasst.

Enge Kooperation mit Fraunhofer-Gesellschaft.
SensorDynamics wurde 2002 gegründet und beschäftigt heute 35 Mitarbeiter. Das Unternehmen pflegt eine enge Kooperation mit dem Fraunhofer Institut für Siliziumtechnologie in Itzehoe. Gemeinsam arbeiten beide Gesellschaften an neuen Sensorelementen zur Fahrzeugstabilisierung und -navigation. Große Industriepartner beteiligen sich an diesem Projekt im Rahmen von Entwicklungsaufträgen.

»Durch die enge Kooperation mit der Fraunhofer Gesellschaft und der Industrie konnte sich das Unternehmen den Zugang zum schnell wachsenden Markt der Automobilelektronik bereits jetzt vertraglich sichern. Dies ist eine hervorragende Basis für eine erfolgreiche Unternehmensentwicklung. Der Elektronikbereich – und hier speziell die Mikrosensoren – ist der am stärksten wachsende Bereich der Automobilindustrie. Hier werden Wachstumsraten von 20 bis 30 Prozent jährlich prognostiziert. Daher rechnen wir mit einem stark steigenden Bedarf für die Produkte der SensorDynamics AG«, sagt Dr. Klaus Mustermann, Vorstandssprecher der DEWB AG.

Kontakt:
Gerda Musterfrau
Telefon (...)
Telefax (...)
E-Mail (...)

Unternehmens-Porträt DEWB AG
(...).
Die DEWB ist eine bankenunabhängige, börsennotierte und international tätige Beteiligungsgesellschaft. Sitz des Unternehmens ist Jena, eine der aufstrebenden Hightech-Regionen Deutschlands. Die DEWB konzentriert sich auf optiknahe Technologien, die zu den wichtigsten Innovationstreibern der nächsten Jahre zählen werden. Sie unterstützt Wachstumsunternehmen aus den Branchen Optoelektronik, Biotechnologie und Telekommunikation/Infor-

mationstechnologie mit technologischem Know-how, umfassender Beratung und Eigenkapital. Dabei greift das Unternehmen auf das internationale Technologie-Netzwerk der Jenoptik-Gruppe und weit reichende Erfahrungen bei Unternehmensgründungen und -transaktionen zurück. Die DEWB hat sich innerhalb kurzer Zeit als Qualitätsanbieter der Branche etabliert und zählt zu den ertragreichsten deutschen Beteiligungsgesellschaften. Derzeit verwaltete die DEWB ein Vermögen von rund 100 Millionen Euro und ist an 30 Gesellschaften beteiligt. Die 15,2 Millionen Inhaberaktien der DEWB mit einem rechnerischen Wert von einem Euro je Aktie werden an der Frankfurter Wertpapierbörse sowie im XETRA-System gehandelt (Börsenkürzel: EFF).

Am Ende der Pressemitteilung soll ein Zitat von DEWB-Vorstandssprecher Dietmar Kubis die Gründe für die Beteiligung liefern. Hier wird der Empfänger der Pressemitteilung aber enttäuscht, wichtige Kennzahlen oder eine unternehmensspezifische Wachstumsprognose nennt Kubis nicht. Sätze wie »Dies ist eine hervorragende Basis für eine erfolgreiche Unternehmensentwicklung« sind sehr werblich formuliert. Abgesehen vom geringen Informationsgehalt dürfte das Zitat aufgrund seiner Länge kaum in Gänze von einem Redakteur übernommen werden. Eine Zerstückelung ist programmiert.

Epigenomics AG erreicht Schlüsselmeilenstein in der Entwicklung des Brustkrebstests
Identifikation von DNA-Methylierungsmarkers löst Meilensteinzahlung von Roche Diagnostics aus

12.08.2004 – BERLIN

Die Epigenomics AG (Frankfurt am Main, Prime Standard: ECX), ein Molekulardiagnostik-Unternehmen, welches Tests basierend auf DNS- Methylierung entwickelt, gab heute bekannt, dass ein Schlüsselmeilenstein in der Produktentwicklung des Früherkennungstests für Brustkrebs erreicht wurde. Basierend auf Studien mit Brustkrebsgewebeproben hat das Unternehmen erfolgreich eine Reihe von DNS-Methylierungsmarkern (Biomarker) identifiziert, welche potentiell die Früherkennung von Brustkrebs ermöglichen. Biomarker sind in Blut oder Gewebe vorhandene Substanzen, die das Vorhandensein einer Krankheit anzeigen. In diesem Fall ermöglichen spezifische DNS-Methylierungs-Biomarker die Erkennung des Brustkrebs unter Verwendung der von Epigenomics patentierten Technologien.

Das Erreichen dieses Meilensteins löste eine Zahlung vom Entwicklungs- und Vermarktungspartner Roche Diagnostics an Epigenomics aus. Epigenomics arbeitet daran, diese DNA-Methylierungsmarker in PCR-Tests einzugliedern, um dann, im Laufe der kommenden Quartale, eine Studie mit einer großen Anzahl an klinischen Serumproben, die von Brustkrebspatienten stammen, durchzuführen. Die entwickelten Brustkrebstests zielen darauf ab, diese Biomarker im Blutserum zu messen, um zwischen Brustkrebs und gutartigen Veränderungen bzw. normalem Brustzustand zu unterscheiden. »Dass wir auch diesen Meilenstein termingerecht erreicht haben, zeigt Epigenomics« Fähigkeit, beständig kommerziell relevante Produktentwicklungsmeilensteine zu erfüllen. Bis heute haben wir jeden Meilenstein innerhalb der Roche-Kooperation erfolgreich gemeistert – unter anderem die Identifikation von DNA-Methylierungsmarkern für Dickdarm- und Prostata- Früherkennungsprodukte, sowie für ein Produkt zur Vorhersage der Rückfallwahrscheinlichkeit bei Frauen, die mit der Standardbrustkrebstherapie Tamoxifen behandelt wurden‹, sagte Klaus Mustermann, Leiter der SBU Diagnostics von Epigenomics.

Mehrere Produkte in der Entwicklung
Epigenomics hat eine breite Produkt-Pipeline in verschiedenen Entwicklungsphasen. In Zusammenarbeit mit Roche Diagnostics, dem weltweit führenden Unternehmen in der Molekulardiagnostik, entwickelt Epigenomics Tests, welche darauf abzielen, Produkte hervorzubringen, die zur Früherkennung von Prostata-, Dickdarm- und Brustkrebs verwendet werden können, einen Test zur molekularen Klassifikation von Prostatakrebs, sowie einen pharmakodiagnostischen Test zur Vorhersage des Rückfallrisikos bei Frauen, die mit Tamoxifen, der gegenwärtigen Standardtherapie bei Brustkrebs, behandelt werden.

DNS-Methylierung
DNS-Methylierung ist ein natürlicher epigenetischer Prozess, bei dem eine Methylgruppe an eine der vier Basen der DNS (an Zytosin) bindet. Methylierung wird in Verbindung gebracht mit der Steuerung der Aktivität von Genen. Daten belegen, dass Methylierung Gene wie ein Schalter ein- und ausschaltet. Unterschiedliche Methylierungsmuster bei gesundem und krankem Gewebe lassen eine veränderte Genaktivität erkennen, die Krankheiten, wie zum Beispiel Krebs, auslösen könnte. Epigenomics hat ein industrielles Verfahren entwickelt, um diese Methylierungsmuster lesen und interpretieren zu können.

Informationen über Epigenomics
Epigenomics ist ein Molekulardiagnostik-Unternehmen mit einem Schwerpunkt auf der Entwicklung neuartiger Produkte für Krebs. Durch den Nachweis und die Auswertung der DNS-Methylierungsmuster können die Tests von Epigenomics eine Diagnose der Krankheiten im Frühstadium liefern und Ärzten bei der Auswahl einer passenden Behandlungsmethode helfen. Epigenomics arbeitet zusammen mit Roche Diagnostics an der Entwicklung verschiedener Diagnostik- und Pharmakodiagnostik-Tests für Krebs. Das Unternehmen hat

seinen Sitz in Berlin (Deutschland) und eine hundertprozentige Tochtergesellschaft in Seattle (USA). Weitere Informationen sind auf der Webseite des Unternehmens unter (...) zu finden.

Rechtlicher Hinweis
Diese Pressemitteilung enthält ausdrücklich oder implizit in die Zukunft gerichtete Aussagen, die die Epigenomics AG und deren Geschäftstätigkeit betreffen. Diese Aussagen beinhalten bestimmte bekannte und unbekannte Risiken, Unsicherheiten und andere Faktoren, die dazu führen können, dass die tatsächlichen Ergebnisse, finanziellen Bedingungen, Leistungen oder Errungenschaften der Epigenomics AG wesentlich von denjenigen zukünftigen Ergebnissen, Leistungen oder Errungenschaften abweichen, die in solchen Aussagen explizit oder implizit zum Ausdruck gebracht wurden. Die Epigenomics AG macht diese Mitteilung mit zum Datum ihrer heutigen Veröffentlichung und übernimmt auch bei Erhalt neuer Informationen oder den Eintritt künftiger Ereignisse oder aus sonstigen Gründen keinerlei Verpflichtung zur Aktualisierung der hierin enthaltenen zukunftsgerichteten Aussagen. Die Zulassung der Aktien zum amtlichen Markt an der Frankfurter Wertpapierbörse erfolgte auf der Grundlage des Börsenzulassungsprospekts vom 14. Juli 2004. Der Verkaufsprospekt vom 2. Juli 2004, der Nachtrag Nr. 1 dazu vom 15. Juli 2004, der Börsenzulassungsprospekts sowie der Nachtrag Nr. 1 dazu vom 16. Juli 2004 werden bei der Morgan Stanley Bank AG, Junghofstr. 13–15, 60311 Frankfurt am Main, bei der DZ BANK AG Deutsche Zentral-Genossenschaftsbank, Platz der Republik, 60265 Frankfurt am Main, bei Lehman Brothers International (Europe), bei der Deutsche Börse AG, Abteilung Listing, Neue Börsenstr. 1, 60487 Frankfurt am Main, sowie bei der Epigenomics AG, Kleine Präsidentenstr. 1, 10178 Berlin, zur kostenlosen Ausgabe bereit gehalten. Für Anleger aus der Bundesrepublik Deutschland sind diese Dokumente ebenfalls auf der Webseite der Gesellschaft unter (...) erhältlich. Hinweise auf mögliche Stabilisierungsmaßnahmen und mögliche Stabilisierungsauswirkungen gemäß § 9 Abs. 1 der Verordnung zur Konkretisierung des Verbotes der Kurs- und Marktpreismanipulation (»KuMaKV«) sind im Verkaufsprospekt vom 2. Juli 2004, im Börsenzulassungsprospekt vom 14. Juli 2004, in einer Pressemitteilung und mittels einer Bekanntgabe im Internet unter der Adresse (...) erfolgt. Stabilisierungsmanager ist die Morgan Stanley Bank AG.

Die Pressemitteilung fängt gleich mit einem Rausschmeißer an. Nach dem Satz »Die Epigenomics AG, ein Molekulardiagnostik-Unternehmen, welches Tests basierend auf DNS-Methylierung entwickelt, gab heute bekannt, dass ein Schlüsselmeilenstein in der Produktentwicklung des Früherkennungstests für Brustkrebs erreicht wurde« dürften nur noch wenige die Lust verspüren weiterlesen zu wollen. Und das ist schon die bereinigte Version, denn eigentlich stand noch eine Klammer mit Börsenkürzel und –segment hinter dem Firmennamen. Zu viele Einschübe und Fremdwörter überfrachten den Einstiegssatz der Pressemitteilung. Allerdings hält der Einstieg, was er verspricht: Der Text wird im Verlauf nicht leichter zugänglich. Selbst sperrige und komplizierte Themen wie Biotechnologie können verständlicher aufbereitet werden, ohne sie zu banalisieren. Die Komplexität eines Themas ist keine Entschuldigung für eine unverständliche oder nur schwer verständliche Pressemitteilung. Auch das Zitat von Gary Schweickhardt hätte gründlich redigiert werden müssen: »Bis heute haben wir jeden Meilenstein innerhalb der Roche-Kooperation erfolgreich gemeistert – unter anderem die Identifikation von DNA-Methylierungsmarkern für Dickdarm- und Prostata-Früherkennungsprodukte, sowie für ein Produkt zur Vorhersage der Rückfallwahrscheinlichkeit bei Frauen, die mit der Standardbrustkrebstherapie Tamoxifen behandelt wurden.«

Deutsche Börse-Aufsichtsrat unterstützt Verhandlungen mit Euronext

30.03.2006

Der Aufsichtsrat der Deutsche Börse AG hat in seiner ordentlichen Sitzung am 30. März die Entscheidung des Vorstands ausdrücklich begrüßt, konkrete Verhandlungen mit Euronext N.V. über einen möglichen Zusammenschluss zu führen. Der Aufsichtsrat teilt dabei die vom Vorstand auch in der Öffentlichkeit formulierten Eckpunkte für einen Zusammenschluss unter Partnern.

Der Aufsichtsratsvorsitzende Klaus Mustermann sagte: »Nach eingehender Diskussion sind wir überzeugt, dass ein Zusammenschluss unter Partnern mit Euronext die beste Chance bietet, eine wahrhaft europäische Börsenorganisation zu schaffen. Wir erwarten, dass aus einer solchen Kombination für alle Kapitalmarktakteure erhebliche Synergien und Wachstumsimpulse sowie Mehrwert für die Aktionäre beider Unternehmensgruppen resultieren.«

Der Vorstandsvorsitzende der Deutschen Börse franz Mustermann betonte: »Von Seiten der Deutschen Börse sind damit die Voraussetzungen geschaffen und es gibt ein klares Mandat, zügig Verhandlungen mit Euronext über die Schaffung einer europäischen Börsenorganisation aufzunehmen.«

Zur Aufmunterung jetzt ein Positivbeispiel. Die Reaktion auf die Entscheidung der Aufsichtsräte im Hinblick auf die geplanten Fusionsverhandlungen mit der Mehrländerbörse Euronext kommentiert Deutsche-Börse-Chef Reto Francioni mit klaren Worten: »Von Seiten der Deutschen Börse sind damit die Voraussetzungen geschaffen und es gibt ein klares Mandat, zügig Verhandlungen mit Euronext über die Schaffung einer europäischen Börsenorganisation aufzunehmen.« Die im Zitat enthaltene Information doppelt sich nicht mit dem restlichen Text der Mitteilung. Mit seinen Worten deutet Francioni an, was der nächste Schritt des Managements sein wird.

Appetitlich serviert – Wenn gutes Layout die Information ansprechender macht oder machen könnte

Im September 2002 stellte die Deutsche Börse eine neue Aktienmarktsegmentierung vor – und beerdigte gleichzeitig den von Skandalen erschütterten Neuen Markt, das einstmalig glanzvolle Wachstumssegment der Börsenboomzeit. Zwar hätte es sich angeboten, die neue Segmentierung zur besseren Verständlichkeit in Form einer Pyramide darzustellen. Doch beschränkte sich die Deutsche Börse darauf, alles im Fließtext zu erklären.

Deutsche Börse stellt neue Aktienmarktsegmentierung vor
Hohe Transparenzstandards werden in der Börsenordnung verankert/Prime Standard ersetzt die Handelssegmente Neuer Markt und SMAX

26.09.2002

Die Deutsche Börse hat am Donnerstag ein neues Konzept für die Segmentierung des Aktienmarktes an der FWB Frankfurter Wertpapierbörse vorgestellt. Kern sind eine Zweiteilung des Gesamtmarktes in zwei Segmente mit unterschiedlichen Transparenzstandards sowie ein neues sektorales Indexkonzept. Die Neusegmentierung zielt auf höhere Integrität und Attraktivität des Kapitalmarktes für Investoren und Emittenten: Anleger können die regulatorischen Standards unterscheiden, zu denen sich die Unternehmen verpflichtet haben, und Emittenten ihre individuellen Finanzierungsbedürfnisse realisieren. Im nächsten Schritt soll das Konzept dem Börsenrat und dem Arbeitskreis Aktienindizes vorgelegt und Anfang 2003 umgesetzt werden.

Klaus Mustermann, der im Vorstand der Deutschen Börse für den Kassamarkt verantwortlich ist, sagte: »Wir wollen unsere Märkte zukünftig konsequent nach den Bedürfnissen der Investoren organisieren. Dazu sichern wir mit klaren Regeln höchste Transparenz und liefern eine konsistente Indexwelt zur Unterstützung der Anlageentscheidung.« Indirekt schaffe die Deutsche Börse damit die besten Voraussetzungen, dass Unternehmen ihren individuellen Finanzierungsbedarf realisieren können, so Mustermann.

Als Börsenzulassungssegmente will die Deutsche Börse zukünftig »Domestic Standard« mit gesetzlichen Mindesttransparenzanforderungen sowie »Prime Standard« mit zusätzlichen, international üblichen Transparenzanforderungen unterscheiden. Zusatzanforderungen für Prime Standard sollen sein: Quartalsberichte, internationale Rechnungslegungsstandards (IAS oder US-GAAP), Vorlage eines Unternehmenskalenders, mindestens eine Analystenkonferenz pro Jahr sowie Ad-hoc-Mitteilungen und laufende Berichterstattung in englischer Sprache. Damit ersetzt Prime Standard aus regulatorischer Sicht auch die bestehenden Handelssegmente Neuer Markt und SMAX, die spätestens Ende 2003 vollständig eingestellt werden sollen. Zielgruppe für Domestic Standard sind Emittenten mit eher nationaler Ausrichtung, während Prime Standard den Emittenten den Zugang zum internationalen Kapitalmarkt öffnen soll.

Das neue Indexkonzept soll ausschließlich auf dem Prime Standard aufbauen, für alle Auswahlindizes der Deutschen Börse würden sich nur Emittenten aus diesem Segment qualifizieren. Die größten Unternehmen dieses Segments sollen wie bisher im DAX zusammengefasst werden. Small Caps und Mid Caps werden nach Branchen zu zwei Gruppen zusammengefasst mit eher klassischen Branchen wie derzeit in MDAX und SDAX beziehungsweise Technologiebranchen wie im NEMAX.

Rechtliche Grundlage für die Aktienmarktneusegmentierung ist das 4. Finanzmarktförderungsgesetz mit einer umfassenden Reform des Börsenrechts. Bisher konnten die international üblichen Standards nur in privatrechtlichen Regelwerken (Neuer Markt und SMAX) und Indexleitfäden (DAX und MDAX) definiert werden. Zukünftig wären dagegen alle Anforderungen von Domestic und Prime Standard in der öffentlich-rechtlichen Börsenordnung geregelt sein, die die Durchsetzbarkeit sichert und damit das Vertrauen der Investoren stärkt.

Lediglich die *Börsen-Zeitung* und die *Financial Times Deutschland* hatten am nächsten Tag selbst entwickelte Pyramiden im Blatt (siehe FTD vom 27.09.2002 – Seite 2), um den Lesern die neue Struktur appetitlicher zu servieren. Angesichts der Komplexität des Themas war die Pressemitteilung sehr minimalistisch verfasst. Der Empfänger musste bereits mit der Sache vertraut sein, um die Tragweite erfassen zu können.

Alles ist relativ – Länge

ING BHF-BANK setzt die positive Entwicklung im zweiten Quartal fort

10.08.2004 – 15:07 Uhr

Nachdem die ING BHF-BANK bereits im ersten Quartal 2004 die Rückkehr in die Profitabilität auf beeindruckende Weise geschafft hat, konnten auch zur Jahreshälfte die hohen Erwartungen an die Ertragskraft der Bank übertroffen werden. Das Ergebnis vor Steuern zum 30. Juni 2004 auf IFRS-Basis summiert sich auf 73 Mio. Euro. Zum Vergleichszeitraum des Vorjahres steigerte die ING BHF-BANK ihr Ergebnis um 175 Mio. Euro (Vorjahr – 102 Mio. Euro).

Bereinigt um das Firmenkreditgeschäft, das im zukünftigen Geschäftsmodell der Bank keine strategische Dominanz mehr haben wird, wäre das Halbjahresergebnis sogar auf über 100 Mio. Euro gestiegen.

Fragen beantworten: Klaus Mustermann Tel.: (...)

Dr. Franz Mustermann

Das Motto »In der Kürze liegt die Würze« gilt nicht immer, wie diese extrem kurze Pressemitteilung zum Quartalsergebnis der ING BHF-Bank zeigt. Kein Wunder, dass eine derart kurze und bruchstückhafte Mitteilung sowie eine wenig auskunftsfreudige Presseabteilung einen bissigen Artikel provoziert. Weitere Ausführungen sind wohl nicht nötig, der Artikel meines Kollegen Rolf Lebert soll hier für sich stehen (erschienen in der FTD vom 11.08.2004 auf Seite 18):

Die BHF-Bank beeindruckt mit einem Meisterwerk

11.08.2004 – FRANKFURT

Institut komprimiert Halbjahresbericht auf zehn Zeilen
Die ING BHF-Bank hat gestern einen neuen Rekord aufgestellt. Sie veröffentlichte den kürzesten Halbjahresbericht, den die Branche jemals gesehen hat. Einschließlich Überschrift umfasst das Meisterwerk zehn Zeilen und enthält immerhin die wichtige Information, dass die Bank, nachdem sie bereits im ersten Quartal die Rückkehr in die Profitabilität auf »beeindruckende Weise« geschafft hat, auch zur Jahreshälfte die »hohen Erwartungen« an ihre Ertragskraft übertroffen hat. Immerhin wurde der Halbjahresverlust von 102 Mio. Euro im Vorjahr in einen Gewinn von 73 Mio. Euro vor Steuern in diesem

Jahr gedreht. Das heißt, dass der Gewinn von 34 Mio. Euro im ersten Quartal noch einmal um 5 Mio. Euro übertroffen wurde. Das ist doch was.

Stellt sich bloß die Frage, weshalb das überhaupt veröffentlicht wurde. Hätte sich ein mittelloses Startup in den wilden Zeiten des Neuen Marktes so etwas geleistet, hätte man das vielleicht noch verstanden. Hier handelt es sich aber um eine durchaus renommierte Bank, die einmal viel darauf gehalten hat, dass ihre Geschäftsberichte von unabhängigen Juroren wegen ihrer Aussagekraft prämiert wurden und die mithin einen Ruf zu verlieren hat. Nachfragen, wie dieser Gewinn denn wohl zustande gekommen sein könnte, blieben unbeantwortet. Stattdessen erfährt man, dass der Gewinn bereinigt um das mittlerweile strategisch unbedeutende Firmenkundengeschäft sogar 100 Mio. Euro betragen hätte. Wie viel denn da wohl inzwischen abgeschrieben wurde? Dazu sage die Bank selbstredend nichts, heißt es in der Bockenheimer Landstraße in Frankfurt.

Warum macht man so etwas? Um die Neugier von möglichen Aufkäufern zu wecken, die jetzt erst recht wissen wollen, was denn so alles in einer Bank steckt, die selbst hohe Erwartungen übertrifft? Oder etwa um sich unliebsame Aufkäufer vom Hals zu halten, die sich angesichts der überbordenden Publizitätsfreudigkeit des Objekts ihrer Begierde mit Grausen abwenden sollen? Dass die niederländische Konzernmutter ING auch die Kommunikation der BHF-Bank steuert, ist legitim. Aber die Veröffentlichung einer einzigen dürren Zahl hilft niemandem weiter, auch nicht der ING und ihrer Tochter.

163

Holger Weimann

Die rechtliche Prüfung des Inhalts

63 Relevanz rechtlicher Fragen

Es geschieht relativ selten, dass Prozesse wegen der Inhalte von Pressemitteilungen geführt werden. Das liegt vor allem daran, dass die typischen Adressaten von Presseerklärungen Medien oder Agenturen sind. Diese haben kein eigenes Interesse daran, gegen rechtswidrige Inhalte von Pressemitteilungen vorzugehen.

Das darf aber nicht darüber hinwegtäuschen, dass Presseerklärungen angreifbar sein können. Das gilt vor allem für Pressemitteilungen von Unternehmen, da diese Form der Unternehmenskommunikation aus rechtlicher Sicht in aller Regel Werbung ist.

Wie jede klassische Publikumswerbung (Anzeigen u. Ä.) und wie jede Wort- oder Bildberichterstattung in den Medien können auch Pressemitteilungen die Rechte von Personen oder Gesellschaften verletzen. Das kann rechtliche Konsequenzen nach sich ziehen, nämlich in der Regel zivilrechtliche Ansprüche von Betroffenen oder Wettbewerbern. Dieses Risiko besteht vor allem dann, wenn Pressemitteilungen nicht nur dem klassischen Medienverteiler, sondern einer breiten Öffentlichkeit zugänglich gemacht werden. Vor allem die immer beliebteren PR-Angebote im Internet (wie beispielsweise openPR oder ähnliche Angebote) und die Veröffentlichung von Presseerklärungen auf eigenen Unternehmenswebsites schaffen hier Risiken.

64 Überblick über Problemstellungen

Die denkbaren rechtlichen Konflikte knüpfen vor allem an persönlichkeitsrechtliche und wettbewerbsrechtliche Fragestellungen an:
* Wenn in einer Pressemitteilung Personen genannt oder mit Bild gezeigt werden, dann muss in der Regel zuvor eine Einwilligung eingeholt werden. Fehlt die erforderliche Einwilligung, dann können Betroffene Ansprüche geltend machen (siehe Punkt 3).

- Wenn eine Presseerklärung werblichen Charakter hat, dann sind vor allem irreführende oder unzulässig vergleichende Inhalte aus wettbewerbsrechtlicher Sicht angreifbar (siehe Punkt 4).

Daneben gibt es eine Vielzahl weiterer rechtlicher Fragestellungen, die sich aus Sonderregelungen für bestimmte Wirtschaftszweige ergeben können. Vor allem im Bereich der Arzneimittel-PR, der PR für Tabakprodukte, Glücksspiel und Wetten sowie bei der PR für bestimmte, in der Werbung beschränkte Berufsgruppen (insb. Ärzte, Rechtsanwälte, Steuerberater) sind Probleme denkbar. Auf diese Sonderfälle soll hier nicht näher eingegangen werden.

Zu ergänzen ist, dass nicht nur die Formulierung, sondern auch die Verbreitung von Pressemitteilungen – unabhängig von ihrem Inhalt – rechtlich problematisch sein kann. So gelten für die kommerzielle Kommunikation nach §§ 3 Nr. 5 und 7 Telediengesetz besondere Informationspflichten. Außerdem ist die unverlangte Versendung von Werbung in bestimmten Fällen unzulässig. Auf diese Besonderheiten bei der Versendung von Pressemitteilungen kann hier ebenfalls nicht eingegangen werden.

65 Persönlichkeitsrecht

Häufig ist es sinnvoll, in einer Pressemitteilung Namen von Personen zu nennen, Zitate wiederzugeben oder auch Bilder zu veröffentlichen. Alle diese Veröffentlichungen berühren das so genannte Allgemeine Persönlichkeitsrecht der erwähnten oder zitierten Personen. Dieses aus den Artikeln 1 und 2 Grundgesetz (Menschenwürde und Handlungsfreiheit) hergeleitete Recht umfasst verschiedene Aspekte. Hierzu gehört das Recht jedes Einzelnen, selbst über Darstellungen in der Öffentlichkeit zu entscheiden. Im Bereich der Pressearbeit von Unternehmen muss man deshalb immer daran denken, dass hier die Pressefreiheit (Artikel 5 Grundgesetz) nicht wirkt. Auch bei Pressemitteilungen, die nicht zu werblichen Zwecken veröffentlicht werden (beispielsweise Warnhinweise, Produktrückrufe etc.) kann sich ein Unternehmen nicht auf die Pressefreiheit berufen. Jedenfalls die Nennung oder Abbildung konkreter Personen wird in einem solchen Fall nicht erforderlich sein, um den Zweck der Erklärung abzusichern.

Eine Ausnahme kann gelten, wenn in einer Pressemitteilung zu aktuellen wirtschaftspolitischen Ereignissen aus Unternehmenssicht Stellung bezogen wird. Wenn in diesem Zusammenhang die Namen von Persönlichkeiten aus der Politik und von diesen getroffene Entscheidungen erwähnt werden (beispielsweise eine Stellungnahme zur Unternehmensbesteuerung unter Nennung des Bundesfinanzministers), dann kann dies eine von der Meinungsäußerungsfreiheit gedeckte Darstellung sein. Besonders die Pressearbeit von Wirtschaftsverbänden oder ähnlichen Institutionen ist deshalb häufig rechtlich unproblematisch.

Gerade bei der Pressearbeit von Unternehmen greift diese Besonderheit aber in aller Regel nicht. Vor allem dann nicht, wenn über unternehmerische Leistungen und Erfolge berichtet wird. Dann kann jeder Inhalt, der Persönlichkeitsrechte berührt, problematisch sein. Beispielsweise muss für folgende PR-Veröffentlichungen die Einwilligung vorliegen:

- Veröffentlichung von Namen und Zitaten in Pressemitteilungen
- Veröffentlichung von Bildern, beispielsweise auf Unternehmenswebsites oder in Newslettern

Die Einwilligung muss nicht schriftlich erteilt werden. Allerdings muss im Rechtsstreit nicht der Betroffene nachweisen, dass er keine Einwilligung erteilt hat. Es liegt beim Veröffentlichenden, für die konkrete Nutzung nachzuweisen, dass eine persönlichkeitsrechtlich wirksame Einwilligung vorliegt.

Auch die Mitarbeiter eines Unternehmens müssen in aller Regel gefragt werden, bevor ihr Name oder ihr Bild vom Unternehmen veröffentlicht wird. Nur in Ausnahmefällen kann man hier unterstellen, dass ein Einverständnis vorliegt. Das betrifft Mitarbeiter, zu deren Tätigkeitsgebiet es gehört, das Unternehmen nach außen zu repräsentieren (beispielsweise Vorstand, Geschäftsführer oder Pressesprecher). Andere Mitarbeiter, auch wenn sie in leitender Funktion oder im Außendienst beschäftigt sind, müssen vor einer Veröffentlichung ausdrücklich gefragt werden.

Ganz besonders kritisch ist es, in der unternehmerischen Pressearbeit auf Außenstehende Bezug zu nehmen. Vor allem die – auch scherzhafte – Anlehnung an Sympathie und Bekanntheit von Prominenten muss tabu bleiben. Das gilt auch dann, wenn es einen konkreten Bezug zu den Produkten des Unternehmens gibt. Rechtswidrig wäre beispielsweise eine Pressemitteilung, in der ein Schuhhersteller (wahrheitsgemäß) darüber informiert, dass der Prominente X seine Schuhe trägt. Der Grund ist, dass derartige PR als Werbung einzustufen ist. Niemand muss es hinnehmen, ohne seinen Willen für Werbung eingespannt zu werden. Derartige PR-Ideen können sehr teuer werden, denn ein für solche Zwecke missbrauchter Prominenter kann vom werbenden Unternehmen das verlangen, was üblicher Weise für das Testimonial zu bezahlen wäre.

Da eine Einwilligung ohne besondere Formalitäten möglich ist, reicht dafür jedes Verhalten aus, aus dem man schließen kann, dass der Betroffene mit der Veröffentlichung einverstanden ist. Der konkrete Veröffentlichungszweck muss aber für den Betroffenen erkennbar sein. Wenn es beispielsweise üblich ist, dass unternehmensintern ein »Mitarbeiter des Monats« im Intranet präsentiert wird, dann beschränkt sich eine entsprechende Zustimmung auch auf diesen Veröffentlichungszweck. Soll dieser Mitarbeiter auch in der externen Kommunikation präsentiert werden, dann muss auch dieser Veröffentlichungszweck für den Betroffenen erkennbar gewesen sein. Nur dann ist die Veröffentlichung nach außen von der Einwilligung gedeckt.

Das knüpft an eine andere typische Problemstellung an, nämlich die zeitliche Dauer einer Veröffentlichung: Man muss unterstellen, dass die Veröffentlichung von Namen oder Bildern in Unternehmen, Verbänden oder anderen Institutionen vom Betroffenen nicht mehr gewollt ist, wenn er aus der Funktion oder dem Arbeitsverhältnis ausscheidet. Häufig ist es auch so, dass die Einwilligung auf einen konkreten Anlass beschränkt ist. In dem Moment, in dem dieser Hintergrund der Einwilligung wegfällt, endet auch die Zulässigkeit der Veröffentlichung. Das kann bei lang anhaltenden Veröffentlichungen (insbesondere im Archiv der PR-Meldungen auf der Unternehmenswebsite) zu berechtigten Ansprüchen, beispielsweise von Ex-Mitarbeitern führen.

66 Wettbewerbsrecht

Pressemitteilungen von Unternehmen sind in aller Regel Wettbewerbshandlungen (§ 2 Abs. 1 Nr. 1 Gesetz gegen den unlauteren Wettbewerb, UWG). Positiv-PR, also beispielsweise Pressemitteilungen, die unternehmerische Leistungen oder Erfolge darstellen, sind rechtlich in der Regel als Werbung einzustufen. Werbung ist nach der europarechtlichen Definition (Irreführungsrichtlinie 84/450/EG) »jede Äußerung bei der Ausübung eines Handels, Gewerbes, Handwerks oder freien Berufs mit dem Ziel, den Absatz von Waren oder die Erbringung von Dienstleistungen, einschließlich unbeweglicher Sachen, Recht und Verpflichtungen zu fördern.«

Solche Pressemitteilungen sind deshalb im rechtlichen Sinn »Werbung«. Das führt dazu, dass derartige Pressemitteilungen wettbewerbsrechtliche Probleme aufwerfen können. Bei der Formulierung von Pressemitteilungen müssen aus wettbewerbsrechtlicher Sicht vor allem drei Gesichtspunkte beachtet werden:
- Der Werbecharakter einer Unternehmensmitteilung darf nicht verschleiert werden (§ 4 Abs. 1 Nr. 3 UWG).
- Es dürfen keine irreführenden Aussagen gemacht werden, insbesondere darf eine Marktführer- oder Spitzenstellung nur behauptet werden, wenn eine solche Stellung besteht (§ 5 UWG).
- Vergleiche mit Produkten von Wettbewerbern sind nur zulässig, wenn sie objektiv und nachvollziehbar sind (§ 6 UWG).

Diese drei Fallgruppen werden hier kurz angesprochen.

Die erste Fallgruppe betrifft die Fälle so genannter redaktioneller Werbung. § 4 Abs. 1 Nr. 3 UWG bestimmt, dass unlauter handelt, wer »den Werbecharakter von Wettbewerbshandlungen verschleiert.« Nun wird man einräumen müssen, dass der Werbecharakter nach der rechtlichen Definition stets erkennbar ist, wenn eine klassische Pressemitteilung versandt wird. Das ist schon deshalb offensichtlich, weil Absender der Pressemitteilung das Unternehmen oder die vom Unternehmen beauftragte (PR-/Werbe-)Agentur ist. Allerdings kann die Erkennbarkeit verloren gehen, wenn die angesprochenen Informationsvermittler, insbesondere die angeschriebenen Medien, die Informationen aus der Pressemitteilung übernehmen. Nicht jeder dieser Fälle führt automatisch zu redaktioneller Werbung. Wenn aber dem Medienunternehmen für die Veröffentlichung eine Gegenleistung gewährt worden ist (üblicher Weise die zusätzliche Buchung von Anzeigen), dann kann die Übernahme von Informationen aus einer Pressemitteilung in die redaktionelle Werbung kippen. In einem solchen Fall haftet nicht nur das Medienunternehmen aus wettbewerbsrechtlicher Sicht. Auch der Lieferant der Information kann in Anspruch genommen werden. Dafür ist nicht erforderlich, dass das Unternehmen von dem Medium (ausdrücklich) verlangt hat, den PR-Text redaktionell zu veröffentlichen. Ausreichend ist, dass mit der unkritischen redaktionellen Übernahme zu rechnen war und der Versender der Pressemitteilung sich eine Überprüfung des redaktionellen Beitrags nicht vorbehalten hat. Diese (viel kritisierte) Rechtsprechung des Bundesgerichtshofs stellt also hohe Anforderungen auch an den Versender von Pressemitteilungen – wer mit Lobhudelei in redaktionellen Veröffentlichungen rechnet, der muss die Redaktion bremsen.

Die zweite Fallgruppe betrifft die Gefahr von missverständlichen Informationen in Pressemitteilungen. Das Wettbewerbsrecht verlangt Aufrichtigkeit in der Werbung. Das gilt auch bei der Werbung gegenüber Fachleuten oder Fachjournalisten. Das wettbewerbsrechtliche Gegenteil von Aufrichtigkeit ist die Irreführung, die § 5 Abs. 1 UWG als unlauter bezeichnet. Irreführend ist jede Angabe, die einen unzutreffenden Eindruck erweckt. Irreführend ist eine Angabe nicht nur dann, wenn sie ausdrücklich der Wahrheit widerspricht (beispielsweise die Angabe falscher Unternehmenskennzahlen), sondern auch dann, wenn relativierende Informationen weggelassen werden. Der letztere Fall dürfte ein typisches Problem beim Verfassen von Pressemitteilungen sein. Denn bei der Positiv-PR wird man häufig im eigenen Interesse versucht sein, relativierende Aussagen unter den Tisch fallen zu lassen. Beispielsweise wäre die Information irreführend, dass ein Unternehmen 300 neue Mitarbeiter eingestellt hat, wenn tatsächlich der Mitarbeiterstamm durch Frühpensionierungen o. Ä. um 500 Personen verringert wurde.

Typisch sind auch Fälle unzulässiger Spitzengruppen- und Alleinstellungsbehauptung. Wer sich selbst beispielsweise als »Marktführer« oder als »größter Anbieter« bezeichnet, der muss einen deutlichen und dauerhaften Vorsprung vor seinen Wettbewerbern haben (und nachweisen können). Wenn also beispielsweise ein Unternehmen erstmals mehr Produkte absetzt als ein Wettbewerber, dann wäre die Behauptung »größter Anbieter« (noch) nicht zulässig, weil die Stetigkeit des Vorsprungs zweifelhaft ist. Das gilt entsprechend, wenn nicht geworben wird mit Angaben über das Unternehmen, sondern mit den Eigenschaften von Produkten.

Die dritte Fallgruppe ist die unzulässige vergleichende Werbung. Die Fälle sind den Fällen der irreführenden Alleinstellungswerbung verwandt. Wenn in einer Pressemitteilung Eigenschaften von eigenen Produkten denen der Wettbewerber (auch allgemein) gegenübergestellt werden, dann ist das nur unter den folgenden (in § 6 Absatz 2 UWG aufgezählten) Voraussetzungen zulässig:

- Die verglichenen Produkte müssen dem gleichen Bedarf dienen. Zulässig ist beispielsweise Auto/Auto; unzulässig: Auto/Fahrrad.
- Der Vergleich muss sich auf wesentliche und objektivierbare Eigenschaften der Produkte beziehen. Problematisch sind hier beispielsweise Tarifvergleiche (Telefontarife oder Versicherungstarife), wenn die angebotenen Leistungen sich unterscheiden.
- Der Vergleich darf nicht so dargestellt werden, dass die Produkte oder Marken verwechselt werden können.
- Falls ein konkreter Mitbewerber erkennbar gemacht wird, darf dieser nicht verunglimpft werden.
- Die verglichenen Produkte dürfen nicht als Nachahmung eigener Markenprodukte dargestellt werden.

Die rechtlichen Voraussetzungen an zulässige Presseerklärungen konnten mit dieser Darstellung nur angerissen werden. Bei wichtigen und nicht offenkundigen Fragestellungen kann es daher sinnvoll sein, anwaltlichen Rat einzuholen.

Peer Brockhöfer

Die Verbreitung der Pressemitteilung

Vor noch nicht einmal zehn Jahren konnte man in Agenturen Juniorberater am Faxgerät beim Presseversand beobachten. In der linken Hand hielten sie eine Liste mit Faxnummern, mit der rechten schoben sie immer wieder die gleiche Pressemitteilung ins Übertragungsgerät. Nicht dass man über keinen E-Mail-Anschluss verfügte. Der händische Faxversand war ein üblicher Weg, Journalisten zu erreichen. Es gab zu jedem Fax auch das entsprechende Deckblatt, mit dem der Ansprechpartner adressiert wurde.

Natürlich handelte es sich dabei nicht um die so genannte »breite Streuung«, sondern die Informationen gingen an einen übersichtlichen Verteiler von ausgewählten Pressevertretern. Es war noch nicht Standard, einen Dienstleister mit dem Versand einer Pressemitteilung zu beauftragen. Es war die Zeit der Kroll-Taschenbücher und der Zimpel-Loseblatt-Sammlungen. Den Versand übernahm die Agentur in eigener Regie. Meist übernahmen das der Junior-Berater oder studentische Hilfskräfte in Pressestellen – Fax für Fax.

Damals gab es schon das Internet und E-Mails. Als Mitte der Neunziger Jahre bei großen Verlagen Recherche-Seminare stattfanden, warnten die Referenten noch vor dem Informationspool des WWW und lobten die gesicherten Quellen: Presse-Archive, papierne Unterlagen, gedruckte Pressemitteilungen, Bücher, Zeitungen und das Telefonat mit Informanten wie Verbandssprechern, Interessenvertreter, Mitarbeiter von Unternehmen. Vor diesem Hintergrund war der digitale Übertragungsweg noch keine bei Journalisten etablierte Art, Meldungen zu erhalten. Es fehlte schlicht an Vertrauen in die virtuelle Welt.

In nur zehn Jahren ist das Internet zur wichtigsten Informationsquelle geworden. Es ist kostengünstig, effizient, schnell. Statt den Gang ins Archiv zu tätigen, googelt der Journalist. Statt der Faxgeräte quellen nun Mail-Accounts über. Der E-Mail-Versand ist heute die am meisten genutzte Möglichkeit, Pressemitteilungen zu verschicken. Die »neuen Medien« machen die meisten modernen Distributionsdienstleistungen für die PR-Branche erst möglich.

Die E-Mail macht es PR-Schaffenden leicht. Ab Anfang der neunziger Jahre begannen Agenturen und Pressestellen von Unternehmen ihre Pressemitteilungen in Eigenregie in die Welt zu schicken. Direkt vom Schreibtisch aus konnten mit wenigen Klicks eine Vielzahl von Empfängern erreicht werden. Verfügte man erstmal über das technische Umfeld wie Computer und einen Mail-Server, verursachte das Verschicken im Gegensatz zum Faxen keine zusätzlichen Kosten. Die Anzahl der verbreiteten PR-Texte stieg folglich an.

Die Deutsche Presseagentur (dpa) erkannte als erstes Unternehmen in Deutschland das Potenzial für einen neuen Markt, auf dem sie bis heute mit ihrem Tochterunternehmen news aktuell Platzhirsch ist. Das Dienstleistungsunternehmen wurde 1989 von Carl-Eduard Meyer gegründet und ist seit 1994 in Besitz der dpa in Hamburg. Monatlich werden hier über den Originaltext-Service (ots) derzeit mehr als 3.500 Pressemitteilungen an 100.000 E-Mail-Abonnenten abgesetzt. Der Anbieter directnews aus Leipzig adressiert mehr als 120.000 Journalisten in ganz Europa und verschickt im Monat mehr als 1.000 Meldungen. Mitbewerber Pressetext aus Österreich hält auf seinem Portal insgesamt 90.000 Meldungen vor und versendet diese an seine 115.000 Abonnenten im deutschsprachigen Raum. Die digitale Verbreitung von PR-Informationen spielt im Gegensatz zu den klassischen Übertragungswegen mittlerweile die Hauptrolle. Der Postweg wird allenfalls für Pressemappen, Rezensionsexemplare von Büchern, DVDs und anderen materiellen Dingen oder auch persönliche Einladungen zu Veranstaltungen genutzt. Der Faxversand ist längst nicht mehr der Königsweg des erfolgreichen Presseversands. Juniorberater und Pressereferenten stehen nur noch selten am Faxgerät. Laut einer Journalistenbefragung des Essener Stamm-Verlags (Basis: 3.000 Redakteure aus 21 Ressorts) wollen nur noch 4,4 Prozent der Redakteure mit News angefaxt werden. Selbst der Postweg ist Journalisten sympathischer: 9,8 Prozent von ihnen möchten Pressemeldungen per Post haben. Im Jahr 2000 lag diese Quote noch bei 30 Prozent. 76,8 Prozent der befragten Redakteure bekommen Nachrichten heute hauptsächlich per E-Mail.

Außer den drei genannten Anbietern gibt es aber noch weitere PR-Versanddienstleister. Während directnews, news aktuell und Pressetext nicht auf ein Themengebiet oder eine Branche spezialisiert sind, haben sich andere erfolgreich ihre Nischen gesucht. Press1 in München fokussiert beispielsweise den Informationsmarkt um die IT-Branche, die Unterhaltung- und Health-Care-Industrie. Ausländische Unternehmen wie BusinessWire oder Hugin aus Norwegen und auch die ehemalige Tochter der Deutschen Börse, die Deutsche Gesellschaft für AdHoc-Publizität (DGAP), die seit 2006 zur IR.Agentur Equity Story gehört, setzen auf den Finanzmarkt. Anbieter wie LPSB (Lokalpresse), Radio Service oder Audioetage (Hörfunk) sowie The NewsMarket und Medialink (TV) sind auf bestimmte Mediengattungen spezialisiert. Neben Generalisten und Spezialisten, die Kunden den Versand komplett aus der Hand nehmen, existieren außerdem noch stark technisch orientierte Dienstleister. Mit Premiere Global (bislang Xpedite), Fax.de, GTC oder retarus drängen mehr und mehr solcher Unternehmen in den Markt.

Der PR-Distributionsmarkt ändert sich stetig. Mit ihm die Angebote der Dienstleister. Anbieter wie directnews, news aktuell, BusinessWire, oder Press1 bieten alle üblichen Versandwege an: E-Mail, Satellit, Fax als so genannte Push-Variante, bei der die Nachrichten direkt zum Empfänger transportiert werden. Zunehmend werden auch Techniken wie RSS-Feeds in die Angebote aufgenommen. Per Content-Syndication werden in zahlreichen Internet-Seiten die PR-Informationen so integriert, dass sie automatisch dort neben den anderen Inhalten auftauchen, sozusagen als News-Feed.

Neben dem direkten Versand an Journalisten werden PR-Meldungen zunehmend in die Angebote der Nachrichtenagenturen wie Agence France Presse (AFP), Associated Press (AP), Reuters, Bloomberg oder dpa-afx oder Dow Jones integriert. Nicht nur, dass die Nachrichtenagenturen wie andere Medien auch mit PR-Meldungen im Auftrag der Kunden versorgt werden und gegebenenfalls eine Nachricht aus der Meldung machen, sondern zwischen den Verbreitungsdienstleistern und Nachrichtenagenturen bestehen Kooperationsverträge, die vorsehen, dass PR-Meldungen mitunter ohne redaktionelle Bearbeitung in den Nachrichtenstrom aufgenommen werden. Hier handelt es sich dann oft um Finanzinformationen oder Wirtschafts-News und nicht um Produkt-PR. Denn wenn die Texte von den Nachrichten-Redakteuren nicht umgearbeitet werden, so findet sehr wohl eine redaktionelle Kontrolle bei der Auswahl der Texte statt. Entscheidend ist hier natürlich die Relevanz der Information für Gesellschaft, Politik oder Wirtschaft. Die Nachrichtenagenturen müssen ihre Qualitätsstandards einhalten können, sonst leidet ihre Akzeptanz in den Redaktionen.

Gleichzeitig werden die Informationen für recherchierende Journalisten im Internet bereitgehalten, damit die sich hier die Informationen aus dem Netz »ziehen« können – die Pull-Variante. Jeder Anbieter unterhält hierfür ein eigenes Portal, mit Suchfunktion und strukturiertem Themenangebot. Unter der Internetadresse presseportal.de hat sich der Originaltext-Service (ots) bei den Zielgruppen als feste Größe etabliert: Mehr als vier Millionen Zugriffe pro Monat kann die Internetseite vorweisen. Etwa 15.000 digitale Pressemappen mit Text- und Bildmaterial sind dort abrufbar. news aktuell hat in Datenbanken mehr als 23.000 Bilder gespeichert.

Zusätzlich zu den Verbreitungskanälen verfügen die Versand-Services auch über Adressbestände, aus denen sie Verteiler für unterschiedliche Mediengattungen oder Themenbereiche entwickeln. Mitunter werden die Verteiler auch zum Verkauf angeboten, womit die Branche auch im Markt der Adressdienstleister präsent ist.

Im PR-Dienstleistungsmarkt findet ein starker Trend zum Komplett-Anbieter statt. Kaum ein Versender, der nicht auch seine Adressen feilbietet, Adressdienstleister versuchen in den Versandmarkt einzusteigen, auch die Erfolgskontrolle wird von einigen Versendern wie etwa Press1 angeboten. Die aus Schweden stammende Observer-Gruppe bietet ein Full-Service-Angebot aus Distribution, Kontaktdaten und Evaluation an.

So umfassend und technisch ausgereift die Informationsverbreitung auch ist, hat sie ihre Tücken. Durch den massenhaften Versand steigt die Informationsflut beim Empfänger. Stand früher der Papierkorb in den Redaktionen immer in der Nähe des Faxgeräts, ist es heute umso leichter E-Mails zu löschen. Und das geschieht in Redaktionen auch massenhaft. Aus Sicht der Journalisten gleichen viele Presseaussendungen einer Spam-Attacke. Für die Distributionsbranche besteht hier ihre größte Herausforderung. Denn einerseits verdient sie mit dem Versand Geld. Je mehr versendet wird, desto größer wird auch ihr Umsatz. Andererseits darf sie nicht die Sympathien in den Redaktionen gefährden. Denn mit sinkender Akzeptanz ihrer PR-Meldungen sinken auch ihre Marktchancen. Technische Innovationen sind nach wie vor gefragt. Doch ebenfalls entscheidend sind qualitativ gute Verteiler, die nur Empfänger adressieren, denen die PR-Informationen auch nützlich sind. Das »Gießkannenprinzip« ist nicht mehr zeitgemäß. Der größte Arbeitsaufwand für die Versanddienstleister steckt folglich darin, sich Akzeptanz in den Redaktionen zu verschaffen. Durch Umfragen unter Pressevertretern – natürlich per E-Mail – soll herausgefunden werden, wer welche Themen in welcher Form wünscht, um dann die Verteiler genau auf diese Bedürfnisse abzustimmen.

Melanie Ruprecht

Pressearbeit mit Online-Medien

»Ach, Sie sind von der Online-Redaktion? Könnten Sie mich bitte mit einem Kollegen von der Zeitung verbinden?« – Noch immer denken viele zunächst nur an die Printpublikationen, wenn es um Presse- und Öffentlichkeitsarbeit geht. Ein Fehler, denn mit den Online-Medien ergibt sich nicht nur ein zusätzlicher Vertriebskanal, sondern echte Chancen: Online-Redaktionen können schneller reagieren und so innerhalb kürzester Zeit eine Nachricht verbreiten; die Regel, dass wenn etwas schon mal im Blatt stand, nicht erneut darüber berichtet wird, gilt weniger konsequent für den Online-Bereich; neben der Textberichterstattung kann eine Veröffentlichung nicht nur – wie im Print – mit einem Bild angereichert werden, sondern mit umfangreichen Bildergalerien, Filmen oder Audiobeiträgen. Dies steigert den Wert der Nachricht, macht sie glaubwürdiger und sorgt so für eine größere Verbreitung.

Doch um Online-Redaktionen anzusprechen und dafür zu begeistern, eine Geschichte mit allen zur Verfügung stehenden Mitteln aufzubereiten, sollte man wissen, wodurch sich eine Internetabteilung von einer »normalen« Redaktion unterscheidet. Die wichtigsten Merkmale:

Unterbesetzt: Oftmals investieren Verlage mehr in den personellen Ausbau der Printressorts als in den der Online-Redaktionen. Online-Redakteure arbeiten somit extrem viel und sind oft nicht nur auf ein Ressort oder einen Themenbereich festgelegt. Im Zweifel muss jeder über alles schreiben können.

Belächelt: Selbst in den eigenen Verlagen werden die Online-Redakteure auch heute noch oft weniger ernst genommen als die Print-Redakteure – oder gar von diesen belächelt. Noch immer besteht das Vorurteil, die Online-Redakteure seien weniger gut ausgebildet oder würden sich weniger gut in einem Spezialgebiet auskennen.

Selbst wenn das in manchen Redaktionen so sein mag, gibt es drei wesentliche Eigenschaften von Online-Redakteuren, die für eine erfolgreiche Presse- und Öffentlichkeitsarbeit viel wichtiger sind:

Flexibel, schnell, vielseitig: Der Online-Redakteur muss schnell reagieren können, das ist eine der maßgeblichen Voraussetzungen des Mediums. Er muss sich mit allen technischen Möglichkeiten auskennen und sofort, wenn er von einem Thema erfährt, alle Varianten der Berichterstattung vor Augen haben: Lohnt sich ein Telefoninterview mit dem Geschäftsführer, das als Audiofile zum

Artikel gestellt wird? Hat das Unternehmen interessantes Fotomaterial? Könnte man einen kleinen Film drehen? Eine Umfrage starten, einen Test entwickeln, einen Experten-Chat anstoßen? Die Bandbreite ist riesig; und je mehr Varianten der Redakteur nutzt, desto attraktiver wird der Bericht für die Leser.

Doch wie gelangt die Aussage einer Pressemitteilung als multimedialer Bericht auf eine Webseite?

67 Das richtige Medium

Vor der Versendung einer Pressemitteilung steht die Entscheidung darüber, welche Online-Medien überhaupt angesprochen und in einen Verteiler aufgenommen werden. Hier hilft ein Blick auf die Webseite. Wie ist sie thematisch ausgerichtet? Wie viele Besucher gibt es – lohnt es sich, Redakteure dieses Mediums gezielt anzusprechen, werden die Beiträge von einer relevanten Zielgruppe gelesen? Ist das Layout ansprechend? Gibt es Bereiche, die reine Traffic-Lieferanten sind – extrem viele Bildergalerien, Artikel, die nicht auf einmal angezeigt werden, sondern sich über zehn Seiten hinziehen, Spiele? Enthält der Auftritt Ressorts wie Erotik oder als redaktionelle Specials aufbereitete Anzeigen, kurz: Inhalte, in dessen Umfeld ein Unternehmen eventuell nicht erwähnt werden möchte?

Je nach Zielrichtung der PR werden unterschiedliche Medien in den Focus gelangen. Doch es gibt gar nicht so viele Webseiten, die über eine hinreichende Größe verfügen – bezüglich der Besucherzahl aber auch der Personalstärke, so dass eine eigenständige Online-Redaktion angesprochen werden kann.

Zu den großen Online-Redaktionen zählen die von Spiegel, Focus, Süddeutsche Zeitung, FAZ, Stern, Handelsblatt, ZEIT. Daneben gibt es die eher regional ausgerichteten Webseiten wie www.rp-online.de, www.abendblatt.de oder www.fr-aktuell.de. Die Netzeitung bildet eine Ausnahme, da kein Print-Pendant existiert und zudem recht hohe Besucherzahlen erreicht werden. Vergessen werden sollten nicht die Online-Auftritte der Zeitschriften wie Brigitte, Eltern oder Gala. Jedoch sind die Redaktionen hier eher klein und betreiben selten eine eigenständige Berichterstattung.

Unternehmen wie T-Online oder AOL hingegen haben fast die größten Online-Redaktionen in ganz Deutschland und zudem überdurchschnittliche Besucherzahlen. Allerdings ist es fast noch schwerer, ein Thema bei T-Online zu platzieren als bei Spiegel.de. Oberstes Kriterium ist das Leserinteresse. Auf die Seite kommt zuerst, was geklickt wird; und das sind vor allem Service-Themen oder Diät-Tipps.

175

68 Der richtige Ansprechpartner

Wie auch sonst in der PR entscheidet beim Umgang mit Online-Redaktionen der jeweilige Ansprechpartner über den Erfolg der Öffentlichkeitsarbeit. Es gilt, den richtigen Ansprechpartner zu ermitteln, den Experten für ein spezielles Thema, den Redakteur eines bestimmten Ressorts.

Impressum: Eventuell steht im Impressum, welcher Redakteur welchem Ressort angehört. Oftmals deckt ein Redakteur zwei oder mehr Bereiche ab.

Anrufen: Sind im Impressum die Ressortzugehörigkeiten nicht genannt, lohnt sich ein Anruf bei der Redaktionsassistenz. Diese weiß, wer wofür zuständig ist. Ein Tipp: Auch ein Hospitant oder Volontär kann der richtige Ansprechpartner sein. Diese erhalten in der Regel die weniger spannenden Geschichten und »brennen« darauf, einen Bericht richtig gut aufzubereiten. Ihr Ergeiz ist oft größer als der von langjährigen Redakteuren, die manchmal den interessanten Aspekt einer PR-Nachricht nicht sehen.

Lesen: Auch in diesem Punkt gilt der gleiche Grundsatz wie in der PR allgemein. Wer mit einem Medium Kontakt aufnehmen möchte, sollte es kennen. Die Webseiten sollten regelmäßig besucht, Artikel gelesen und auf Autorenkürzel geachtet werden. Gibt es überhaupt alle Darstellungsmöglichkeiten (Videos, Audio-Files); in welchen Fällen werden sie wie genutzt; können Regelmäßigkeiten festgestellt werden – beispielsweise den Einsatz von Bildergalerien betreffend: Welche Themen werden auf der Startseite platziert, welche meist auf unteren Ebenen?

Online-Autoren und deren Berichte können bequem und kostengünstig recherchiert werden. Über die Suchmaschinen lässt sich ermitteln, ob der Redakteur, der sich um Medizinthemen kümmert, viel schreibt, eine bestimmte Darstellungsform bevorzugt oder sich bereits negativ über ein Produkt geäußert hat.

69 Die Ansprache

Während Print-Redakteure gern Pressemitteilungen per Fax erhalten möchten, haben sich bei Online-Medien E-Mails nahezu durchgesetzt. Beim Versand von E-Mails gelten einige Regeln:

Der Verteiler: Es gibt für jeden PR-Mitarbeiter die zehn bis fünfzehn Ansprechpartner, die besonders wichtig sind für das Unternehmen, die man persönlich kennt, die irgendwie positiver berichten als andere. Diese Redakteure sollten individuell angemailt werden. Mit einer persönlichen Begrüßung und vielleicht auch mit dem Angebot eines exklusiven Zusatzes – einer Studie, Graphik, der Kontakt zu einem Experten.

Der Betreff: Die Betreffzeile entscheidet – im Zweifel – darüber, ob die E-Mail gelesen wird oder nicht. Niemals sollte hier so etwas stehen wie »Pressemitteilung 239 v. 22.08.2006«. Die Betreffzeile soll neugierig machen auf den Inhalt der E-Mail und vermitteln, worum es geht. Vorsicht: Viele Spamfilter reagieren auf Schlüsselwörter wie sparen, Schnäppchen oder Angebot; und so gelangt die Pressemitteilung erst gar nicht in den Posteingang des Redakteurs. Selbst die Erwähnung von Brustkrebs in der Betreffzeile kann dazu führen, dass die Pressemitteilung eines Pharmaunternehmens aussortiert wird.

Das Format: Eine E-Mail im txt-Format ist vielleicht nicht so »schick« wie eine gut gestaltete HTML-Mail, doch verringert sich bei txt-Formaten das Risiko, dass ein Redakteur eine E-Mail nicht empfangen oder lesen kann oder der Inhalt nicht so ankommt, wie er sollte.

Die eigentliche Pressemitteilung sollte sowohl in die E-Mail kopiert werden, als auch zusätzlich als Anhang beigefügt sein – am Besten als Word-Dokument oder als pdf-Datei. Für ein Word-Dokument spricht, dass der Redakteur hier bequemer einen Textabschnitt herauskopieren kann als bei der pdf-Datei. Mit diesem Format können selbst in Online-Redaktionen nicht alle Redakteure umgehen. Zudem gibt es noch immer Arbeitsplätze (vor allem in kleinen Lokalredaktionen), an denen pdf-Dateien nicht geöffnet werden können. Andererseits ist bei einer pdf-Datei sichergestellt, dass die Pressemitteilung so angezeigt wird, wie sie angelegt ist – die Darstellung eines Word-Dokuments hängt von den individuellen Einstellungen des Nutzers ab.

Die Anhänge: Neben der eigentlichen Pressemitteilung können Bilder, Tabellen, Grafiken oder ganze Studien versendet werden. Aber: Dadurch »verstopft« nicht nur der Posteingang des Empfängers, zudem steigt das Risiko, Viren zu versenden.

Anhänge sollten nur auf Anfrage individuell versendet werden. In der Pressemitteilung kann erwähnt werden, was dem Redakteur noch alles zur Verfügung steht und wie er an das Material gelangt: Am Bestem über einen Link zur Unternehmenswebseite, wo die Dokumente zum Download bereit liegen; zudem alternativ per E-Mail oder auf einer CD, die zugesandt wird.

Der Redakteur soll es so einfach und bequem haben wie möglich und er sollte von der PR eines Unternehmens dabei unterstützt werden, seine Arbeit möglichst effektiv und effizient auszuüben. – Eine bunt blinkende HTML-Mail, riesengroße Anhänge, die unaufgefordert zugesandt werden, sind tabu.

Der Inhalt: Der Inhalt entscheidet letztlich über den Erfolg einer Presseaussendung. Gibt es einen Nachrichtenwert, ist die Pressemitteilung interessant genug, um den Redakteur zu motivieren mehr Informationen anzufordern? Ein Online-Redakteur erhält rund doppelt so viele E-Mails wie sein Kollege im Print-Ressort. Damit die Pressemitteilung wahrgenommen wird, muss sie durch die besonders gute Betreffzeile, Überschrift und den Vorspann zum Lesen animieren, viel versprechend klingen. Der Verfasser muss sich noch mehr anstrengen, um mit seiner Pressemitteilung aufzufallen. Andernfalls landet sie im virtuellen Papierkorb.

Nach der Pressemitteilung beginnt die Arbeit

70 Die Vorbereitung auf die Reaktion der Medien

Eine gerne erzählte Anekdote von PR-Trainern auf jedem Seminar: Die Pressemitteilung wurde vernünftig geschrieben, das Thema war ein Thema, die Verbreitung zielgerichtet und zeitlich perfekt, folgerrichtig riefen Journalisten in der Pressestelle an – wo sie niemanden erreichten. Leider kommt das nach wie vor wirklich vor!

Ein Journalist, der Ihr Thema interessant findet und unter Umständen aufgreifen möchte, wird fast immer Rückfragen haben. Warum eigentlich, Ihre Pressemitteilung war doch perfekt?

1. Journalisten übernehmen fast nie Pressemitteilungen im Wortlaut.
2. Journalisten wollen wenigstens ansatzweise die »eigene Drehe« einer Geschichte, das kann ein zusätzliches exklusives Zitat oder ein nettes Detail sein. Beides nie an zwei Journalisten geben!
3. Journalisten wollen Meldungen als Hintergrundinformationen verwenden und müssen wissen, wann das Thema eventuell wieder hochkommt, also Ihre Berichterstattung weitergeht.
4. Alle Medien haben eiserne Gesetze, was in einem Beitrag unbedingt enthalten sein muss, z. B. das Alter aller Protagonisten in der Boulevard-Presse.

Schlicht und einfach: Zusatzinformationen sind gewünscht

Zeitliche Verfügbarkeit für Rückfragen

Wenn Sie eine Pressemitteilung bis 17:00 verbreiten, müssen Sie bis 20:30 unmittelbar und direkt erreichbar sein, ohne Mobilbox oder Anrufbeantworter sowie am nächsten Morgen ab 8:30. Nach 20:30 ist es bei nicht ganz so weltbewegenden Inhalten in Ordnung auf die Erreichbarkeit ab dem frühen Morgen des nächsten Tages zu verweisen. Sie haben niemanden, der das zweite klingelnde Telefon bedienen kann? Studentische Hilfskräfte mit professioneller Telefonstimme kosten je nach Region zwischen 6,00 und 15,00 EUR die Stunde und es ist um Klassen professioneller, den Wunsch des anrufenden Redakteurs kurz aufschreiben zu lassen, als diesen mit Warteschleifen, Besetztzeichen oder Mobilboxen zu entnerven. Dass Ihre Mittagspause bei Vormittags-Aussendungen entfällt, dürfte sich von selbst verstehen.

Rufen Sie am selben Tag einen Journalisten nicht innerhalb von 90 Minuten zurück, ist das ein Armutszeugnis für Ihre interne Struktur, anderthalb Stunden sind das absolute Maximum, unabhängig vom Thema und dem Verbreitungsgebiet. Und wenn es nur ein Zwischenbescheid ist mit der Information, dass ihr Archiv bereits auf der Suche nach den angefragten Zusatzinformationen ist.

Staffelung nach Medien bei Rückrufen

Natürlich ist es legitim, zunächst Reuters, Dow Jones und Associated Press zurückzurufen, dann vielleicht die FAZ und das Handelsblatt. Aber trotzdem müssen Sie besonders vorsichtig mit den elektronischen Medien sein, denn hier ist im Zweifelsfall jede Minute Redaktionsschluss und nicht nur am frühen Abend wie bei den Printmedien. An dieser Staffelung bei überregionalen Themen geht kein Weg vorbei:

1. Nachrichtenagenturen
2. Überregionale Presse nach Auflage und Wichtigkeit
3. TV und Rundfunk
4. Regionale Standortpresse
5. Fachpresse ohne zeitnahen Redaktionsschluss

Ausnahmen gibt es viele, bei negativen und standortbezogenen Vorgängen hat die regionale Presse eine ganz andere Priorität, weil sie vor allem auch von den eigenen Mitarbeitern gelesen wird. Die Bedeutung der elektronischen Medien muss jeder Kommunikationsmanager für sein Unternehmen selbst beurteilen: Natürlich ist Bloomberg TV wichtig, wenn es um einen internationalen Investor Relations- oder Merger&Acquisition-Aspekt geht. Ob aber die beiden Nachrichtensender N24 und N-TV wichtiger sind als die größte Zeitung am Standort, kann bezweifelt werden. Aber für eventuelle Zusatzberichte oder sogar einen Reportereinsatz müssen die Kollegen der elektronischen Medien zumindest schnell wissen, ob Ihr Wunsch erfüllbar ist. Eine typische Frage ist zum Beispiel: »Können wir dazu Ihren CEO noch ganz kurz vor die Kamera bekommen?«

Weiterführende Informationen und Interviewangebote

Wenn eine gute Pressemitteilung eine, maximal aber zwei Seiten lang ist, kann kaum ein Thema umfassend dargestellt werden, dies ist ja auch nicht der Sinn dieser Form. Aber die Beschränkung auf maximal zwei Seiten heißt ja eben nicht, den Journalisten nicht mehr Informationen anzubieten!

Viele Pressestellen tun das nicht und verschenken damit sowohl die Möglichkeit, eine ausführlichere Darstellung ihres Themas zu erreichen, als auch ihr Service-Denken in der Medienarbeit zu beweisen. Möglichkeiten gibt es viele:

Infografiken (zweifarbig) stehen bereit unter (...)

Bildmaterial: Erhältlich sofort als Datei, Papier oder Download; 2 Motive neue Tragfläche, mehr Informationen und Voransicht: (...)

Für Hörfunkredaktionen: Original-Statements des CEOs wie in der Pressemitteilung erhalten Sie zum Download unter (...)

Für Fachjournalisten: Ausführliche Prozessbeschreibung erhältlich unter (...) (Achtung: Akkreditierung erforderlich!)

Auch Interview-Wünsche können zeitgleich mit der Pressemitteilung vorsortiert werden: Für ganz schnellen Gesprächsbedarf müssen Sie dafür Sorge tragen, dass zumindest einer Ihrer Entscheider auch wirklich persönlich anwesend ist, und auch dieser muss nach 18:00 zumindest für Sie selbst greifbar sein. Denn es können Fragen auftauchen, die Sie selbst ohne Rückfragen nicht beantworten können oder sollten. Vorsortieren von Interview-Wünschen erleichtert Ihnen die Arbeit, also schreiben Sie nicht einfach, dass es generell die Möglichkeit für Interviews gibt. Sondern:

Der CEO Klaus Mustermann muss heute an einer wichtigen Konferenz in HongKong teilnehmen. Stattdessen steht der Finanzvorstand Franz Mustermann von 14:00 bis 18:00 ausschließlich für Telefon-Interviews zur Verfügung.

Nervenaufreibend kann die Suche der Journalisten nach einem Interviewpartner oder Experten vor allem bei sozialen Einrichtungen und Verbänden sein. Der Pressesprecher dort hat seine Pflicht erledigt, der Vereinsvorsitzende ist aber möglicherweise ehrenamtlich tätig und längst irgendwo in seinem eigenen Unternehmen in einer Konferenz verschwunden? Oder der Hauptgeschäftsführer eines Verbandes ist wie immer um 16:30 auf dem Weg nach Hause? Hier ist der Pressesprecher gefordert, Verhaltensweisen zu verändern, die seine eigene Arbeit konterkarieren.

71 Das Feedback auf die Meldung

Das direkte Medienecho, also die Veröffentlichungen, sind messbar und evaluierbar. Mindestens genauso wichtig aber sind die Reaktionen derer, die aus Ihrer Pressemitteilung nichts gemacht haben. Dafür brauchen Sie natürlich Journalisten, die Sie ausreichend gut kennen, um dies offen fragen zu können. Aber seien Sie sich dafür nicht zu gut, denn durch die Antworten werden Sie die eigene Arbeit deutlich verbessern können. Ein Rundruf ist überhaupt nicht erforderlich, reden Sie mit maximal zwei Redakteuren aus möglichst unterschiedlichen Mediengattungen und seien Sie vorbereitet! Und: Machen Sie am Anfang des Gespräches klar, dass es Ihnen *nicht* darum geht, nun doch noch einen Abdruck zu erreichen! Mögliche Fragen können sein:

1. War das Thema generell oder nur an dem Tag zu unwichtig?
   Lautet die Antwort generell, müssen Sie überprüfen, ob Sie bei diesem Medium die Bericht-Erstattungsschwerpunkte exakt genug einschätzen. Bei punktueller Unwichtigkeit an diesem Tag kann, aber muss der Grund nicht wichtig sein.
2. Hätten wir das Thema anders aufbereiten müssen?
   Hier sollten Sie heraushören, ob zum Beispiel Informationen oder Begleitmaterial wie Bilder vermisst wurden. War Ihre Geschichte für eine Regionalzeitung zu sehr fachchinesisch, für eine Fachzeitschrift zu oberflächlich? Müssen Sie in Zukunft mit zwei unterschiedlichen Pressemitteilungen zu einem Thema arbeiten?
3. War das Thema für Sie überhaupt noch neu?
   Wenn der Redakteur mit dem gebotenen Charme andeutet, dass ihn Pressemitteilungen zu der ach so revolutionären neuen Managementsoftware von bereits zehn anderen Unternehmensberatungen, die auch alle »exklusive Partner« des Software-Herstellers sind, erreicht haben, wissen Sie Bescheid. Andere Themen suchen!

Auch Journalisten werden ganz gerne um Rat gefragt, trotzdem, überstrapazieren Sie diese guten Drähte nicht. Aber verzichten sollten Sie auf dieses offene Feedback für Ihre Arbeit keinesfalls.

Anhang

Checkliste für perfekte Pressemitteilungen

Nachrichtenwert
- Vorlage oder Beschluss ganz durchlesen – KERN markieren.
- Kollegen den Kern erzählen – dann über Papierkorb oder Aussendung entscheiden.

Aufbau der Mitteilung
- Lead-Satz: kurz und präzise, entscheidet über Leserinteresse!
- Eine klare Botschaft – die Nachricht! – in die ersten beiden, kurzen Sätze. Sonst nichts.
- Dann weitere wichtige Einzelheiten.
- »Hoch-Auflösung« – Warum ist der Sachverhalt der Meldung wichtig? Informationen über Ihr Unternehmen bzw. Ihren Verband.

Formulierung der Meldung
- Einfacher Satzbau, keine Fremdwörter, kein Slang.
- Keine eingeschobenen Nebensätze.
- Wenn möglich Aktiv statt Passiv.
- Satzbauregel: Subjekt – Verb – Objekt.
- Adjektive und Substantive sparsam einsetzen, Verben dagegen häufig verwenden.
- Leere Verben (wollen, erörtern, anstreben) vermeiden.
- Substantive auf -ung und -keit vermeiden (Erreichung, Einigung).
- Keine Behörden- und Politikerausdrücke (Konsolidierung, Optimierung) verwenden.
- »Tell one story only« – Eine Aufzählung ist keine Nachricht.
- Hauptsachen in Hauptsätze, Nebensachen in Nebensätze.
- 17 Wörter pro Satz sind fast immer die Obergrenze.

Autoren

Andres, Susanne: Dr. Susanne Andres ist Pressereferentin in einer öffentlich-rechtlichen Rundfunkanstalt. Nach einem Studium der Publizistik- und Kommunikationswissenschaft an der FU Berlin arbeitet sie von 1999 bis 2003 als wissenschaftliche Hilfskraft am Institut für Kommunikations- und Medienwissenschaft der Universität Leipzig und promovierte dort 2003 über »Internationale Unternehmenskommunikation«. Mehrere Aufsatzpublikationen.

Bentele, Günter: Prof. Dr. Günter Bentele ist Inhaber des Lehrstuhls Öffentlichkeitsarbeit/PR an der Universität Leipzig und Vorsitzender mehrerer Jurys, darunter der Jury des Albert Oeckl Nachwuchspreises der DPRG seit 1994. Nach seiner Habilitation 1989 an der FU Berlin, hatte er von 1989 bis 1994 eine Professur für Kommunikationswissenschaft/Journalistik an der Otto-Friedrich-Universität Bamberg inne. Zu seinen Hauptarbeitsgebieten zählen: Öffentlichkeitsarbeit/Public Relations, Mediennutzungs- und Kommunikationsraumforschung und die Ethik von Kommunikationsberufen. Zahlreiche Publikationen im Bereich der Public Relations.

Braun, Carolyn: Carolyn Braun ist Chefredakteurin des Fachmagazins pressesprecher. Die 30-Jährige hat an der Georg von Holtzbrinck-Schule für Wirtschaftsjournalisten volontiert und bereits als Finanzredakteurin beim Handelsblatt gearbeitet. Zuvor studierte sie in Berlin und Kopenhagen Kommunikationswissenschaft, Politik und BWL und arbeitete neben dem Studium unter anderem frei als Gerichtsreporterin für die Nachrichtenagentur Associated Press.

Brockhöfer, Peer: Peer Brockhöfer ist seit 2001 Redakteur beim Fachmagazin PR Report in Hamburg. Seine Laufbahn begann er 1995 in der Hansestadt beim Heinrich Bauer Verlag, wo er ein Volontariat absolvierte. Nach einer freiberuflichen Phase arbeitete er von 1998 an als PR-Berater in verschiedenen Agenturen.

Herbst, Dieter: Prof. Dr. Dieter Herbst ist Geschäftsführer der source 1 networks GmbH (http://www.dieter-herbst.de). Zuvor hat er 15 Jahre lang in der Unternehmenskommunikation des Pharmakonzerns Schering in Berlin gearbeitet. Herbst ist Honorarprofessor für Strategisches Kommunikationsmanagement der Universität der Künste Berlin, Honorarprofessor an der Lettischen Kulturakademie Riga (Lettland), Hauptdozent für Kommunikationsmanagement an der Universität St. Gallen (Schweiz), Dozent für Digitale Kommunikation am Institute of Electronic Business Berlin und Dozent an der Volkswagen AutoUni. Er hat elf Bücher über Kommunikation geschrieben.

Lockhart, Ina: Ina Lockhart ist seit 2004 Leiterin des Finanzressorts der Financial Times Deutschland. Sie gehört zum Gründungsteam der FTD, wo sie 1999 als Redakteurin im Finanzressort der Wirtschaftszeitung begann. Dort arbeitete sie im Team »Märkte und Finanzen«, das sie ab 2001 leitete. Vor ihrer Zeit bei der FTD schrieb sie für die amerikanische Nachrichtenagentur Dow Jones Newswires in Frankfurt.

Middendorf, Sandra: Sandra Middendorf arbeitet als freie Journalistin für Print und Online in Berlin. Zuvor war sie beim Fachmagazin pressesprecher im Fachverlag Helios-Media. Dort hatte sie auch ihr Volontariat absolviert – beim kommunalpolitischen Magazin mandat, beim Fachmagazin für politische Kommunikation politik&kommunikation und beim Medienmagazin V.i.S.d.P. Vor ihrer journalistischen Karriere hat Sandra Middendorf Allgemeine Sprachwissenschaft, Germanistik und Romanistik in Köln studiert und bei der Multimedia-Agentur Konzept plus und der Agentur für PR und Marktforschung Europressedienst gearbeitet.

Ruprecht, Melanie: Melanie Ruprecht arbeitet als selbstständige Beraterin und ist u.a. für die PR von ElectronicScout24 zuständig. Sie ist seit mehr als zehn Jahren im IT-Bereich tätig. Ursprünglich stammt sie aus dem klassischen Print-Journalismus, arbeitete dann jedoch als Redaktionsleiterin bei der Sächsischen Zeitung online. Von 2001 bis 2006 war sie in ebendieser Position bei der ZEIT online tätig.

Weimann, Holger: Dr. Holger Weimann ist Medienanwalt in der Kanzlei Beiten Burkhardt. Er hat als Zeitungsredakteur gearbeitet und vertritt heute Verlage, Radio- und Fernsehsender sowie Werbeagenturen. Er ist Mitautor des Buchs »Gerichtsreporter« (ZV Verlag).

Literatur

Hintergrundliteratur

Ali, Moi: Public Relations, München 2002

Altmeppen, Klaus-Dieter: Journalismus und Medien als Organisationen. Leistungen, Strukturen und Management, Wiesbaden 2006

Avenarius, Horst: Public Relations. Die Grundform der gesellschaftlichen Kommunikation, Darmstadt 2000

Avenarius, Horst: Ist Public Relations eine Wissenschaft? Eine Einführung, Opladen 1992

Bachmann, Cornelia: Public Relations: Ghostwriting für Medien? Eine linguistische Analyse der journalistischen Leistung bei der Adaption von Pressemitteilungen, Bern 1997

Becher, Martina: Moral in der PR? Eine empirische Studie zu ethischen Problemen im Berufsfeld Öffentlichkeitsarbeit, Berlin 1996

Belz, Christopher/Haller, Michael/Sellheim, Armin: Berufsbilder im Journalismus. Von den alten zu den neuen Medien, Konstanz 1999

Bentele, Günter: Journalismus und PR. Kontaktpflege. In: Der Journalist, 7/1992, S.11–14

Bentele, Günter/Haller, Michael (Hg.): Aktuelle Entstehung von Öffentlichkeit: Akteure – Strukturen – Veränderungen, Konstanz 1997

Bentele, Günter/Seidenglanz, René: Das Image der Image-Macher. Eine repräsentative Studie zum Image der PR-Branche in der Bevölkerung und eine Journalistenbefragung, Leipzig 2004

Bentele, Günter/Fröhlich, Romy/Szyszka, Peter (Hg.): Handbuch der Public Relations. Wissenschaftliche Grundlagen und berufliches Handeln. Mit Lexikon, Wiesbaden 2005 a

Bentele, Günter/Großkurth, Lars/Seidenglanz, René: Profession Pressesprecher. Vermessung eines Berufsstandes, Berlin 2005 b

Bentele, Günter/Brosius, Hans-Bernd/Jarren, Otfried (Hg.): Lexikon Kommunikations- und Medienwissenchaft, Wiesbaden 2006

Bergsdorf, Wolfgang: Die vierte Gewalt, Mainz 1980

Böckelmann, Frank: Pressestellen in der Wirtschaft, Berlin 1988

Böckelmann, Frank: Die Pressearbeit der Organisationen, München, 1991 a

Böckelmann, Frank: Pressestellen der öffentlichen Hand, München, 1991 b

Böckelmann, Frank: Pressestellen als journalistisches Tätigkeitsfeld. In: Dorer, Johanna/Lojka, Klaus (Hg.): Öffentlichkeitsarbeit. Theoretische Ansätze, empirische Befunde und Berufspraxis der Public Relations, Wien 1991 S. 170–184

Brauer, Gernot: Presse- und Öffentlichkeitsarbeit. Ein Handbuch, Konstanz 2005

Brauner, Detlef Jürgen/Leitolf, Jörg/Raible-Besten, Robert/Weigert, Martin M. (Hg.). Lexikon der Presse- und Öffentlichkeitsarbeit, München/Wien 2001

Bucher, Hans-Jürgen/Altmeppen, Klaus-Dieter (Hg.): Qualität im Journalismus. Grundlagen, Dimensionen, Praxismodelle, Wiesbaden 2003

Cutlip, Scott M./Center, Allen H./Broom, Glen M.: Effective Public Relations, 8. Auflage, Englewood Cliffs (NJ) 1999

De Fleur, Melvin/Ball-Rokeach, Sandra: Theories of Mass Communication, New York 1976

Donsbach, Wolfgang: Medienwirkung trotz Selektion. Einflussfaktoren auf die Zuwendung zu Zeitungsinhalten, Köln/Weimar 1991

Donsbach, Wolfgang/Baerns, Barbara: Public Relations in Theorie und Praxis. Grundlagen und Arbeitsweise der Öffentlichkeitsarbeit in verschiedenen Funktionen, München 1997

Dorer, Johanna/Lojka, Klaus (Hg.): Öffentlichkeitsarbeit. Theoretische Ansätze, empirische Befunde und Berufspraxis der Public Relations, Wien 1996

Dozier, David M./Grunig, Larissa A./Grunig, James E.: Manager's Guide to Excellence in Public Relations and Communication Management, Mahwah (New Jersey) 1995

Faulstich, Werner: Grundwissen Öffentlichkeitsarbeit, München 2000

Fröhlich, Karl/Lovric, Daniela: Public Relations. Effiziente Öffentlichkeits- und Pressearbeit, Berlin 2004

Giordano, Giuseppina: Medienpräsenz durch Prominenz. Selektionskriterien von Lokaljournalisten bei kommunalen Pressemitteilungen. Eine Fallstudie, Münster/Hamburg 2002

Grimme, Eduard W.P.: Zwischen Routine und Recherche. Eine Studie über Lokaljournalisten und ihre Information, Opladen 1990

Grittmann, Elke: Fotojournalismus und Ikonographie. Zur Inhaltsanalyse von Pressefotos. In: Wirth, Werner/Lauf, Edmund (Hg.): Inhaltsanalyse. Perspektiven, Probleme, Potentiale, Köln 2001

Grossenbacher, René (Hg.): Die Medienmacher. Eine empirische Untersuchung zur Beziehung zwischen Public Relations und Medien in der Schweiz, Solothurn 1989

Herbst, Dieter: Public Relations, Berlin 2003

Hoffjahn, Olaf: Journalismus und Public Relations. Ein Theorieentwurf der Intersystembeziehungen in sozialen Konflikten, Wiesbaden 2001

Hohlfeld, Ralf/Blum, Joachim (Hg.): Innovationen im Journalismus. Forschung für die Praxis, Münster/Hamburg u. a. 2002

Jarren, Otfried (Hg.): Medien und Journalismus 1. Eine Einführung, Opladen 1994

Knieper, Thomas/Müller, Marion G. (Hg.): Kommunikation visuell: Das Bild als Forschungsgegenstand. Grundlagen und Perspektiven, Köln 2001

Kocks, Klaus: Glanz und Elend der PR. Zur praktischen Philosophie der Öffentlichkeitsarbeit, Wiesbaden 2001

Kunczik, Michael: Massenkommunikation, Köln/Wien 1977

Kunczik, Michael: Geschichte der Öffentlichkeitsarbeit in Deutschland, Köln 1997

Kunczik, Michael: Public Relations. Konzepte und Theorien, Köln/Weimar/Wien 2002

Löffelholz, Martin: Dimensionen struktureller Kopplung von Öffentlichkeitsarbeit und Journalismus. Überlegungen zur Theorie selbstreferentieller Systeme und Ergebnisse einer repräsentativen Studie. In: Bentele, Günter/Haller, Michael: Aktuelle Entstehung von Öffentlichkeit. Akteure – Strukturen – Veränderungen, Konstanz 1997, S. 187–208

Löffelholz, Martin (Hg.): Theorien des Journalismus. Ein diskursives Handbuch. 2. vollständig überarbeitete und erweiterte Auflage, Wiesbaden 2004

Lorenz, Dagmar: Journalismus, Stuttgart/Weimar 2002

Mast, Claudia: Unternehmenskommunikation. Ein Leitfaden. Mit Beiträgen von Gerhard Maletzke, Simone Huck und Monika Stöckl, Stuttgart 2002

Mast, Claudia/Zerfaß, Ansgar (Hg.): Neue Ideen erfolgreich durchsetzen. Das Handbuch der Innovationskommunikation, Frankfurt am Main 2004

Mehler, Ha. A./Lahmann, Wolf-Dieter: Macht und Magie der Public Relations. Insider-Informationen, Erfolgsformeln, Spitzentechniken, Idstein 1998

Meier, Klaus (Hg.): Internet-Journalismus. 3. überarbeitete und erweiterte Auflage, Konstanz 2002

Mendack, Susanne: Berufsfeld Journalismus. Presse, Radio, Fernsehen, Online, Konstanz 2004

Merten, Klaus: Handwörterbuch der PR. 2 Bände, Frankfurt am Main 2000

Müller-Ullrich, Burkhard: Medienmärchen. Gesinnungstäter im Journalismus, München 1996

Pflaum, Dieter (Hg.): Lexikon der Public Relations, Landsberg/Lech 1993

Neu, Hajo/Breitwieser, Jochen: Public Relations. Die besten Tricks der Medienprofis, Göttingen 2005

Newsom, Doug/Kruckeberg, Dean/Van Slyke, Judy: This is PR. The Realities of Public Relations. 8th Edition, Belmont 2003

Noelle-Neumann, Elisabeth/Schulz, Winfried/Wilke, Jürgen (Hg.): Fischer Lexikon Publizistik Massenkommunikation, 4. überarbeitete Neuausgabe, Frankfurt am Main 2004

Pater, Monika: Ein besserer Journalismus? Informationsflut und Komplexität als Probleme und Chancen aktueller Medienberichterstattung, Bochum 1993

Pfeifer, Hans-Wolfgang/Schrader, Jürgen: Verantwortungsvoller Journalismus, Frankfurt am Main 1996

Piwinger, Manfred (Hg.): Ausgezeichnete PR. Von Profis lernen. Fallbeispiele exzellenter Kommunikation, Frankfurt am Main 2002

Reineke, Wolfgang: Taschenbuch der Öffentlichkeitsarbeit. Public Relations in der Gesamtkommunikation, Heidelberg 2000

Riehl-Heyse, Herbert/Langenbucher, Wolfgang R. (Hg.): Arbeiten in vermintem Gelände. Macht und Ohnmacht des Journalismus, Wien 2002

Rota, Franco P.: Public Relations und Medienarbeit. Effektive Öffentlichkeitsarbeit von Unternehmen im Informationszeitalter, München 2002

Röttger, Ulrike: Public Relations. Organisation und Profession. Öffentlichkeitsarbeit als Organisationsfunktion. Eine Berufsfeldstudie, Wiesbaden 2000

Röttger, Ulrike/Hoffmann, Jochen/Jarren, Otfried: Public Relations in der Schweiz. Eine empirische Studie zum Berufsfeld Öffentlichkeitsarbeit, Konstanz 2003

Schierl, Thomas (Hg.): Werbung im Fernsehen. Eine medienökonomische Untersuchung zur Effektivität und Effizienz werblicher TV-Kommunikation, Köln 2003

Schneider, Wolf: Die Überschrift. Sachzwänge, Fallstricke, Versuchungen, Rezepte, München 2002

Schneider, Wolf/Raue, Paul-Josef: Das neue Handbuch des Journalismus, Rendsburg 2003

Scholl, Armin/Weischenberg, Siegfried: Journalismus in der Gesellschaft. Theorie, Methodologie und Empirie, Opladen/Wiesbaden 1998

Schweda, Claudia/Opherden, Rainer: Journalismus und Public Relations. Grenzbeziehungen im System lokaler politischer Kommunikation, Wiesbaden 1995

Twain, Mark: Bummel durch Europa, Berlin/Weimar 1990

Weischenberg, Siegfried: Journalistik. Theorie und Praxis aktueller Medienkommunikation. Band 1: Mediensysteme, Medienethik, Medieninstitutionen, Opladen 1998

Weischenberg, Siegfried/Kleinsteuber, Hans J./Pörksen, Bernhard (Hg.): Handbuch Journalismus und Medien, Konstanz 2005

White, David: The Gatekeeper. A Case Study in the Selection of News, in: Lewis, Anthony Dexter/White, David: People, Society and Mass Communications, London 1964

Zerfaß, Ansgar: Unternehmensführung und Öffentlichkeitsarbeit. Grundlegung einer Theorie der Unternehmenskommunikation und Public Relations. 2., ergänzte Auflage, Wiesbaden 2004

Praxisbezogene Bücher

Bentele, Günter/DJFV: PR für Fachmedien, Konstanz 2006

Berger, Franz S. (Hg.): Abenteuer Journalismus, Wien 2002

Brauer, Gernot: 99-mal PR. Checklisten für erfolgreiche Öffentlichkeitsarbeit, Düsseldorf 1996

Bürger, Joachim H.: Arbeitshandbuch Presse und PR. Tipps und Tricks eines PR-Profis, Essen 1998

Buschardt, Tom/Kidd, Nicole/Krath, Stefany: Die Pressemitteilung. Ein Leitfaden zur erfolgreichen Öffentlichkeitsarbeit mit zahlreichen Beispielen und einem Vergleich zwischen Deutschland und den USA, Starnberg 2000

Buschardt, Tom/Krath, Stefany: Die Pressemitteilung: Inhalt – Form – Praxis, Neuwied/Kriftel 2002

Cornelsen, Claudia: Das 1x1 der PR. Öffentlichkeitsarbeit leicht gemacht, Freiburg/Berlin/München 2002

Deg, Robert: Basiswissen Public Relations. Professionelle Presse- und Öffentlichkeitsarbeit, Wiesbaden 2006

Dorner, Rolf: Besser schreiben für die Presse, Zürich 1989

Falkenberg, Viola: Pressemitteilungen schreiben, Frankfurt am Main 2000

Fissenewert, Renée/Schmidt, Stephanie: Konzeptionspraxis. Eine Einführung für PR- und Kommunikationsfachleute, Frankfurt am Main 2002

Grunig, James E./Hunt, Todd: Managing Public Relations, Fort Worth u. a. 1984

Hunt, Todd/Grunig, James E.: Public Relations Techniques, Fort Worth u. a. 1994

Kraus-Weysser, Folker: Praxisbuch Public Relations. Mit überzeugender Öffentlichkeitsarbeit zum Erfolg, Weinheim/Basel 2002

LaRoche, Walther: Einführung in den Praktischen Journalismus. 17. aktualisierte Ausgabe, Berlin 2006

Mast, Claudia (Hg.): ABC des Journalismus, Konstanz 2004

Müller, Regina: Journalismus. Einstieg – Praxis – Chancen. 3. aktualisierte und erweiterte Neuausgabe, Frankfurt am Main 1999

Pürer, Heinz/Rahofer, Meinrad/Reitan, Claus (Hg.): Praktischer Journalismus. Presse, Radio, Fernsehen, Online. 5. völlig neue Auflage, Konstanz 2004

Ruß-Mohl, Stephan: Journalismus. Das Hand- und Lehrbuch, Frankfurt am Main 2003

Schulz-Bruhdoel, Norbert: Die PR- und Pressefibel. Zielgerichtete Medienarbeit. Ein Praxislehrbuch für Ein- und Aufsteiger, Frankfurt am Main 2001

Weischenberg, Siegfried: Nachrichten-Journalismus. Anleitungen und Qualitäts-Standards für die Medienpraxis, Wiesbaden 2001

Wilcox, Dennis L./Cameron, Glen T./Ault, Phillip H./Agee, Warren K.: Public Relations. Strategies and Tactics. 7th Edition, New York 2002

Zschunke, Peter: Agenturjournalismus. Nachrichtenschreiben im Sekundentakt. 2. überarbeitete Auflage, Konstanz 2000

Sachregister

K
Kern der Meldung 45
Kommunikation 20
Korrespondenten 137, 139

L
Lead-Satz 46, 56–57, 61, 64
Leserschaft 23

M
Marktchancen 153, 173
Medienarbeit 12, 15–18, 20, 51, 119,
128, 181
Medienecho 25
Mediengattungen 22, 31
Medieninteresse 24
Medienlandschaft 21
Medienrelevanz 20–24, 26–29
Medienresonanzanalyse 119
Medienvertreter 37
Medium 11–13, 123, 136, 142, 168,
175–176, 182
Mittelständler 35, 37, 143

N
Nachricht 31–32, 42, 58, 79, 82, 106,
113, 124–125, 139, 141, 143, 147,
172, 174, 176
Nachrichtenagenturen 11–12, 20–21, 87,
93, 113, 122, 139, 141, 172, 180
Nachrichtenauswahl 32, 106, 123,
125–126
Nachrichtenfaktoren 113, 123–125
Nachrichtenquellen 12
Nebeninformationen 55, 60
Nebensatz 64, 73, 77–78
Nominalstil 78

O
Objekt 64, 184
objektive Auswahlkriterien 123

Öffentlichkeitsarbeit 12–13, 27, 35, 39,
67, 85, 129, 131, 174, 176
Öffentlichkeitsarbeiter 23

P
Partizipial-Konstruktionen 77–78
Passiv 79, 184
Plusquamperfekt 77
PR-Agentur 128
PR-Arbeit 21
PR-Botschaften 27, 30
PR-Branche 15, 30, 54, 170
PR-Entscheider 22
PR-Experten 35
PR-Foto 108–110
PR-Konzeption 31
PR-Kritiker 13
PR-Maßnahmen 31
PR-Meldungen 24, 167, 172–173
PR-Praktiker 11, 14–15, 17
PR-Praxis 34, 108
PR-Profi 53, 124
PR-Redakteur 55, 66
PR-Tätigkeiten 15–16
PR-Thema 21
PR-Treibende 20
PR-Verantwortlicher 30
PR-Versanddienstleister 171
Prädikat 64, 73–74
Präsentation 146
Präteritum 77
Pressearbeit 12, 14, 16–17, 23–24, 43,
106–114, 116–120, 165–166,
174–178
Presseaussendung 177
Presseerklärung 165
Presseinformation 113
Pressekonferenz 18, 49, 59, 111, 127
Pressekontakte 24
Pressemappen 171–172
Pressemeldung 14, 79
Pressesprecher 18, 31, 40, 56, 62, 98, 126,
128, 143, 145, 150, 166, 182

PUBLIC RELATIONS

Gernot Brauer
Presse- und Öffentlichkeitsarbeit
Ein Handbuch
2005, 730 Seiten, Großformat, gebunden
ISBN 978-3-89669-472-0

Jürg Häusermann
Journalistisches Texten
Sprachliche Grundlagen für professionelles Informieren
2., aktualisierte Auflage 2005
220 Seiten, broschiert
ISBN 978-3-89669-463-8

Imai-Alexandra Roehreke
Reden schreiben
2002, 146 Seiten, broschiert
ISBN 978-3-89669-377-8

Melanie Wieland, Matthias Spielkamp
Schreiben fürs Web
Konzeption – Text – Nutzung
2003, 304 Seiten, broschiert
ISBN 978-3-89669-359-4

Werner Bogula
Leitfaden Online-PR
2007, ca. 230 Seiten, broschiert
ISBN 978-3-89669-593-2

Kurt Weichler, Stefan Endrös
Die Kundenzeitschrift
2005, 238 Seiten, broschiert
ISBN 978-3-89669-376-1

Claus Hoffmann, Beatrix Lang
Das Intranet
Erfolgreiche Mitarbeiterkommunikation
2006, 200 Seiten, broschiert
ISBN 978-3-89669-491-1

www.uvk.de